AF357409

NOUVEAU COMMENTAIRE
PORTATIF
DE LA COUTUME
DE NORMANDIE.
SECONDE ÉDITION.

Par M. Etienne le Royer de la Tournerie, Procureur du Roi au Bailliage de Domfront, Auteur du *Traité des Fiefs* à l'usage de cette Province.

TOME PREMIER.

A ROUEN,

DE L'IMPRIMERIE PRIVILÉGIÉE.

M. DCC. LXXVIII.

Avec Approbation & Privilege du Roi.

HUE
DE MIROMESNIL,

CHEVALIER, Conseiller du Roi en tous ses Conseils d'Etat & Privé, Maître des Requêtes ordinaire de son Hôtel, & premier Président au Parlement de Normandie.

MONSEIGNEUR,

L'HONNEUR que je ressens de la permission que vous voulez bien m'accorder, de faire paroître cet Ouvrage sous vos auspices, m'engageroit à faire l'éloge des rares talens & du mérite qui vous ont acquis le choix flatteur, qu'a fait de vous notre Auguste & Bien-aimé Monarque, pour être le Chef de

son Parlement de Normandie : Ce seroit
sans doute ici le lieu d'exalter les vertus
que la Province admire en vous ; mais
la louange qui languit auprès des grands
hommes, & qui est muette à la vue d'un
mérite aussi sublime & aussi rare, ne
me permet que d'admirer : d'ailleurs,
je ne traiterois jamais assez bien un si
beau sujet. Agréez seulement, MON-
SEIGNEUR, que, sensible au plaisir
de voir par l'activité de votre zele fleurir
dans tout leur vigueur & pureté nos Loix
auxquelles je suis consacré par état,
je vous donne un témoignage public des
sentimens sinceres & respectueux, avec
lesquels je serai toute ma vie,

MONSEIGNEUR,

Votre très-humble & très-obéissant servi-
teur LE ROYER DE LA TOURNERIE,
Procureur du Roi au Bailliage de Domfront.

NOUVEAU
COMMENTAIRE
PORTATIF
DE LA COUTUME
DE NORMANDIE.

TITRE PREMIER.

De Jurifdiction.

Ⅰ ᴌ eſt du devoir d'une perſonne qui s'attache au Barreau, de s'inſtruire de la compétence des Juges ; les Rédacteurs de notre Coutume l'ont ſi bien compris, que le premier Article du premier Titre traite de cette compétence, pour donner à entendre que c'eſt là le premier point à éclaircir enentrant dans la pénible étude des Loix.

La réunion des Vicomtés aux Bailliages de cette Province, a mis fin à nombre de queſtions qui s'élevoient au ſujet de la compétence du Bailli & du Vicomte : mais comme il ſe trouve encore pluſieurs Vicomtés qui ne ſont pas réunies aux Bailliages, pour n'être pas exercées dans le même lieu, aux termes de cet Edit, j'entrerai dans le

Tome I.   A

détail convenable pour diftinguer la compétence de chaque Tribunal , fuivant que chaque Article de la Coutume l'exigera dans fon ordre & rang , en fuivant la méthode que les Commentateurs ont obfervée jufqu'à préfent.

Mais avant que d'entrer dans le détail des différens dégrés de Jurifdiction & de leur compétence , je ne penfe pas qu'il foit hors de propos de dire ici quelque chofe du devoir d'un Juge : *Bonus Judex* , dit Saint Ambroife, *nihil de arbitrio fuo facit , fed juxtà leges & jura pronunciat , ftatutis juris obtemperat , non indulget propriæ voluntati , ficut audit & judicat , & ficut fe habet , natura decernit.* Voyez la Préface de la derniere Edition de Loyfel , *Inftitutes coutumieres.*

Devoir des Juges.

Il importe à un Juge de faire fon unique occupation de l'étude des Loix , il ne doit entreprendre aucune profeffion qui puiffe l'en diftraire. Un homme qui a l'équité en recommandation , trouve affez de quoi fatisfaire fon loifir dans la recherche des points effentiels à cette équité.

Un Juge , comme homme prépofé pour rendre juftice aux peuples , devient le modele de ceux à qui il impofe des peines & des châtimens. Il feroit révoltant qu'un Juge abandonné au vice , le condamnât dans la perfonne de fon jufticiable. Un Juge doit donc être tempéré , zélé , jufte dans toutes fes démarches , doux dans fon maintien , affable à l'opprimé , rigoureux & févere envers ceux qui méprifent les Loix & la Juftice.

Des qualités fi defirables font bien difficiles à conferver , & impoffibles à acquérir par ceux qui joignent à la nobleffe de leur état de Juge , l'intérêt du négoce &

des emplois ; qui en leur faifant oublier l'objet effentiel de leur profeffion , dégradent la dignité de leur Office , & les confondent avec le commun du peuple, dont le commerce dégénere en mépris. De là une néceffité indifpenfable aux Juges de fe renfermer dans les fonctions de leur état , & de ne pas flétrir la gloire que le Prince leur confere , en leur donnant permiffion de rendre la Juftice en fon nom : auffi l'Ordonnance de Blois , art. 110, défend-elle aux Juges de faire aucun commerce de marchandife directement ou indirectement. Un Arrêt du Confeil , donné à Lion le 6 Juillet 1536, défend à M. Jean Defchamps, Juge au Siege de Montfaulcon , de tenir aucunes Fermes , fous peine de privation de fon Office. *Godefroi* , art. 1.

    La même Ordonnance , art. 115 , leur défend de poftuler ni confulter pour les Parties en leur Siege. Voyez les Arrêts que j'ai rapportés à ce fujet en ma Bibliotheque du Droit Normand , verbo *Juges.*

    Tous Juges , Avocats , Procureurs, Greffiers , Notaires & Sergens ne peuvent être Contrôleurs , à peine d'interdiction ; les Procureurs ne peuvent même être Greffiers ni Fermiers des Greffes des Jurifdictions où ils poftulent en qualité de Procureurs , fuivant le Réglement de la Cour de Rouen du 2 Août 1762 ; il eft vrai que les Lettres-Patentes du 15 Juin 1769 , fur l'adminiftration de la Juftice en cette Province , ne rappellent pas ces difpofitions , mais elles n'y dérogent point.

    Il faut être reçu Avocat avant que d'exercer un Office de Judicature ; Bafnage en rapporte un Arrêt du 10 Décembre 1665 pour Vautier , Lieutenant du Bailli de la Haute-Juftice de Condé-fur-Noireau.

Marginalia:

Juge ne doit être Marchand ni tenir Fermes.

Ne doit plaider pour les Parties.

Juges , Avocats , Procureurs , Notaires & Sergens ne peuvent être Contrôleurs.

Il faut être reçu Avocat avant que d'être Juge.

A ij

Les Officiers royaux & des Hautes Juftices, reffortiffantes au Parlement, doivent y préfenter leurs provifions & y être reçus, à peine de faux : Arrêt de Réglement du 7 Mai 1777.

On ne peut être Juge & Avocat dans une même Jurifdiction : Arrêt du 21 Janvier 1678.

Procureur du Roi, fa préféance. Les Procureurs du Roi du Bailliage ont la préféance fur les Lieutenans particuliers du Vicomte : Arrêt de Bafnage du 19 Juillet 1645, rendu pour Mortain. Les Procureurs du Roi, en les Bailliages & autres Jurifdictions, ne peuvent faire en Police aucunes fonctions de Juges, foit à l'Audience, foit à la Chambre : *Déclaration du Roi du 17 Février 1777.*

Bafnage & *M. de la Combe*, Mat. crim. part. 1. pag. 180 & fuivantes, édition de *Il peut être récufé.* 1741, font d'avis que le Procureur du Roi ou Fifcal peut être récufé tant en matiere civile que criminelle. Arrêt de Réglement du 5 Septembre 1703, Journal des Audiences, tom. 5.

Quoi qu'il en foit de cette queftion délicate, le Procureur du Roi répond des dommages & intérêts réfultans d'une téméraire accufation, s'il ne nomme pas fon dénonciateur.

En cas de récufation, le Praticien doit être réfident. Dans le cas de récufation, le Praticien qui fupplée au Juge, doit être réfident dans le lieu de la Jurifdiction : Arrêt du 12 Septembre 1711, fur les Conclufions de M. de la Galiffonniere, Subftitut du Procureur-Général. Voyez la treizieme addition au Traité des Mat. crim. de M. de la Combe. Voyez auffi la douzieme addition, *ibidem.*

Les Moyens de récufation contre un Juge font exprimés au tit. 24 de l'Ordonnance de 1667.

Le premier Moyen de récufation eft fondé fur la parenté & alliance du Juge avec les Parties ; cette parenté eft comprife jufqu'au quatrieme dégré inclufivement : Ordonnance de 1667, tit. 23, art. 1 ; & ce pour les matieres civiles.

Quant aux matieres criminelles, la parenté eft étendue jufqu'au cinquieme dégré inclufivement. De plus, fi le Juge porte le nom & les armes de l'accufé ou de l'accufateur, & qu'il foit de leur famille, il doit s'en abftenir, à quelque dégré de parenté qu'il fe trouve : il n'eft même pas néceffaire de récufation. On en a un exemple au Journal des Audiences, tome 5, où il fe trouve un Arrêt du 7 Juillet 1702, qui caffe une procédure criminelle, faite par un Juge parent d'une des Parties, quoique le Juge n'eût pas été récufé.

Si le Juge fe trouve parent de la femme d'une des Parties, ou que la femme du Juge foit parente des Parties, que les femmes foient vivantes, ou qu'il y ait des enfans vivans, le Juge eft également récufable : art. 2, *ibidem.*

Le Juge qui a un différend pareil à celui pour lequel les Parties plaident, fi on en apporte preuve par écrit, eft auffi récufable ; mais les Parties doivent juftifier le fait fur le champ par écrit, fans qu'elles puiffent être appointées à en faire preuve, ni avoir délai pour en apporter preuve par écrit ; le Juge en ce cas en eft cru à fa parole. *Ibidem*, art. 3.

Si le Juge a donné confeil, ou connu de l'affaire comme Juge ou Arbitre, follicité ou recommandé l'affaire, ouvert fon

Moyens de récufation contre les Juges.

A iij

avis hors le jugement, de tout quoi il sera cru à sa déclaration s'il n'y a preuve par écrit, il pourra être récusé. *Ibidem*, art. 4.

Il sera également récusable, s'il a un Procès en la même Chambre où l'une des Parties seroit Juge, *ibidem*, art. 5. S'il a fait menaces verbales ou par écrit avant l'Instance commencée, ou dans les six mois avant la récusation proposée, ou s'il y a inimitié capitale.

Le même Titre de cette Ordonnance exprime toutes les causes de récusation, sur quoi il est bon de voir Bornier, & sur-tout le nouveau Commentaire de M. Joulse sur l'Ordonnance de 1667, tom. 2, où il rapporte plusieurs circonstances de récusation, & des décisions importantes à cet égard.

Transport sur les Juges défendus. Il y a une Déclaration du Roi du 27 Mars 1705, registrée à Rouen le 16 Juin suivant, qui défend aux Parties de prendre des cessions de droits sur leurs Juges, & de les récuser sur ce fondement, sous des peines très-rigoureuses.

Juge n'est garant de son jugement. Un Juge n'est point garant de son jugement, s'il n'a jugé *per gratiam aut sordes*, ou contre les Ordonnances. Louet I, 14 & O 3. Il est défendu, par Arrêt du 31 Août 1775, aux Juges inférieurs de la Province, d'enregistrer aucuns Edits, Déclarations & Lettres-Patentes, qu'ils n'aient été préalablement enregistrés en la Cour.

ARTICLE PREMIER.

Le Bailli ou fon Lieutenant connoît de tous crimes en premiere Inftance.

JE n'entrerai point dans la difcuffion de
l'origine de ce mot Bailli ni de fon éty-
mologie ; je renvoie à nos Auteurs qui en
ont amplement difcouru , mon but n'étant
que de donner ici un précis des décifions
relatives à la Jurifprudence actuelle.

Quand la Coutume parle du Bailli , cela ne s'entend aujourd'hui que de fon Lieutenant , qui feul a l'adminiftration de la
Juftice.

Il faut néanmoins excepter de cette regle générale les crimes dont la compétence eft attribuée à certains Juges , fuivant
le lieu & la circonftance du délit.

Compétence des Prévôts.

Par exemple , les Cas Prévôtaux font de
la compétence des Prévôts , qui jugent en
dernier reffort les crimes de leur compétence : or les Cas Prévôtaux font limités par
l'art. 12 , tit. 1 de l'Ordonnance de 1670 ,
conçu en ces termes :

« Les Prévôts de nos Coufins les Ma-
» réchaux de France , les Lieutenans Cri-
» minels de Robe-courte , les Vice-Baillis
» & Sénéchaux connoîtront en dernier
» reffort de tous crimes commis par va-
» gabonds , gens fans aveu , fans domi-
» cile , ou qui auront été condamnés à pei-
» ne corporelle , banniffement ou amen-
» de - honorable ; connoîtront auffi des
» oppreffions , excès ou autres crimes com-

» mis par gens de guerre, tant dans leurs
» marches, lieux d'étape, que d'aſſemblée
» & de ſéjour pendant leur marche, des
» déſerteurs d'armée, aſſemblées illicites
» avec port d'armes, levée de gens de guer-
» re ſans commiſſion de Nous, & de vols
» faits ſur les grands chemins ; connoî-
» tront auſſi de vols faits avec effraction,
» port d'armes & violence publique, dans
» les Villes qui ne ſeront point de leur
» réſidence ; comme auſſi des ſacrileges avec
» effraction, aſſaſſinats prémédités, ſédi-
» tions, émotions populaires, fabrication,
» altération ou expoſition de monnoie con-
» tre toutes perſonnes, en cas toutefois que
» les crimes aient été commis hors les Vil-
» les de leur réſidence. »

Les Vice-Baillis & Sénéchaux, dont parle cet article, ſont ſupprimés, ainſi que les
Lieutenans de Robe-courte, par Edit du
mois de Mars 1720.

Voyez les exceptions apportées à cet article de l'Ordonnance de 1670, par la Déclaration du 5 Février 1731, art. 1, 2, 3,
5, 6, & 16 ; voyez auſſi l'art. 19 pour
les cas où les Prévôts ne peuvent juger
qu'à la charge de l'appel ; voyez auſſi l'article 11 & 15 de l'Ordonnance de 1670,
& le Commentaire de M. Jouſſe, ſous le
titre premier de cette Ordonnance.

Conſeil de guerre. Les crimes militaires ſont de la compétence du Conſeil de guerre, & la Condam-
nation emporte la confiſcation. Voyez *Baſnage*, art. 143.

Vicomte de l'Eau. Le Vicomte de l'Eau à Rouen ſe qua-
lifie Juge politique, civil & criminel pour
la riviere de Seine, & Garde des étalons,
poids & meſures de la Ville de Rouen :
il a été confirmé en cette derniere quali-

té par Arrêt du 13 Mai 1698. Autre du 5 Mai 1600 ; 6 Avril & 7 Septembre 1612, & 18 Juin 1613. *Frollant, Recueil d'Arrêts.*

L'Amiral connoît des crimes commis sur mer & dans les vaiſſeaux : Arrêt du 13 Mai 1625.　*Amiral.*

Les crimes pour chaſſe & délits dans les forêts , & chaſſe hors d'icelles , appartiennent aux Juges des Eaux & Forêts , art. 1 & 7 du tit. 1 de l'Ordonnance de 1669 ; mais ils ne peuvent connoître des vols , meurtres, brigandages & excès ſur les perſonnes qui paſſent , quoique commis dans les forêts , à moins qu'ils ne trouvent les coupables en flagrant délit ; auquel cas ils informent & décretent ſeulement , & ſont tenus de renvoyer le priſonnier & les charges au Juge à qui la compétence en appartient , ſuivant l'art. 8 de ladite Ordonnance , tit. 1.　*Eaux & Forêts.*

Le Siege de la Table de Marbre a auſſi ſa compétence définie par les Ordonnances, celui de Rouen a été ſupprimé par Edit du mois d'Avril 1772.

Les Elus connoiſſent auſſi des délits dont la compétence leur eſt attribuée ; il en eſt de même de la Juriſdiction des Traites & Quart-Bouillon ; mais cette Juriſdiction a été , par Edit du mois de Septembre 1772, réunie aux Elections.

Les Conſuls ne peuvent connoître du crime , même incident.　*Conſuls ne connoiſſent du crime.*

Les habitans d'une Province ne peuvent être traduits devant les Juges-Conſuls établis hors Province, pour fait de commerce , quand la marchandiſe n'eſt ni vendue , ni livrée , ni le paiement promis faire au lieu où ces Juges-Conſuls ſont　*Cas où les Sentences des Conſuls ſont nulles.*

établis ; & les Sentences qui font rendues dans ce cas, peuvent être déclarées nulles, fans être obligé de les attaquer ni par voie d'appel, ni par voie d'oppofition : Arrêt du 11 Juin 1765. Si les matieres de commerce font portées devant le Juge ordinaire, il faut affigner devant le Juge du défendeur, en quelque lieu que la marchandife ait été vendue, ou le paiement promis faire : Arrêt du 26 Juin 1765.

Quant aux Baillis, ils connoiffent des crimes commis fur leur territoire, foit que le crime foit commis par des perfonnes de leur Jurifdiction ou qui foient hors leur territoire, fuivant cette maxime : *ubi delictum, ibi pœna.*

Ubi delictum, ibi pœna.

Un Ecolier ne peut jouir du privilege de fcolarité en fait de crime : Arrêt du 17 Mars 1612, rapporté par Corbin.

Délit commun & cas privilégié.

Quant aux crimes des Eccléfiaftiques, ils s'inftruifent par le Bailli ou Juge Royal, & l'Official conjointement, lorfque l'accufé réclame fon renvoi devant l'Official, ou que le Promoteur réclame la connoiffance de cette affaire, fuivant l'Edit de Melun du mois de Février 1580, art. 22 ; ceux de Février 1678, Juillet 1684, & Avril 1695, art. 38 : voyez M. Jouffe, fur l'Ordonnance criminelle de 1670, & M. de Vougland.

ARTICLE II.

Connoît auffi en premiere Inftance de toutes matieres héréditaires & perfonnelles entre perfonnes nobles ; des Fiefs nobles & leur appartenance entre toutes perfonnes, foit nobles, ou roturieres.

Matieres héréditaires, ces expreffions s'entendent non-feulement des droits héréditaires, mais des actions immobiliaires & réelles.

Et perfonnelles. Arrêt du 17 Juin 1612, qui juge que l'action intentée contre un Gentilhomme pour l'obliger à paffer une reconnoiffance d'une rente, devoit être portée devant le Bailli, comme étant une action perfonnelle : *Actio in perfonam, in agendo, in dando, in faciendo.*

Entre perfonnes nobles. Quoique les Eccléfiaftiques aient le privilege des Nobles pour ne pouvoir être traduits devant d'autres Juges que le Bailli pour actions civiles, cependant le Parlement n'a pas donné d'extenfion à ce privilege fur leur fucceffion ; car par Arrêt du 16 Novembre 1645, on a jugé qu'une oppofition à la confection de l'inventaire d'un Prêtre, appartenoit au Vicomte ; & depuis par Arrêt du 4 Août 1755, il fut jugé que l'action intentée contre la fucceffion d'un Prêtre, quoique renoncée par un Prêtre comme exécuteur teftamentaire du défunt, devoit être portée devant le Vicomte, qui en pareil cas pouvoit ufer de la voie de mandement de

L'action pour difcuffion de la fucceffion d'un Prêtre appartient au Vicomte.

défenfe. Ces Arrêts rendus fur le fondement que le Prêtre n'étoit noble que par privilege, & que ce privilege finiffoit par fa mort. Voyez tit. *De partage* au préambule : Arrêt du 28 Juillet 1757.

Secùs pour celle d'un Tréforier de France.

On jugea autrement dans la circonftance d'un Tréforier de France ; après fon décès il y eut difcuffion pour la diftribution des deniers provenans de la vente de fes meubles, elle fut jugée être de la compétence du Bailli , par Arrêt du 29 Janvier 1672 ; le fondement fut que l'Officier confervoit quelque prérogative de fa dignité après fa mort.

Mais il faut bien obferver que la Coutume, en parlant des perfonnes nobles, n'entend pas donner le droit à un Noble de traduire un Roturier devant le Bailli pour action perfonnelle , réelle, roturiere ou mobiliaire ; fi au contraire le défendeur en pareil cas eft roturier , il faut fuivre fa Jurifdiction *actio fequitur forum defenforis.* De même auffi le roturier qui affigneroit un Gentilhomme pour actions perfonnelles ou mobiliaires, doit plaider devant le Bailli ; & fur ce principe la Cour a fait un Réglement le 18 Janvier 1655 , qui ordonne que les actions qui feroient introduites par voie d'arrêt , pour la difcuffion des deniers de meubles & fermages des biens roturiers appartenans à des Nobles , foient portées devant le Bailli , Juge naturel des Nobles.

Des Fiefs nobles & leurs appartenances.
Lorfqu'il eft queftion de la nature d'un Fief ou de fes appartenances , comme de foi , hommage , aveu , treizieme , relief , rentes , corvée , &c. , les Parties , foit qu'elles foient nobles ou roturieres , doivent plai-

der devant le Bailli ; mais s'il n'eft queftion
que de fermages ou deniers , entre le propriétaire & le fermier , c'eft devant le Vicomte , fuivant l'Arrêt de 1655 que je viens
de noter.

* * *

A R T I C L E   I I I.

Des Matieres Bénéficiales.
Décimales.
De Patronage d'Eglife.
De clameur de Loi apparente.
De clameur révocatoire.
Des Privileges royaux.
De nouvelle Deffaifine.
De Mariage encombré.
De Surdemande.

DES *Matieres Bénéficiales.* La compétence des matieres bénéficiales eft attribuée par cet Article au Bailli en préférence du Vicomte. Le Bailli Haut - Jufticier n'en peut même pas connoître , fuivant la Déclaration du 24 Février 1537 , &
l'art. 4 du tit. 15 de l'Ordonnance de 1667 :
Arrêt du 9 Janvier 1665 , rapporté par Bafnage.

Quant à la compétence du Bailli , elle
ne concerne que le poffeffoire ; car pour
le pétitoire , la connoiffance en appartient
au Juge d'Eglife. Mais fuivant la Jurifprudence actuelle , quand le poffeffoire eft
une fois jugé , on ne peut fe pourvoir au
pétitoire : les Juges & les Parlements font
cenfés , en jugeant le poffeffoire , avoir
jugé la caufe par le mérite du fond , &

fur l'examen des titres ; en forte qu'il feroit abufif de remettre la queſtion devant
le Juge d'Eglife , qui ne peut réformer les
Arrêts de Cour fouveraine.

Bérault & Bafnage rapportent pluſieurs
Arrêts qui attribuent aux Archidiacres d'être
préſens à la reddition des comptes de fabrique. Aujourd'hui cette jurifprudence n'eſt
plus d'ufage , notamment depuis les Arrêts des 20 Juillet 1735 , 8 Mars 1736 ,
qui femblent réferver feulement le droit
aux Evêques & Archidiacres d'ordonner la
reddition des comptes ; mais quand il eſt
queſtion de difcuſſion à cet égard , le Juge
Royal eſt le feul compétent d'en connoître , ainſi que des rentes dues à l'Eglife ,
quoique dues par des roturiers.

Décimales. Le Bailli, Juge Royal , connoît , fuivant cet article , des procès mûs
pour dîmes , avec cette différence qu'en
fait de dîmes féodales ou inféodées qu'on
nomme profanes , il en connoît tant au
poffeffoire qu'au pétitoire , & qu'en fait
de dîmes eccléfiaſtiques , il n'en connoît
qu'au poffeffoire & non au pétitoire : fur
quoi , pour lier les mains au Juge d'Eglife ,
on obferve qu'il fuffit d'alléguer que les
dîmes pour lefquelles il y a conteſtation ,
font inféodées , auquel cas l'Official eſt
obligé , fous peine d'abus , de renvoyer la
caufe.

On appelle dîmes eccléfiaſtiques , celles
que l'Eglife ou le Bénéficier poffede *jure
beneficii* ; & dîmes inféodées , celles qui
font poffédées par des Laïques ou par un
Eccléfiaſtique , comme bien de famille , &
non à titre de Bénéfice.

La poffeffion immémoriale fuffit pour établir le droit des dîmes inféodées : ces dî-

mes ne doivent point contribuer à la portion congrue du Curé : Arrêt du 10 Août 1650. Cependant par la Déclaration du 29 Janvier 1686, & l'Edit du mois de Mai 1768, les Poſſeſſeurs des dîmes inféodées ſont tenus, en cas d'inſuffiſance des dîmes eccléſiaſtiques, de ſupporter en tout ou partie la portion congrue des Curés & Vicaires.

fujettes à la portion con-grue.

On diſtingue encore les dîmes en dîmes ſolites & inſolites.

Les dîmes ſolites ſont celles qui s'exercent de droit commun ſur les gros grains, comme froment, ſeigle, avoine, orge, paumelle, *&c.* Les inſolites ſont celles qui ſe prennent ſur des grains ou fruits dont la dîme n'eſt pas généralement due.

Dîmes in-ſolites ſe prou-vent par poſ-ſeſſion.

Les groſſes dîmes ou dîmes ſolites ſont dues de droit ; elles ſont impreſcriptibles ; le Clocher ſert de titre. Art. 117 du Réglement de 1666.

Les dîmes inſolites ſont au contraire fondées ſur l'uſage & la poſſeſſion, ſuivant l'art. 118 du Réglement de 1666. Et comme ces dîmes ne s'acquierent que par l'uſage & la poſſeſſion, elles peuvent être preſcrites par les particuliers, ſuivant ce même Réglement. De plus, elles ſe reglent par la poſſeſſion ſur la choſe, & non ſur la poſſeſſion que le Décimateur auroit ſur le plus grand nombre des autres héritages de la même Paroiſſe : *Et au regard des dîmes des bois, prés & autres dîmes inſolites, elles ſe peuvent preſcrire par quarante ans, & ſont réglées par la poſſeſſion ſur la choſe pour laquelle il y a procès, & non par la poſſeſſion ſur le plus grand nombre des autres héritages de la même Paroiſſe.*

On a fait en cette Province une grande

Si le changement de culture n'exempte pas de la dîme.

difficulté sur la question de savoir si une Terre qui rapportoit anciennement des fruits décimables, étant convertie en herbages ou prairie, ou en état de ne plus rapporter de fruits naturellement décimables, cette herbe, foin ou bois, &c. devoit la dîme ; sur ce intervint un Réglement le 28 Avril 1647, qui déclaroit ces fruits exempts de dîmes, pourvu que les propriétaires labourassent le tiers de leur Terre ; mais cette Jurisprudence a changé par un nouvel Arrêt rendu le 16 Juillet 1749, qui juge que celui qui possede des terres en labour, peut en convertir en herbage la portion qu'il lui plaît, sans assujettir au droit de dîmes les herbages qui en sont exempts depuis quarante ans, mais il paie la dîme des herbages sur lesquels le Décimateur a une possession, ou qui sont converties depuis quarante ans, quand même il laboureroit plus d'un tiers de ses terres, parce que l'Arrêt de Freville ne fait loi qu'entre les Parties pour lesquelles il a été rendu, & pour certains cantons ; cependant dans les lieux où la nécessité de la culture exige de convertir de la terre labourable en pré, il n'est pas dû dîme du foin de ce nouveau pré, employé à la culture des autres terres ; car le motif de l'Arrêt de 1749, étoit que les herbages n'avoient été nouvellement faits que pour le commerce des bestiaux, & non pour le labourage des terres, ce qui accassonnoit une perte effective aux Décimateurs du canton. Voyez Denisard, qui apporte des raisons décisives à ce sujet. Par Arrêt du 15 Mars 1752, on a déchargé de la dîme sur deux pieces de terres, le Propriétaire qui les avoit converties en her-

bages pour la commodité de l'exploitation de
la ferme ; & par Arrêt du 23 Avril 1766,
on a appointé le Décimateur à prouver que
le laboureur qui avoit converti en prés & en
herbages des terres labourables , avoit auparavant la conversion affez de prés & de
terres en herbe pour les beftiaux & la culture de fa terre.

C'eft fur cette Jurifprudence qu'eft fondé l'Arrêt du 11 Janvier 1753 , qui juge
que les fillons qui font fur une terre plan-
tée en bois-taillis , ne font pas une preuve
fuffifante pour établir qu'une terre ait été
autrefois enfemencée , & ait produit des
fruits décimables ;. il faut en outre que
le Décimateur prouve la mutation & le
droit qu'il a eu autrefois & anciennement
fur cette piece par & depuis quarante ans.

On a même jugé une efpece plus forte
par Arrêt du 28 Avril 1750 , par lequel
il fut dit qu'une terre 'exempte de dîme ,
labourée depuis plufieurs années , & remife en fa premiere nature , n'étoit point
fujette à dîme, & retournoit en fon premier état d'exemption ; parce qu'en fait
de matieres décimales , la poffeffion de plufieurs années n'eft pas fuffifante : mais c'eft
au particulier à prouver qu'anciennement fa
piece n'étoit point décimale. Arrêt du 10
Mai 1742.

Il faut , entre Co-décimateurs , une poffeffion de quarante ans pour acquérir la
dîme d'un canton ; & en pareil cas on
cumule le poffeffoire avec le pétitoire, fuivant deux Arrêts de Rouen des 9 Janvier 1727 & 17 Avril 1739.

La dîme des herbes qui croiffent dans
les mafures ou vergers , quoique compo-
fées de terres entierement décimables, n'eft

Les fillons
ne font point
une preuve fuf-
fifante du la-
bourage.

Effai d'une
terre ne l'affu-
jettit à la di-
me.

Poffeffion an-
nale ne fuffit
en fait de di-
me.

Herbe des
mafures , cou-
pée en verd.

pas due , quand cette herbe est dépouil-
lée par les bestiaux du Propriétaire ou de
son Fermier : cela a été décidé par deux
Arrêts de Rouen des 3 Avril 1728 & 17
Janvier 1754. C'est sur ce principe que le
Parlement, par Arrêts des 29 Mai 1727
& 12 Février 1751 , a débouté les Curés
& Décimateurs de la dîme des sainfoin ,
vesce , dragée , & autres grains qui se cou-
pent en verd pour la nourriture des bestiaux , nonobstant la possession contraire.

Herbe des masures coupée en sec. Mais la dîme de trefle récoltée en sec ,
quoique le laboureur n'en fasse qu'une pe-
tite quantité pour la nourriture de ses bestiaux , & sur les terres en repos & en
jachère , est due , suivant qu'il a été jugé
par Arrêt du 21 Juin 1754. Cependant un
Arrêt du 26 Février 1766 interprete celui de 1754 ; il décide que la dîme du
trefle excru sur des terres en temps de repos n'est point dû , soit que le trefle soit
vendu en verd ou récolté en sec, si ce n'est
que le Décimateur ne soit en possession de
cette dîme dans la paroisse ; on applique
dans la même espece la même décision à
la réclamation de la dîme sur les joncs-marins.

Jardins. Ce que l'on cueille dans les Jardins clos
& fermés , uniquement faits pour la récréa-
tion & l'amusement, n'est point sujet à la
dîme , suivant Basnage ; mais lorsqu'une
fois le Décimateur a droit d'y dîmer , &
qu'il y est fondé par possession, cette dîme
lui est conservée ; parce que comme il a été
jugé par Arrêt de Rouen du 11 Mars 1757 ,
la dîme des légumes ne peut être exigée
en essence , eu égard à la valeur des récoltes ; elle peut seulement être exigée en
argent , à raison des fruits naturellement

décimables que les fonds pourroient produire. Les terres labourables réduites en
jardins, doivent la dîme. Arrêt du 2 Mai
1631.

Bafnage rapporte un Arrêt du 13 Février 1649, qui juge qu'une dîme d'herbage qui avoit été long-temps payée en argent, mais fur des prix différents, feroit
payée fur le prix du vingtieme denier du
prix des baux.

La dîme des bois eft une dîme infolite, *Dime de bois-taillis.*
& ne s'acquiert que par la poffeffion ; elle
n'eft due que pour les bois-taillis vendus
par le Propriétaire, & non pour ceux qu'il
confomme. Arrêt du 10 Juillet 1610. La
dîme des bois-taillis comprend celle du même bois appellé broffailles, quand il fe fa-
gotte & fe vend, fi le Propriétaire n'établit une exemption : Arrêt du 3 Juin 1766.

La dîme des bois de haute-fûtaie n'eft *N'eft due de haute-fûtaie & poiriers.*
point due, c'eft un immeuble, & non un
fruit; elle n'eft également point due pour
les bois de poiriers & pommiers. Cette maxime eft confacrée par nombre d'Arrêts, rapportés par nos Commentateurs.

Suivant un Arrêt rapporté par Bafnage, *Si le droit de tiers & danger empêche la di-me.*
du 3 Mars 1639, on a jugé qu'un bois
fujet au droit de tiers & danger, pouvoit
être fujet à la dîme, quoique le droit de
tiers & danger foit une preuve ordinaire
contre la dîme, & que la dîme *vice versâ*
foit une preuve contre le droit de tiers &
danger ; mais il paroît que cet Arrêt étoit
fondé fur une longue poffeffion, autrement
on n'eût pas jugé de la forte ; car par un
Arrêt rendu le 7 Août 1750, il fut jugé
que la dîme de deux coupes de bois, payée
confécutivement au Curé fur un bois fujet
au droit de tiers & danger, n'acquéroit

pas une possession au Curé, & qu'il falloit une possession par & depuis quarante ans; en conséquence le Curé fut débouté.

Quant à la dîme des pommes, poires, raisins, oignons, &c. ces sortes de dîmes, pour le droit de la perception & de la quotité, se reglent par la possession & l'usage. Il fut rendu Arrêt le 3 Novembre 1726, qui juge que le Décimateur ne pouvoit obliger les particuliers à mettre leurs pommes en monceaux pour en percevoir la dîme.

Sarrasin jugé menue & verte dime & insolite, par conséquent la dime ne peut s'en acquérir que par la possession.

Quant aux sarrasins, on a douté autrefois si la dîme en étoit grosse ou insolite. Basnage rapporte deux Arrêts des 2 Mars 1629 & 29 Juillet 1638, qui les ont jugés grosse dîme, l'un desquels les adjugea en cette qualité à l'Abbesse de la Blanche, proche Mortain. Cependant il y a des endroits où cette dîme n'est pas d'usage; sous le Bailliage de Domfront elle ne s'y paie point, c'est une possession & une exemption de ce Bailliage. Cette possession est commune à une partie des Bailliages de Falaise, Argentan & Alençon, possession d'autant mieux fondée, qu'en 1724 le sarrasin fut jugé verte & menue dîme pour la Paroisse de Cenilly : de là on doit conclure que cette dîme n'étant pas d'usage par-tout, c'est une dîme insolite, qui, par l'article 118 du Réglement de 1666, doit être jugée par la possession; & que les Décimateurs qui n'en ont point la possession, ne peuvent la prétendre & la demander. Dans l'étendue du Bailliage de Domfront, on accorde seulement la dîme de sarrasin fait & ensemencé sur sarrasin; il y a plusieurs Sentences qui y ont accordé la dîme de sarrasin sur sarrasin

feulement , fur la demande que les Décimateurs en faifoient : preuve convainquante
que les Décimateurs n'ont pas de droit d'exiger la dîme de farrafin , s'étant feulement
bornés à la dîme de farrafin fur farrafin.
Le Sieur Duperche , Curé de Magny-le-Dé-
fert , fous le Bailliage de Falaife , où cette
dîme n'eft point d'ufage , en forma la demande , de laquelle le Bailliage de Falaife le
débouta. La Cour , par Arrêt du 3 Juillet
1743 , appointa les Parties au Confeil ;
M. le Bailli , Avocat-Général , conclut en
faveur des habitans de Magny ; le Curé
preffentit la perte de fa caufe , il n'a point
pourfuivi l'affaire ; enfin l'affaire vient d'ê-
tre préjugée par Arrêt du 9 Juillet 1759 ,
par lequel le fieur Curé de Flers eft maintenu dans le droit de percevoir la dîme de
farrafin , de laquelle il étoit en poffeffion comme menue & verte dîme , nonobftant la preuve articulée par le gros Décimateur , pour conftater 1°. que dans la Paroiffe de Flers il y avoit au moins un tiers
de terres de labour enfemencée en farrafin ;
que les terres n'y produifoient que trois récoltes de fuite , la premiere totalement en
farrafin , la feconde en feigle , & la troifieme en avoine , après quoi les terres fe
repofoient pendant plufieurs années ; que la
récolte des farrafins étoit la plus abondante
des trois , & que depuis quarante ans , même depuis trente , on en faifoit plus qu'auparavant.

20. Que les laboureurs mettoient leurs
fumiers & engrais fur la terre difpofée à recevoir la femence de farrafin ; ils l'engraif-
foient une feconde fois avant d'y mettre du
feigle ; & que quand les engrais leur man-
quoient, ils n'en femoient en feigle que ce

qu'ils avoient pu engraiſſer , & le ſurplus en avoine.

3°. Qu'on ſe ſervoit dans la Paroiſſe de ſarraſin pour faire du pain pour la nourriture ordinaire des laboureurs & habitans , & qu'il s'y conſommoit beaucoup plus de pain de ſarraſin que d'autre.

4o. Enfin , qu'il ne croiſſoit aucun froment dans la Paroiſſe. Indépendamment de ces faits de preuves mis en avant par les Religieux de Belle-Etoile , qui prétendoient la dîme de ſarraſin comme dîme ſolite & groſſe dîme , ils en furent déboutés , & elle fut adjugée au Curé comme dîme inſolite dont il avoit la poſſeſſion. De là il s'enſuit que cette dîme eſt inſolite , & ne peut être exercée dans les cantons où les Décimateurs n'en ont point la poſſeſſion.

Le Parlement a rendu deux Arrêts les 14 Juillet 1735 & 17 Août 1745 , qui Joncs-marins. jugent que les joncs-marins , conſommés par le Propriétaire , ou brûlés pour cuire de la chaux , ne doivent point de dîme ; mais que quand ils ſont vendus ou échangés pour de la chaux , ils doivent dîme , quoique la chaux donnée en échange ſoit employée , & ſerve d'engrais aux terres. Voyez l'Arrêt du 26 Février 1766 déjà cité.

Quotité. Quant à la quotité de la dîme , c'eſt-à dire , à la queſtion' de ſavoir à quel nombre elle ſe paie , cela ſe regle par l'uſage & poſſeſſion , ſuivant l'art. 118 du Réglement de 1666 ; mais quand il y a queſtion ou diſcuſſion pour ſavoir à quelle quotité la dîme ſe paie , il a été jugé par Arrêt de Rouen du 31 Janvier 1743 , que c'eſt aux Paroiſſiens en ce cas à prouver qu'ils ſont en poſſeſſion valable de payer la dîme à moindre nombre qu'à la onzieme , la dîme de droit général étant due à la dixieme exclufivement ; c'eft aux particuliers à prouver qu'ils la doivent à moindre prix, & à juftifier leur exception de la regle générale.

Les Décimateurs doivent avoir la dîme & la percevoir, fans contribuer aux frais de la récolte, & ils doivent la prendre fur le champ : cela a été décidé pour le Curé de Sauffey par Arrêt du 18 Juin 1675, & pour la Cure de Meri par Arrêt du 29 Novembre 1664.

Décimateur ne doit les frais de récolte.

Toutes perfonnes peuvent prendre des dîmes à ferme, même les étrangers d'une Paroiffe, aux charges néanmoins de les engranger dans la Paroiffe, & de vendre les pailles aux Paroiffiens qui en demandent : Arrêt du 3 Mars 1662. Quand même les Fermiers s'obligeroient d'avertir les Paroiffiens du temps où ils feroient battre, ils ne pourroient loger les grains en paille hors la Paroiffe : Arrêt du 20 Février 1739 : & depuis eft intervenu Arrêt entre le Curé & les habitans de Clinchamps proche Vire, le 20 Juin 1752, qui juge que les Décimateurs font libres de vendre leurs pailles à ceux qui leur ont payé la dîme, à prix courant, & non à un prix fixé par le Juge des lieux.

Pailles.

Les novalles appartiennent de droit au Curé fur toutes les terres de fa Paroiffe en novalle, à la réferve des Religieux & Ordres exempts de dîme, tels que l'Ordre de Cîteaux. Outre l'Arrêt de l'Abbé du Bec du 27 Juin 1654, (qui le décide conformément à la décifion d'Alexandre III, *cap.* 13. *quoniam extrâ de decimis, decimæ novalium debentur Ecclefiæ in cujus Parochia furgunt,* & les Edit & Déclaration de 1686

Novalles de droit commun au Curé.

& 1698), est intervenu la Déclaration du Roi du 28 Avril 1759, contenant cinq articles. Voyez cette Déclaration, & la modification du Parlement de Rouen, lors de l'engistrement qui en fut fait le 21 Décembre 1759, dans le neuvieme volume du Recueil des Edits, Déclarations, &c. enregistrés en ce Parlement.

Dîme d'agneaux. La dîme d'agneaux est une dîme insolite; celui qui en a la possession peut la prendre en essence, mais il doit se livrer des agneaux au mois de Juin : Arrêt du 13 Juin 1684. Par Arrêt du 21 Mars 1765, jugé que quand de tous temps c'est l'usage d'une Paroisse de payer une somme par mouton & par agneau, le Curé ne peut demander la dîme de laine *Quand ne* & d'agneaux en essence, à moins qu'il ne *s'exige en es-* justifie qu'elle a autrefois été payée en es- *sence.* sence dans la Paroisse. Ainsi les dîmes insolites & d'usage ne sont pas dues de droit en essence.

Les Chevaliers de Malte sont exempts de dîme : Arrêts des 5 Juillet 1610 & 13 Août 1612 ; mais leurs vassaux n'en sont pas exempts : Arrêt du 16 Décembre 1673.

Quant aux Co-décimateurs, ils doivent partager les dîmes sur le champ, & un Curé n'est pas reçu à demander qu'on apporte les dîmes à la grange pour les partager : Arrêt du 22 Août 1656. En cas de dîmes en commun entre le Curé & autres Décimateurs, c'est aux Décimateurs à faire *Le Curé choi-* le partage des dîmes, & au Curé à choisir. *sit.* Arrêts des 3 Août 1647 & 17 Juillet 1671.

Avertir les Les Particuliers sont tenus d'avertir les *Décimateurs.* Décimateurs avant que d'enlever les grains de leurs champs : Ordonnance de Blois, art. 49. Les Décimateurs ont vingt-quatre heures pour aller dîmer, depuis l'avertissement,

ment , dans certains cantons ; on fuit à cet égard l'ufage.

Les dîmes appartiennent aux héritiers du Curé décédé après Pâques : Arrêt du 12 Mai 1628, rapporté par Bérault fous l'art. 505. Ce même Auteur dit qu'elles appartiennent aux héritiers aux meubles, & que le Curé en peut même difpofer par teftament, quoique les dîmes tiennent encore par les racines, parce qu'elles n'appartiennent au Curé que *pro mercede laboris & vacationis*.

Du Patronage. Cette matiere fera traitée fous le titre de Patronage.

De Loi apparente. Je la traiterai auffi fous fon titre.

De Clameur révocatoire. Nous appellons clameur révocatoire, l'action qui appartient au vendeur pour faire réfoudre un contrat de vente d'héritage, à caufe d'une léfion que la Loi condamne.

Sur quoi il eft bon d'obferver qu'il eft de maxime en cette Province, qu'un acquéreur n'eft point reçu à demander la refcifion d'un contrat pour caufe de léfion, à moins qu'il n'y ait du dol perfonnel : cette maxime eft confacrée par un Arrêt du 5 Mai 1583, rapporté par Bérault.

La léfion requife pour refcinder un contrat, doit être *ultradimidiaire*, c'eft à dire, que fi ce qui vaut 20 liv. 10 f. n'a été vendu que 10 livres, il y a léfion *ultradimidiaire*, y ayant 5 f. qui furpaffent la moitié du prix, dont le vendeur eft léfé. On doit même obferver cette eftimation exactement, fuivant la décifion de la Cour en l'Arrêt du 28 Mars 1669, rapporté par Bafnage. Mais fi l'acquéreur eft chargé du treizieme, on doit l'ajouter au prix du contrat : même Arrêt.

Tome I.   B

Dîmes quant aux meubles.

Refcifion de contrats de vente.

Léfion requife pour reftitution.

Il feroit inutile de faire renoncer le ven-deur à la reftitution par le contrat de vente, cette renonciation ne pourroit le préjudi-cier ; elle ne feroit préfumée faite qu'en contemplation de fon befoin ou par impru-dence.

Mais quand il y a lieu à reftitution contre un contrat de vente, il eft à l'option de l'ac-quéreur de garder l'héritage en fuppléant le jufte prix, ou d'abandonner l'héritage : Arrêt du 11 Mars 1660.

La Jurifprudence qu'on obfervoit au Palais au temps que Bafnage a écrit, étoit que la reftitution n'avoit point lieu pour les con-trats de fieffe ; on l'avoit ainfi jugé par Arrêt du 26 Avril 1667 : mais depuis ce temps la Jurifprudence a changé, & par Arrêts des 13 Mars 1748 & 14 Mars 1749, on a jugé que la clameur révocatoire a lieu contre un contrat de fieffe, comme contre un contrat de vente.

Reftitution a lieu pour con-trat de fieffe.

La plus faine partie des Docteurs eftiment que la reftitution n'a lieu pour bail d'hérita-ges, ni dans les contrats d'échange, ni dans la vente des droits univerfels : Bafnage n'eft pas du fentiment qu'on l'étende au con-trat où l'événement & le hafard font la perte ou le profit ; mais en pareil cas il faut qu'il y ait égalité de rifque. En effet, par Arrêt de Rouen du 8 Août 1742, un contrat de vente à fonds perdu d'un Office a été déclaré fujet à refcifion, parce que le vendeur étoit d'une fanté fi dérangée, qu'elle annonçoit une mort prochaine.

Celui qui a contracté avant l'âge de vingt ans accomplis, peut en obtenir releve-ment dans l'an trente-cinquieme de fon âge ;

Mineurs,
Quid ?

art. 39 du Réglement de 1666. C'eft auf-fi une maxime que le Tuteur ayant tranfigé fur fon compte avec fon Mineur , fans qu'il y ait eu compte , contredits , ni falvations fournis , le Mineur peut s'en relever dans les trente ans de fa majorité , c'eft-à-dire , dans la cinquantieme année de fon âge.

Hors ces cas , entre Majeurs le temps de la reftitution eft de dix ans , à compter du jour du contrat ; & il fuffit que les Lettres de reftitution foient prifes & fignifiées dans les dix ans ; mais ces dix ans ne courent que du jour qu'un acte eft parvenu à la connoif-fance de ceux qui n'ont pas été parties dans l'acte , ou qui ne les repréfentent pas ; il en eft de même du cas de dol , le délai ne court que du jour de la découverte de la fraude , *à die detecta fraudis.*

Le Mineur devenu Majeur , & qui après fa majorité ratifie le contrat fait pendant fa minorité , ne peut plus fe faire reftituer. Dict. de Droit de Ferriere , voyez *Ratification.*

Le relevement de la vente faite à condition de réméré , doit être pris dans les dix ans du contrat de vente , & non de l'expiration de la faculté de réméré. Article 110 du Ré-glement de 1666.

Les Créanciers du vendeur peuvent exer-cer l'action en clameur révocatoire , au droit du vendeur , leur débiteur : Arrêt du 12 Mars 1649.

Cette action eft de la compétence du Bailli du domicile du Défendeur ; c'eft une action perfonnelle.

Des Privileges royaux , c'eft-à-dire , des cas royaux. Les Lettres de Chancellerie font comprifes fous ces termes : le Bailli en eft compétent , ainfi que le Haut-Jufticier qui a la connoiffance de toutes affaires entre

Temps pour fe reftituer d'un contrat de *réméré.*

Créanciers peuvent l'exer-cer.

les Nobles ou Roturiers , hormis les cas royaux.

En matieres criminelles , les cas royaux font exprimés par l'art. 11 du titre 1 de l'Ordonnance de 1670. Les cas royaux en matiere de crime , font tous les crimes dans lefquels la Majefté du Prince , les droits de fa Couronne , la dignité de fes Officiers , & la sûreté publique dont il eft protecteur , ont été violés : c'eft la définition qu'en donne M. Talon , Avocat-Général , dans le Procès-verbal de l'Ordonnance de 1670 , art. 11.

De nouvelle Deffaifine. J'en parlerai fous l'art. 50. Cette action eft de la compétence du Bailli au préjudice du Vicomte ; mais le Haut-Jufticier en connoît dans les matieres qui font de fa compétence.

De Mariage encombré. J'en parlerai au titre de Mariage encombré , ci-après.

De Surdemande. J'en parlerai fous l'article 52.

ARTICLE IV.

A aussi la connoissance des Lettres de mixtion, quand les terres contentieuses sont assises en deux Vicomtés royales, encore que l'une soit dans le ressort d'un Haut-Justicier.

Lettres de mixtion sont des Lettres qui s'obtiennent en la Chancellerie, lorsque les fonds qu'on veut décréter sont sis en deux Vicomtés royales.

Par un Arrêt du 22 Mai 1683, on attribua au Juge de Cani la connoissance d'un décret, en préférence aux Juges de Caudebec, quoiqu'il n'y eût aucun des héritages saisis qui relevât directement de la Justice de Cani, mais que partie relevât de la Haute-Justice de Cani-Caniel, & partie, mais peu, de Caudebec, & ce par la raison que la plus grande partie qui dépendoit de la Haute-Justice de Cani-Caniel, étoit sensée appartenir au Bailliage de Cani, d'où cette Haute-Justice avoit été démembrée.

C'est en interprétation de cet article, qu'est intervenu l'art. 9 du Réglement de 1666, qui décide que le créancier ne peut comprendre en une même saisie par décret les héritages situés en divers Bailliages royaux, s'il n'y est autorisé par Arrêt du Parlement, encore que l'un desdits Bailliages royaux soit dans les enclaves de l'un des sept Bailliages de Normandie.

Et suivant un principe fondé sur la Jurisfprudence, la plus grande partie des héritages faifis emportent le refte devant le Bailli où lefdits biens font fitués. Enfin, par une Jurifprudence confacrée par plufieurs Arrêts, les rentes hypotheques n'ont point de territoire, on les décrete avec les terres devant le Juge, dans le territoire duquel les fonds décrétés font fitués.

ARTICLE V.

Au Vicomte, ou fon Lieutenant, appartient la connoiffance de Clameur de haro civilement intentée.

De clameur de gage-plege pour chofe roturiere.

De Vente & Dégagement de biens.

D'Interdits entre roturiers.

D'Arrêts.

D'Exécutions.

De matiere de Namps, & des Oppofitions qui fe mettent pour iceux Namps.

De Dations de tutele & de curatelle de Mineurs.

De faire faire les Inventaires de leurs biens.

D'ouir les comptes de leurs Tuteurs & Adminiftrateurs.

Des Vendues de biens defdits Mineurs.

De Partage de fucceffions & des autres actions perfonnelles, réelles & mixtes en poffeffoire & en propriété:

enfemble de toutes matieres de fimple defrene entre roturiers , & des chofes roturieres , encore qu'efdites matieres échée vue & enquête.

Cet Article renferme la compétence du Vicomte , dont je vais traiter dans l'ordre de la Coutume.

Quant à la Clameur de haro civile , j'en parlerai en fon Chapitre à fon ordre ci-après.

De Clameur de gage - plege pour chofe roturiere.

La Coutume entend par ces mots , toute action intentée pour empêcher une entreprife fur la poffeffion ou propriété d'une chofe roturiere. Cette action s'intente tant pour immeubles , que pour fervitude & droits incorporels : voyez ce que j'ai dit ci-devant fous l'art. 2 , pag. 11.

Ce que c'eft que Clameur de gage-plege.

Cette action pour chofe roturiere peut être évoquée devant d'autres Juges , lorfque les Parties font privilégiées , fuivant plufieurs Arrêts rapportés par Bérault.

De Vente & Dégagement de biens.

L'action dont parle ici la Coutume , eft celle qui compete au créancier , ou au débiteur qui a un gage aux mains de fon créancier pour fa dette, d'où s'enfuit deux actions , l'une qui appartient au créancier pour fe faire autorifer par le Juge , partie appellée , de vendre le gage pour le montant de fa crédite ; l'autre au débiteur , qui après avoir payé fa dette , actionne fon créancier pour avoir dégagement ou délivrance de fon gage.

Le créancier peut actionner le débiteur pour l'obliger à retirer fon gage.

D'Interdits entre Roturiers.

Cette action est celle qui s'intente pour conserver la possession, en quoi elle differe du bref de nouvelle dessaisine, qui s'intente pour recouvrer la possession.

D'Arrêts.

Si un Arrêt de deniers interrompt la prescription.

C'est une espece d'exécution formée sur les deniers dûs au débiteur, soit arrérages de rentes, de fermages ou autres dettes mobiliaires ; ces sortes d'arrêts de deniers n'étant point suivis, n'empêchent point la prescription ; mais une Sentence de défense de se dessaisir, prononcée contre le débiteur arrêté, interrompt la prescription de la dette principale : Arrêt de Juin 1620, rapporté par Basnage sous l'art. 522.

D'Exécutions.

La Coutume entend les exécutions que le créancier peut faire sur les meubles du débiteur qu'on appelle autrement *saisies.* Tant que le créancier n'est point payé, il peut, quoiqu'il ait pris la simple action, diriger une saisie ou exécution sur les meubles de l'obligé.

Pour faire arrêts ou exécutions, il faut être muni d'un titre exécutoire, c'est à-dire, d'un titre paré, comme Sentences & contrats munis de sceaux authentiques.

Ces sortes d'arrêts ne doivent pas se faire aux jours de Fêtes & de Dimanches, autrement ils seroient nuls, suivant l'Arrêt rapporté par Bérault, du 21 Février 1597 ; mais on ne rétablit pas les meubles, & l'action pour faire caffer la faifie , n'appartient qu'au Procureur du Roi.

On peut cumuler en France les exécutions, c'eft-à-dire , faifir les immeubles d'un hom-me , fes meubles , & même fa perfonne dans les cas où la contrainte par corps a lieu. Ar-ticle 13 du tit. 34 de l'Ordonnance de 1667 : voyez M. Jouffe, Confeiller au Préfidial d'Or-léans , fur le tit. des contraintes par corps de ladite Ordonnance.

On peut cu-muler les exé-cutions & em-prifonnemens.

De matiere de Namps , &c.

La Coutume traite cette matiere dans un titre à part ; j'y ferai mes obfervations par la fuite.

De Dations de tutele & curatelle de Mineurs.

Bérault fe récrie contre les rédacteurs , & dit qu'il eut été mieux de dire *Tutele de Mi-neurs & curatelle de Majeurs* ; cependant les Mineurs font en tutele & en curatelle ; en tu-tele , lorfqu'on leur donne un Tuteur ; en curatelle , lorfque émancipés & Mineurs de vingt ans , on leur donne un Curateur bien-veillant , à la différence d'un Majeur interdit , auquel toute difpofition eft défendue fans l'avis de fon Curateur.

En Normandie , toutes tuteles font datives. On excepte le pere , l'aïeul & le frere qui , fuivant le droit municipal de la Province & l'art. 1 du Réglement des tuteles , font Tu-teurs naturels de leurs enfans , petits-enfans , ou freres & fœurs ; cependant il eft à la li-berté des parens de leur refufer la tutele , s'ils ne font point folvables , ou s'ils ne veulent pas donner caution : art. 2 & 3 dudit Réglement.

Si les tuteles font datives.

B

Qui doit faire
élire le Tuteur.

C'eft à la mere, aïeule, ou à leur défaut, aux plus proches parens, de faire élire un Tuteur aux Mineurs dans trois mois du jour que la mort du pere eft communément fçue, à peine de répondre de toutes pertes & dommages des Mineurs : art. 5 & 6 dudit Réglement.

La mere & aïeule ne peuvent être forcées d'accepter la tutele ; mais fi elles ne font point remariées, elles y font préférées en donnant par elles caution : art 7 & 8 dudit Réglement ; pourront néanmoins s'en faire décharger, & demander qu'il foit élu un autre Tuteur à leurs frais, & non des Mineurs : arr. 9, *id.*

Qui peut être
deftitué.

La mere tutrice fe remariant, peut être deftituée, & fon mari peut faire procéder à l'élection d'un nouveau Tuteur, en gérant cependant la tutele jufqu'à ce qu'il y ait un nouveau Tuteur élu : art. 10 & 11.

Chez nous, les femmes n'ont point de part aux Actes de Juftice, fi elles n'y font parties intéreffées, ou fi elles n'y viennent pour témoignage. Sur ce principe on permet à la mere & aïeule d'être préfentes à l'élection du Tuteur, mais elles n'y ont aucune voix délibérative : art. 12, *ibid.*

Nombre des
délibérans.

Le nombre des parens pour délibérer des affaires du Mineur, & nommer Tuteur, doit être de douze ; fçavoir, fix parens paternels & fix maternels ; ce nombre peut être augmenté fuivant l'exigence des cas. Dans le nombre des parens, les afcendans, freres & oncles des Mineurs feront appellés à l'élection du Tuteur, & y auront chacun voix délibérative ; quant aux autres parens collatéraux, on doit y appeller feulement l'ainé de chaque branche : art. 13, 14, 15 & 16, *ibidem.*

S'il n'y a point de parens, le Procureur du Roi peut approcher les voifins, & même le doit, pour élire entr'eux un Tuteur, de la geftion duquel ils ne font point garans : art. 21 dudit Réglement.

Faute de parens, on prend les voifins.

Celui qui n'a point été appellé à l'élection du Tuteur, ne peut être contraint d'accepter la tutele ; pareillement ceux qui ont fait ceffion de biens, ou dont les héritages font adjugés par décret, en peuvent être exclus, art. 18 & 19, *ibidem.* Les parens font fubfidiairement garans de l'adminiftration du Tuteur par eux nommé, chacun pour leur part & non folidairement. Ceux contre qui on aura pris deux défauts, font également garans de l'élection faite à la pluralité des voix des autres parens : art. 71, 72, 73 & 74 dudit Réglement ; auffi l'article 22 enjoint-il au Juge de faire figner les parens en l'acte de tutele, à peine d'en répondre. Cette garantie ne peut être exercée par le Mineur, s'il n'a fait aucune pourfuite contre le Tuteur dans les dix ans après fa majorité, art. 75 *idem*, & après difcuffion faite des biens du Tuteur. Mais fi c'eft un Tuteur qui ait géré par condefcente, le Mineur n'eft pas tenu de difcuter fes immeubles ; il peut aller s'adreffer à celui qui a agi en condefcente : Arrêt du 13 Août 1751.

Qui ne peut être forcé d'être Tuteur.

Garantie.

Le pere qui a des enfans vivans de fa femme décédée, peut être appellé à la nomination du Tuteur des parens de ladite femme, & être élu Tuteur : art. 20 *idem.*

Pere qui a des enfans de fa femme décédée.

Comme il fe peut faire que des parens, foit par prédilection, faveur, ou pour n'être pas garans du plus proche parent, en nomment un plus éloigné, la Loi n'a pas voulu exempter ce plus proche parent de la charge qui lui tombe ; auffi par l'art. 23 eft-il dit que :

De la condefcente du Tuteur.

B vij

celui qui a été élu Tuteur, peut (à fes péril & fortunes) nommer un parent plus proche du Mineur pour gérer la tutele en fon lieu & place : il peut également fe décharger fur le préfomptif héritier du Mineur, foit qu'il foit parent plus proche, ou en pareil dégré du Mineur, foit qu'il foit plus éloigné ; mais ceux qui font parens en même dégré ne peuvent fe décharger les uns fur les autres, fi ce n'eft fur celui qui attend plus grande part en la fucceffion du Mineur : art. 24 & 25, *ibidem.*

Le Tuteur ne peut fe décharger de la tutele fur celui qui aura époufé la fœur du Mineur depuis fon inftitution, mais feulement fur les freres du Mineur devenu majeurs depuis ladite inftitution : c'eft la difpofition de l'art. 35 dudit Réglement.

Sur les condefcentes fe font donnés plufieurs Arrêts, j'en rapporterai quelques-uns. Le premier, du 27 Avril 1741, a jugé deux chofes : 1°. que le parent qui fe trouve chargé d'une tutele, en vertu d'une action en condefcente, peut fe condefcendre de fon chef fur un autre parent plus proche que lui. 2°. Qu'il n'eft pas néceffaire de s'adreffer au préfomptif héritier pour fe condefcendre fur lui, il fuffit que le parent s'adreffe à un parent plus proche que lui & plus habile à fuccéder au Mineur.

L'autre Arrêt du 8 Juillet 1757, juge que le parent paternel élu Tuteur, & qui n'eft pas héritier immédiat du Mineur, peut agir en condefcente fur l'héritier immédiat aux maternels, meubles & acquêts, encore bien que le Mineur n'ait que des biens paternels.

Quand un Tuteur, qui gere en conféquence d'une condefcente, vient à décéder, c'eft à fon héritier à faire nommer un autre Tuteur aux Mineurs , & non au Tuteur qui avoit agi en condefcente fur le défunt : Arrêt du 9 Avril 1745 , & ce en réfultance de l'art. 57 dudit Réglement , qui veut que ce foient les héritiers du Tuteur qui faffent élire un Tuteur , & qu'ils gerent la tutele jufqu'à ce qu'il y en ait un autre nommé ; le Tuteur qui gere en vertu de la condefcente , eft confidéré comme le Tuteur inftitué , celui qui a agi contre lui , lui ayant tranfmis fa qualité.

Je parlerai maintenant de ceux qui font exempts d'être Tuteurs. Les Eccléfiaftiques n'en font pas de droit exempts : on diftingue les Prêtres qui ont Bénéfice à charge d'ame , des fimples Prêtres ; ceux-ci n'en font pas exempts , fuivant un Arrêt rapporté par Bafnage du 24 Janvier 1662.

De ceux qui font exempts de tutele.

Le même Auteur rapporte un Arrêt par lequel il a été fait droit fur une condefcente contre un Confeiller au Parlement , d'où on induit que MM. du Parlement ne prétendent point cette exemption : au contraire MM. de la Chambre des Comptes ont ce privilege. Les Médecins & Avocats n'en font point exempts.

C'eft une maxime fondée fur la Jurifprudence des Arrêts , que l'éloignement exempte de la tutele par rapport aux frais immenfes que les voyages du Tuteur occafionneroient aux Mineurs ; mais en ce cas cet éloignement doit être confidérable.

Un aveugle doit être exempt de tutele. *Luminibus captus tutela excufationem habet.*

Le mari dont la femme eft décédée fans laiffer enfans vivans , n'eft pas obligé d'accepter la tutele des parens de fa femme ; *fecùs* s'il y a des enfans du mari & de la femme ; mais fi les enfans étoient majeurs , & que le mari déclarât leur remettre les droits qu'il prend fur les biens de fa femme, on ne pourroit le forcer d'être Tuteur. Argument de l'Arrêt du 5 Avril 1658, art. 20, du Réglement de 1673 : Celui qui a des Procès contre le Mineur, où il s'agit *de fumma bonorum*, en eft exempt : Arrêt du 9 Mars 1651.

Enfin, les feptuagénaires font exempts de tuteles, à caufe de la foibleffe de leur efprit & de leur corps.

De la con-defcente des Tuteurs. Il s'eft formé fur ces différens articles plufieurs queftions. Bafnage rapporte un Arrêt du 18 Mai 1650, qui jugea qu'un coufin-germain des Mineurs, fils de l'ainé, ne pouvoit fe décharger de la nomination de tutele fur fon oncle & celui des Mineurs ; mais par un autre Arrêt du 31 Janvier 1659, le contraire fut décidé fous la Coutume de Caux.

Par autre Arrêt du 22 Novembre 1680, la Cour admit la condefcente du Sieur Petit contre Lamy, Préfident en l'Election d'Arques, quoique Lamy s'excusât fur fon âge, qui n'étoit cependant pas de foixante-dix ans, fur le nombre de neuf enfans, & qu'il y eut parité de dégré ; mais Lamy étoit plus habile à fuccéder.

Il faut obferver que cette qualité de *préfomptif héritier* dont parle l'art. 23 du Réglement, ne doit s'entendre que de celui qui a cette qualité au temps de la tutele ouverte, fuivant l'Arrêt de Boyer du 12 Décembre 1684.

L'exemption doit exifter lors de la tutele ouverte. Il faut que le privilege d'exemption de la tutele foit acquis *tempore delata tutela* ; ce point eft confacré par deux Arrêts, l'un du 16 Juillet 1648, & par un autre rapporté par Bafnage fans date, qui juge que le Vavaffeur, ayant pris une Commiffion dans les Eaux &

Forêts, depuis la mort de son frere, pour s'exempter de la tutele de ses neveux, n'étoit pas exempt de la tutele, sa Commission étant postérieure à la mort de son frere, & au temps de la tutele ouverte.

Des moyens qui font cesser la tutele.

La tutele finit par plusieurs moyens : 1°. par la mort du Mineur, 2°. par sa majorité, 3°. par son émancipation, 4°. par son mariage ; 5°. par la destitution que les parens peuvent faire du Tuteur qui devient insolvable, ou qui abuse de ses fonctions ; 6°. enfin par la mort du Tuteur.

Par quels moyens, & quand finit la tutele.

De l'intérêt des deniers des Mineurs & des Tuteurs.

Le Tuteur doit faire sortir les deniers de la vente, & autres deniers dûs lors du décès du défunt, dans six mois, & en faire le remploi dans les autres six mois ensuivans. Il doit également dans six mois faire le remploi des deniers trouvés après le décès du défunt, & des deniers de rachat de rentes, ventes d'héritages ou d'office, ou au défaut il doit justifier des diligences qu'il aura faites à cet égard en temps de droit. Quant aux deniers de fermages, loyers & arrérages de rente, il ne les doit faire sortir & les remplacer, que dix-huit mois après les termes échus ; & il pourra en outre retenir en ses mains la moitié d'une année du revenu du Mineur pour faire les affaires du Mineur ; mais après ces temps passés, le Tuteur doit l'intérêt au denier vingt des deniers oiseux de son Mineur qu'il aura aux mains, & ces intérêts se joignent au principal de cinq ans en cinq ans pour en être également payé l'in-

Des intérêts de deniers résultans de la tutele.

térêt ; & pour faciliter au Tuteur l'emploi des deniers de fon pupille , il peut les donner à conftitution , à charge de les rendre au Mineur à fa majorité , tant en principal qu'intérêts. Articles 41 , 42, 43 , 44 , 45 , 46 , 47 & 48 du Réglement de 1673 , fur le fait des tuteles.

Deniers des Mineurs donnés à conftitution, aux charges de les rendre à la majorité.

Quand le Tuteur donne de l'argent du Mineur à une perfonne fans l'autorité des parens, & que le débiteur devient infolvable, le Tuteur en refte feul garant : Arrêt du 14 Août 1618 ; mais quand il a pris l'avis des parens , il n'eft point garant de la mauvaife collocation des deniers. Enfin, le Tuteur n'eft déchargé des intérêts pupillaires , qu'après fon compte préfenté ; & depuis la préfentation du compte jufqu'à l'apurement , il ne doit l'intérêt qu'au denier vingt-cinq des fommes qu'il a aux mains , fans intérêts pupillaires. Après l'affinement du compte, le Tuteur a fix mois pour payer le *reliquat*, après lequel temps il eft tenu d'en payer l'intérêt au denier du Roi : art. 59, 61 & 62 dudit Réglement.

De fon côté , le Tuteur aura l'intérêt au denier vingt de l'argent qu'il a avancé pour fon Mineur , & il aura de plus pour fes vacations 50 liv. à raifon de 1000 liv. du revenu annuel du Mineur, qui feront augmentées ou diminuées à la prudence du Juge , en outre les voyages & frais utilement faits : art. 67 , 68 , 69 & 70 dudit Réglement.

A lieu de colloquer les deniers en conftitution , le Tuteur peut amortir les rentes du Mineur.

Le Tuteur, au lieu de faire l'intérêt des fommes qu'il a aux mains , ou de les conftituer, peut amortir les rentes paffives du Mineur. Cela a été décidé par Arrêt du 6 Juillet 1753 dans l'efpece qui fuit : Un Tuteur , préfomptif héritier de fon Mineur , amortit des rentes paffives dues par fon Mineur : le Mineur décede ; la mere, héritiere aux meubles & acquêts de ce Mineur, foutint que l'amortiffement fait par le Tuteur des rentes dont les propres du Mineur étoient maculés, étoit frauduleux, & que le Tuteur ne l'avoit fait que pour décharger les propres dont il étoit préfomptif héritier, & ce aux dépens de la part de la mere du Mineur, héritiere aux meubles & acquêts de fon fils ; cependant la Cour jugea les amortiffemens valables : il y avoit ceci de plus favorable pour la mere, que l'amortiffement étoit fait deux jours avant la mort du Mineur.

Non-feulement le Tuteur peut, comme je l'ai ci-devant obfervé, donner des deniers de fon Mineur à conftitution, à charge de les rendre en intérêts & principal à la majorité du Mineur, mais la Cour a étendu cette faveur au Mineur émancipé ; car par Arrêt du 30 Mai 1747, la Cour a jugé que le Mineur émancipé pouvoit donner des deniers à conftitution de rente, à charge de les lui reftituer à fa majorité, comme s'il étoit en pleine minorité.

Mineur éman-
cipé peut don-
ner des deniers
à conftitution
à lui rendre à
fa majorité.

Quant à la reddition des comptes du Mineur, je renvoie au Réglement des tuteles où la forme y eft prefcrite, & à l'Ordonnance de 1667.

De la reddi-
tion de comp-
tes.

La Jurifprudence du Palais eft qu'un Mineur qui a tranfigé avec fon Tuteur *non vifis tabulis nec difpunctis rationibus*, peut s'en relever dans la cinquantieme année de fon âge, c'eft-à-dire, qu'il a trente ans du jour de fa majorité. Bafnage rapporte un Arrêt du 31 Janvier 1674, qui donne à l'héritier du Mineur le droit de fe relever de pareille tranfaction faite par le Mineur, & ce après un laps de temps au-delà de dix ans.

Tranfaction
fur compte.

Le même Auteur rapporte un Arrêt du 15 Mars 1672, entre Coulon & Brifault, qui juge le Mineur non-recevable à fe faire reftituer contre une feconde tranfaction faite avec fa mere tutrice fur fon compte. Dans le fait le Mineur avoit ratifié plufieurs fois cette feconde tranfaction ; la Cour jugea que des ratifications multipliées devoient mettre le Tuteur en fûreté.

Mineurs folidaires pour les avances du Tuteur. Si le Tuteur eft en avance pour le fait de la tutele, tous les Mineurs font folidairement tenus de cette avance, fuivant l'Arrêt de La Sauvage du 6 Mai 1619, rapporté par Bafnage.

Hypotheque du Mineur fur les biens du Tuteur. Quant à l'hypotheque du compte de tutele, elle eft acquife au Mineur, non-feulement du jour de la preftation de ferment du Tuteur, mais du jour de fa nomination, fuivant qu'il a été jugé par Arrêt du 12 Février 1700.

Les parens délégués ne peuvent difpofer du revenu du Mineur. Quand il eft queftion de difpofer du revenu de l'immeuble du Mineur, foit pour le loyer ou autrement, il faut une délibération de tous les parens délibérans. Les parens confeils & délégués ne font pas fuffifans, fuivant l'Arrêt du 19 Mars 1734 : mais voyez les articles 38 & 39 du Réglement fur le fait des Tuteles.

Quand Tuteur non garant de fon fait. Le même Arrêt décide que celui qui a contracté en qualité de Tuteur, n'eft point fufceptible d'intérêt fur une action en garantie, quand le contrat eft annullé fur la pourfuite du Mineur devenu Majeur.

Des Partages de fucceffions.

Juge du domicile connoît du partage. C'eft le Juge du domicile de celui qui eft décédé, qui doit connoître de l'action en partage ; il eft plus naturel de difcuter en

ce lieu cette fucceffion où les titres fe trouvent, que de porter ces titres ailleurs. Bafnage.

Si partie d'une fucceffion étoit en Normandie, l'autre dans le Maine, en ce cas
les Juges du Maine connoîtroient des fonds
de leur reffort, & ceux de Normandie des
fonds & de la partie qui refteroit en Normandie : c'eft une maxime établie par un
Arrêt du 18 Août 1565, rapporté par Bérault.

Quid, pour biens de diver-fes Provinces.

Les Confervateurs des Privileges de Scholarité ne font point compétens de connoître
d'une action de partage mobilier en vertu du
Privilege de Scholarité : le même Auteur
en rapporte un Arrêt en date du 18 Juillet
1515.

Privilege de Scholarité ne connoît de par-tage.

<hr>

ARTICLE VI.

Peut ledit Vicomte faire faire toutes
criées, banniffemens, interpofitions
& adjudications de décret des héritages roturiers & non nobles.

CET Article s'obferve quand même un
Noble viendroit s'oppofer à la demande, fuivant l'Article qui fuit.

Mais fuivant nos Auteurs, cet Article
eft mal rédigé, parce qu'il voudroit donner à entendre que c'eft le Vicomte qui fait
les criées, pendant que c'eft le Sergent : au
furplus voyez le titre 22 de la Coutume,
au chef *des décrets*.

ARTICLE VII.

Connoît auffi des oppofitions & différents qui aviennent fur lefdites faifies & criées entre perfonnes nobles & entre perfonnes non nobles pour dettes & autres chofes mobiliaires , arrérages de rentes roturieres & hypotheques.

Le Vicomte ne connoit point des matieres féodales & droits féodaux.

LE Vicomte ne connoît point des rentes & droits feigneuriaux, ni des différents qui arrivent à ce fujet entre le Seigneur & les Vaffaux ; cela a été jugé par Arrêt du Parlement de Rouen du 15 Juillet 1723. Auffi la Coutume n'attribue-t-elle au Vicomte que la connoiffance des rentes *roturieres & hypotheques.*

ARTICLE VIII.

Appartient auffi audit Vicomte la connoiffance des Lettres de mixtion pour les héritages fitués dans le reffort de fa Vicomté , encore qu'ils foient de divers Sergenteries , ou affifes dans le reffort d'un Haut-Jufticier qui eft dans les enclaves de fa Vicomté , pourvu qu'il n'y ait rien de noble.

Si la connoiffance des Lettres de mixtion appartient au Vicomte dans le cas de terres fifes en Haute-Juftice.

QUOIQUE deux Hauts-Jufticiers étant dans les enclaves d'une Vicomté reffortiffent nuement à la Cour , cela ne change point l'ordre des Lettres de mixtion attribuées au Vicomte , fuivant un Arrêt du 30 Avril 1661 , rapporté par Bafnage.

Lorsqu'il y a un Siege de Haute-Justice dans les enclaves du Vicomte , cela suffit pour rendre le Vicomte compétent des Lettres de mixtion , quoique cette Haute-Justice soit dans les enclaves non - seulement d'une autre Vicomté , mais d'un autre Bailliage , conformément à l'Arrêt du 9 Septembre 1639 , rapporté par Basnage ; mais il faut qu'il y ait un Siege de Haute-Justice dans l'étendue de la Vicomté : des terres seules ne suffiroient pas , sur-tout si le Bailli reclamoit , comme il a été jugé par Arrêt du 20 Août 1678 , au profit du Bailli de Caen au Siege de Bayeux.

Le décret des héritages situés dans deux Hautes-Justices enclavées dans le même Bailliage ou la même Vicomté , doit être renvoyé devant le Juge Royal : Arrêt de 1679 , confirmé par autre Arrêt du 2 Août 1680.

Godefroy & Basnage disent que c'est une formalité superflue, que de prendre des Lettres de mixtion quand des terres saisies dépendent de la même Vicomté où les Plaids de diverses Sergenteries se tiennent ; mais Pesnelle a judicieusement observé que les Plaids des diverses Sergenteries ne se tiennent pas le même jour , & que par conséquent les Lettres de mixtion sont nécessaires afin que la certification , l'interposition , & l'adjudication se puissent faire chacune en un seul & même jour.

Lettres de mixtion nécessaires en cas de terres sises en différentes Sergenteries.

ARTICLE IX.

Doit ledit Vicomte faire paver les rues, réparer les chemins, ponts, paſſages, & faire tenir le cours des eaux & rivieres en leur ancien état.

Cᴇᴛ Article ne s'obſerve plus aujourd'hui, la compétence qu'il donne au Vicomte, eſt attribuée à différens Tribunaux.

Pavage des rues aux grands Voyers. 1°. Le pavage des rues appartient aux grands Voyers, ainſi que la réparation des chemins quand il eſt queſtion de routes particulieres ; car ordinairement la réparation des grandes routes ſe fait faire par les Intendans & Commiſſaires départis par le Conſeil.

Seigneurs doivent entretenir les Ponts & Chauſſées. 2°. Les ponts doivent être rétablis aux dépens des Seigneurs qui perçoivent le péage, ou par le Général des Paroiſſes ſur leſquelles les ponts ſont ſitués. Arrêt du 11 Avril 1750.

La Police des eaux & rivieres appartient aux Juges des Eaux & Forêts. 3°. Le cours des eaux & rivieres appartient pour la Police aux Maîtres des Eaux & Forêts, & quand il s'agit de propriété, la compétence en appartient aux Juges ordinaires des lieux.

Baſnage dit que la douairiere & les uſufruitiers ſont ſujets à la réparation des chemins & du pavé des rues, ainſi que les Eccléſiaſtiques, *ſuivant d'Olive L. 1 , chap. 18 , c'eſt le ſentiment de Bérault.*

ARTICLE X.

Ledit Vicomte doit tenir fes plaids
de quinzaine en quinzaine ; en tenant
lefquels plaids , il peut diligemment
enquérir de tous crimes & en informer , pour l'information faite être
jugée par le Bailli.

*P*LAIDS eft un ancien mot qui fignifie
plaider, *placitare* , au lieu de *litigare.*

Et en informer pour , &c. Le Vicomte n'a
que le droit d'informer ; & ne peut pas juger fur l'information , c'eft ce que la Cour
décida par l'Arrêt de Bafnage rendu le 5 Décembre 1624 en la Tournelle , par lequel on caffa tout ce qui y avoit été fait par
un Vicomte depuis l'information.

Vicomte ne peut qu'informer & doit renvoyer l'affaire au Bailli.

Les Vicomtes ne peuvent fe faire taxer
aucuns droits pour les déclarations des cen-
fives , droits & devoirs dûs au Roi fuivant
l'Edit de 1550. Et le fieur Coupel , Lieutenant de Vicomté à Domfront ayant exigé
huit fols par déclaration fur l'appel des Vaf
faux , il fut condamné à reftituer ce qu'il
avoit reçu , & en 100 liv. d'amende , par
Arrêt du 23 Mai 1656.

Il n'appartient aucuns droits pour les aveux rendus en Vicomté à Domfront.

Le Vicomte peut tenir fes plaids royaux
qui font pour le Domaine du Roi , au
préjudice du Bailli. Arrêt du 1 Avril 1664.

Vicomte tient fes plaids royaux au préjudice du Bailli.

L'Ordonnance d'Orléans article 63 , enjoint à tous Juges de pourfuivre le crime ;
& en droit le Juge : *Qui crimen repertum
non vindicat , ut confcius criminis punien-
dus eft.* L. petitionis. 2. Cod. offic. de teft.
prov.

Le Juge doit pourfuivre le crime.

ARTICLE XI.

Et incidemment peut connoître de tous crimes.

Vicomte connoît des crimes incidens.

LES crimes dont parle cet Article ne peuvent être autres que le crime de faux incidens & les délits prétoriaux.

ARTICLE XII.

Et font tous Juges tant Royaux que fubalternes, fujets & tenus de juger par l'avis de l'Affiftance.

Le Juge doit juger par l'avis de l'Affiftance.

BÉRAULT rapporte plufieurs Arrêts des années 1531, 1547, 1548 & 1539 qui enjoignent aux Juges de juger par l'avis de l'Affiftance à peine de nullité, & de prendre l'opinion telle qu'ils la peuvent trouver en leur Siege, fans remettre les affaires ni les renvoyer en d'autres Sieges, à peine d'amende.

Avocats doivent affifter le Juge pour rendre Juftice.

Avocat tenant roturierement d'un Seigneur peut connoître de fes caufes. *Secùs* s'il releve à foi & hommage.

Le même Auteur rapporte un Arrêt du 10 Avril 1510, qui enjoint aux Avocats d'affifter le Juge pour lui aider à rendre la Juftice ; par un autre Arrêt du 13 Février 1551 il a été jugé que les Avocats tenant roturierement d'un Seigneur, ne doivent pas s'abftenir du jugement s'il n'y a d'autres raifons, & par argument d'un Arrêt de Réglement du 2 Avril 1729, il en doit être de même, quand ils releveroient noblement.

Le Bailli & autres Juges en chef, doivent faire

faire mention dans leur Sentence du nom & surnom du Rapporteur. Arrêts des années 1536, 1553, 1555; & par un autre Arrêt de 1583, il a été fait défenses

celui, au rapport duquel une Sentence caffée & annullée par appel aura été renduë, de connoître en plus outre de cette même cause.

Juge dont la Sentence a été caffée, n'en peut plus connoître.

Lorsqu'il est question de liquidation d'a- quits ou de compte, le Juge peut néanmoins juger fans l'Affistance, ainfi qu'il a été jugé au profit de Monfieur Coupel, Lieu- tenant de Vicomte à Domfront, du 19 Mars 1650, pour éviter le coût & les frais aux Parties.

En liquida- tions de comp- tes & acquits, le Juge peut juger feul.

Quand on dit que le Juge doit juger de l'avis de l'Affistance, cela veut dire qu'il doit juger à la pluralité des voix, auquel cas il prononce conformément à l'avis du plus grand nombre, fauf à lui à employer dans le difpofitif, que le jugement eft rendu contre ou en conformité de fon opinion; fur quoi un bon Juge, lors des opinions, ne doit pas s'attacher à fes connoiffances par- ticulieres, mais uniquement aux preuves du Procès : s'il le faifoit, il s'attribueroit la qualité de Juge & de témoin.

Dans le nombre des Juges les voix des pere, fils, frere, oncle, neveu, beau-pere, gendre ou beau-frere, ne font comptées que pour une. Edit de 1669, 1679, 1689, 1681, rapportés par Neron, & la Déclaration du 3 Septembre 1728; hors ce cas en jugeant, on compte les voix fans les pefer, *numeran- tur, non ponderantur.*

Si les voix du pere, du fils, &c. font pré- pondérantes.

Dans les délibérations de Communautés, Corps & Métiers, les mêmes voix ne font comptées que pour une entre parens, lors qu'ils font de même opinion. Bafnage en rap-

Si dans les délibérations de Communau- tés les voix fe comptent.

Tome I.   C

porte deux Arrêts des 30 Avril 1675, & 4 Mars 1664.

De la Jurif-
diction des ar-
bitres de ceux
qui peuvent
compromettre,
& de ceux fur
qui on le peut.

Refte la queftion de fçavoir fi les Parties peuvent compromettre, & mettre la décifion de leur différent fur telles perfonnes qu'elles jugent à propos ; fur quoi mon fentiment eft qu'il eft libre aux Parties de prendre pour arbitres de leurs différents telles perfonnes qu'elles voudront choifir, excepté celles qui en font exclues de droit, comme les Moines, Religieux Profès & cloîtrés, les Pupilles, de même que ceux qui en droit font appellés *deportati, relegati & damnati ad metallum.*

Mais pour cet effet, il faut que celui qui compromet fur des arbitres puiffe fifter à droit & contracter, parce que celui qui ne peut contracter ne peut compromettre : tels font

Tuteur ne
peut choifir les
arbitres pour
fon Mineur,
à moins que
le compromis
n'ait été com-
mencé par le
pere.

les Tuteurs qui ne peuvent aliéner le bien de leurs Mineurs ; mais fi le compromis avoit été commencé par le pere, le Tuteur du confentement & avis des parens, peut le continuer, étant préfumable que le pere a eu des motifs qui l'ont engagé à compromettre : c'eft la décifion de l'Arrêt du Parlement du premier Février 1667.

Arbitres ne
fe peuvent ta-
xer de falaire.

Par Arrêt du Confeil du Roi du 16 Mars 1682, & Lettres-Patentes en conféquence regiftrées au Parlement le 22 Avril de la même année : il eft fait défenfes à tous arbitres de fe taxer aucuns falaires & vacations, fauf aux Parties de payer volontairement les Avocats & Procureurs qui fe font employés aux arbitrages.

Dédit doit
être payé en
cas d'appel.

Autre Arrêt du 13 Mars 1725, rendu au Parlement, qui juge qu'une Sentence arbitrale rendue fur un compromis, portant une peine de dédit, ne peut être appellée que le dédit ne foit payé. Pareil Arrêt a été rendu le 29 Avril 1757.

Autre Arrêt du 8 Janvier 1700 , qui juge
que la fignification d'une Sentence arbitrale
faite , tant que le compromis dure , vaut de
prononciation ; le défaut de laquelle prononciation , n'eft point en ce cas un moyen de
fe pourvoir , pour , par l'appellant fe difpenfer de payer le dédit.

ARTICLE XIII.

Le Haut-Jufticier peut informer ,
connoître & juger de tous cas &
crimes , hormis les cas royaux.

JE ne parlerai point de l'origine des Hauts-Jufticiers ou des Hautes-Juftices , c'eft un
nuage obfcur au travers duquel on a peine
à entrevoir la lumiere ; on fçait que ce droit
eft fort ancien , mais l'époque de fon établiffement eft incertaine ; d'ailleurs nos Auteurs en ont longuement & fçavamment parlé , & je ne pourrois donner qu'un abrégé
de leurs recherches ; je parlerai feulement
de la Jurifdiction des Hauts-Jufticiers , &
de leurs droits.

Le Haut-Jufticier.

L'établiffement d'une Haute-Juftice fe prouve
par Chartres , & au défaut par la poffeffion.
Cette poffeffion s'établit par le continuel exercice de la Juftice , par des aveux & dénombremens ; les aveux reçus & vérifiés en la
Chambre des Comptes , font preuve fuffifante , même contre le Roi , quand ces aveux
& dénombremens font accompagnés d'autres
adminicules.

Preuve de la Haute-Juftice.

Celui qui eft fondé dans le droit d'avoir
une Haute-Juftice , a celui d'y nommer des
Officiers , mais il n'en peut augmenter le

Le Haut-Jufticier ne peut augmenter le

C ij

nombre d'Officiers.

nombre fixé par les Lettres de conceffion ou d'érection de Jurifdiction , fuivant un Arrêt du 6 Juillet 1643 , rendu contre l'Evêque de Bayeux qui vouloit créer un nouveau Sergent. Bafnage qui rapporte cet Arrêt , dit que le Haut-Jufticier peut nommer un Bailli , un Lieutenant & un Procureur-Fifcal.

Ni les dégrés de Jurifdiction.

Si le Seigneur Haut-Jufticier ne peut augmenter le nombre de fes Officiers , il ne peut également multiplier les dégrés de Jurifdiction. Journ. des Audiences. Livre 6. Ch. II.

Le Seigneur Haut-Jufticier ne peut deftituer les Officiers ad nutum.

La jurifprudence & la maxime du Palais en Normandie eft qu'on ne peut deftituer les Officiers des Seigneurs Laïques & ceux du Roi, *ad nutum*, & fans caufe légitime.

L'acquéreur à faculté de rachat nomme à l'Office.

Il y a plus , la Cour par Arrêt du 15 Juin 1657 , rendu contre M. le Comte de Flers , jugea que l'acheteur, à faculté de rachat, étant le véritable propriétaire , avoit pu conférer un Office vacant pendant fa jouiffance & avant le rachat ; parce que l'Office eft réputé *in fructu*. Il s'agiffoit de la terre de Condé fur Noireau , que M. de Flers avoit engagé à Monfieur le Prince de Guimené avec faculté de rachat. Avant la vacance de l'Office de Bailli , M. de Flers avoit pris des Lettres de reftitution dont il fut débouté , fauf à lui à ufer de la voie de rachat, & le Prince de Guimené avoit avant le retrait pourvu le fieur Prepetit de l'Office de Bailli de Condé , par le prix de 10000 livres.

L'héritier , l'acquéreur, le mari, l'ufufruitier & le gardien ne peuvent deftituer les Officiers.

L'héritier ne peut changer ni deftituer l'Officier ; il ne peut contrevenir aux provifions données par celui à qui il fuccede , ni les révoquer. Il en eft de même de l'acquéreur à titre de vente, échange ou autrement , & même vis-à-vis de l'adjudicataire par décret. Le mari ne peut également deſtituer l'Officier pourvu par ſa femme, non plus que l'uſufruitier & celui qui a la garde-noble : comme toutes ces perſonnes en leur qualité ſinguliere ne peuvent révoquer les Officiers, ils ont auſſi, par un principe d'équité, le droit de nommer aux Offices vacans, ainſi que le décrété. Arrêt du 21 Juin 1640.

Quant aux Offices appartenans aux Eccléſiaſtiques, c'eſt une maxime que le Bénéficier, ainſi que ſon ſucceſſeur par réſignation ou permutation, ne peut deſtituer ſon Juge *ad nutum*. Il faut encore ajouter que par pluſieurs Arrêts on a obſervé la même regle pour les Officiers des Juriſdictions temporelles des Bénéficiers ; mais quant aux Offices de la Juriſdiction Eccléſiaſtique, comme ceux des Officiaux, Promoteurs, Grands - Vicaires qui ſont révocables au gré des Prélats, ce ne ſont à proprement parler que des commiſſions.

Quid ? des Officiers des Juriſdictions, des Bénéficiers des Juriſdictions Eccléſiaſtiques.

Baſnage rapporte un Arrêt du 31 Mars 1634, qui juge que M. de Matignon nouvellement pourvu de l'Evêché de Coutances, pouvoit nommer aux Offices de Juriſdictions Eccléſiaſtiques au préjudice des Officiers nommés par ſon prédéceſſeur, & confirmés par le Chapitre, *Sede vacante.*

Par Lettres - Patentes données ſur un Arrêt du Conſeil, regiſtrées au Parlement de Rouen le 17 Novembre 1759, il eſt ordonné qu'à l'ouverture des Régales, les Officiers des Juſtices des Bénéfices tombés en régale ſeront, ſur le Réquiſitoire de M. le Procureur-Général, commis ſur le champ par Arrêt de la Cour, à l'effet de continuer d'y rendre la juſtice & exercer leurs fonctions au nom du Roi juſqu'à la clôture deſdites régales.

Quid ? pour le temps de régale.

à la charge par eux de prêter serment en tel cas requis & accoutumé en la Cour, ou entre les mains du Juge Royal le plus proche des lieux qui sera à ce commis par l'Arrêt ; le tout sauf l'appel ès Bailliages & Sieges Présidiaux qui avoient droit d'en connoître avant la vacance du Bénéfice, ou en la Cour *à l'égard de celles des Justices qui y ressortissent nuement*, sauf en cas de vacance desdits Officiers, à y être pourvu par le Roi ainsi qu'il appartiendra.

Crimes dont le Haut-Justicier connoît.

Peut informer, connoître & juger de tous cas & crimes. Par cet article la Coutume donne une grande prérogative au Haut-Justicier ; car elle ne lui donne pas seulement le droit d'informer du crime, comme au Vicomte, mais elle lui donne en outre le droit d'en juger, c'est-à-dire, qu'il peut condamner à mort, bannir & confisquer ; à la réserve cependant des crimes Ecclésiastiques

Ne connoît des crimes des Ecclésiastiques.

dont il ne peut avoir la connoissance qui appartient au Juge-Royal. Arrêt du 30 Avril 1650.

Ni des actions des Eglises.

Il ne connoît point des actions qui se passent dans les Eglises, soit civiles ou criminelles, non plus que des matieres bénéficiales & décimales.

Connoît des mariages.

Mais il est compétent des questions d'intérêts résultans des promesses de mariage comme le Juge Royal, ainsi qu'il a été jugé au Parlement de Rouen le 18 Février 1739.

Connoît des Lettres de Chancellerie.

Il a aussi la connoissance des Lettres de Chancellerie, comme loi apparente, bénéfice d'inventaire, séparation, &c. à la réserve des Lettres de grace, dont la connoissance est réservée aux Juges Royaux. Voyez Art. 20. ci-après.

De la Police.

Enfin le Haut-Justicier a la Police dans son territoire : Basnage rapporte nombre d'Arrêts qui confacrent cette maxime.

Quand le Haut-Jufticier prétend que le Juge Royal entreprend fur fon territoire, il ne doit pas prononcer des défenfes, fuivant qu'il a été jugé par Arrêt des 26, 16, 36 & 9 Juillet 1636.

Voici plufieurs Arrêts rendus concernant la compétence & Jurifdiction des Hauts-Jufticiers.

Il ne peuvent recevoir de Maîtres d'une profeffion dans leur Haute-Juftice, quand il n'y a point de Maîtrife de la profeffion. Arrêt du 6 Novembre 1739.

Quant les Hauts-Jufticiers vont en commiffion, les Baillis Hauts-Jufticiers qui reffortiffent immédiatement à la Cour, ont 15 livres par jour. Leurs Lieutenans & les autres Baillis Hauts-Jufticiers qui reffortiffent devant les Juges Royaux, ont 10 livres. Art. 5 & 7, tit. 15 des Lettres-Patentes fur l'adminiftration de la Juftice.

Leur taxe.

Il leur appartient, quand ils travaillent au lieu de leur domicile ; fçavoir, au Haut-Jufticier reffortiffant immédiatement en la Cour pour une vacation d'une heure, 30 f. & pour les autres 1 liv. 5 f. Art. 15 & 16, *ibidem.*

Hormis des cas Royaux. On entend par cas Royaux, le crime de leze-Majefté divine & humaine, de fauffe monnoie, billonnage, monnéage, tréfor trouvé, falfification de fceaux Royaux, port d'armes, fauvegarde enfreinte, les caufes concernant les Offices, & les délits des Officiers Royaux au fait de leurs Offices, les caufes d'Eglifes, mandemens & commiffions du grand fceau portant dons, rémiffions, difpenfes, privileges & autres dépendant de la puiffance Royale, la connoiffance de tous droits,

Ne connoiffent des cas Royaux.

biens, deniers Royaux, pour tous lesquels cas on ne plaide que devant le Juge Royal ; & quand le Roi a intérêt en quelque chose, il faut renvoyer la cause devant le Juge Royal, car le Roi ne plaide point à la Cour de son Sujet. Voyez ci-devant art. 3, à ces mots : *Des Privileges Royaux.*

Les Hauts-Justiciers connoissent des crimes commis dans les grands chemins de leur ressort. Article 10, du Réglement de 1666.

ARTICLE XIV.

Il doit faire les frais des Procés criminels, pour crimes, excès & délits commis au district de sa Haute-Justice, & même en cause d'appel.

Qui doit faire les frais des Procès criminels.

EN outre les frais de la procédure, le Haut-Justicier doit les frais de la conduite ou translation des prisonniers, suivant l'article 11 & 12 du Réglement de 1666, & les articles 1 & 6 du Titre 1 de l'Ordonnance de 1670.

Et de Procès de renvoi.

Un Procès criminel fut évoqué du Bailliage de Mortain à celui de Carentan ; le Receveur du Domaine de Carentan demanda à celui de Mortain la restitution du pain du Roi, gîtes & gardes, sous prétexte que s'il y avoit eu confiscation, elle auroit été faite au bénéfice du Receveur de Mortain, celui de Carentan déclaroit en outre abandonner le bénéfice de l'amende prononcée, & soutenoit que le crime ayant été commis sous Mortain, *ibi agi oportuit ;* le Receveur de Mortain répondoit que les frais immenses de l'évocation d'un Procès criminel ne doivent point tomber à fa charge ; cependant la Cour, par Arrêt de l'année 1626, rapporté par Bafnage, condamna le Receveur de Mortain à la reftitution du pain du Roi, gîtes & géolages.

La Cour, par Arrêt du 22 Février 1659, a jugé, au bénéfice du Roi, les amendes prononcées par la Cour fur un Procès criminel, dont le Haut-Jufticier avoit fait les frais ; cependant il me paroît jufte d'accorder l'amende au Haut-Jufticier, lorfqu'elle eft prononcée par le Haut-Jufticier, & confirmée en la Cour ; c'eft lui qui fait les frais, & il ne paroît pas qu'il foit naturel de le priver de la récompenfe de fes frais, & de donner l'amende au Receveur du Domaine à fon préjudice, auffi eft-ce le fentiment de Pefnelle, & conformément on a accordé récompenfe au Haut-Jufticier des frais & dépens. Arrêt des années 1645 & 1655.

Par Arrêt du Confeil du 19 Décembre 1775, il eft défendu aux Juges de faire déformais aucune application d'amende autrement qu'au profit du Roi.

A qui appartient l'amende des Procès criminels.

ARTICLE XV.

Les Hauts-Justiciers sont tenus demander aux Juges Royaux le renvoi des causes dont ils prétendent la connoissance leur appartenir, sans qu'ils puissent user de défenses à l'encontre desdits Juges Royaux & des Sujets du Roi.

Haut - Justicier doit demander renvoi.

Le Juge Royal peut bien faire défenses à ses Justiciables de plaider ailleurs que devant lui ; mais par cet article, le Haut-Justicier n'en peut user de même ; il y a plus, un domicilié d'une Haute-Justice étant assigné devant le Juge Royal, doit y comparoître, & il n'est pas recevable à proposer lui-même son renvoi & déclinatoire ; il faut que le Seigneur Haut-Justicier vienne réclamer la cause par son Procureur-Fiscal, qui n'est pas obligé de venir la réclamer en personne, mais seulement par le Procureur qui parle dans la cause, qui doit être muni de pouvoir à cet égard de la part du Procureur-Fiscal. Arrêt du mois de Février 1619 ; il faut néanmoins distinguer si la Haute-Justice d'où dépend l'assigné est dans l'enclave du Juge Royal, devant qui le domicilié de la Haute-Justice est assigné, auquel cas la maxime que je viens de rapporter a lieu ; mais si l'assigné dépendoit d'une Haute-Justice qui ne fut point de l'enclave du Bailliage où le domicilié de cette Haute-Justice est assigné, alors cet assigné peut proposer lui-même son déclinatoire, suivant deux Arrêts des années 1663 & 1670.

Quid ? de ceux qui sont assignés devant autre Juge que leur Juge naturel.

Si deux Hauts-Justiciers dépendant d'un
même Siege Royal prétendoient la connoiffance d'une affaire, le Juge Royal doit renvoyer les Parties à la Cour, qui lui en donne
la connoiffance pendant la conteftation de
compétence des Hauts-Jufticiers.

ARTICLE XVI.

Les Hauts-Jufticiers, foit qu'ils foient
reffortiffans fans moyen en la Cour
ou autre lieu, ne peuvent tenir leurs
plaids & affifes pendant le temps que
les Juges Royaux tiennent leurs plaids
& affifes dans les Vicomtés & Sergenteries, aux enclaves defquelles lefdites
Hautes-Juftices font affifes, & fe
régleront fur le temps de la meffion
qui fera baillée & déclarée par les
anciens Baillis Royaux.

DANS les caufes qui font au-deffous de
l'Edit des Préfidiaux, l'appel des Sentences des Hauts-Jufticiers qui reffortiffent
fans moyen à la Cour fe portent au Parlement & non aux Préfidiaux.

L'appel des Hauts-Jufticiers ne fe porte point aux Préfidiaux.

De même les appellations des Hautes-Juftices créées en 1702, fe portent à la Cour *omiffo medio*, en matiere de Police, fuivant un
Arrêt rendu au Parlement de Rouen le 13 Mai
1754.

L'appel des Hauts-Jufticiers de 1702, fe porte à la Cour omiffo medio.

Non-feulement les Hauts-Jufticiers doivent
régler leur meffion fur celle des Juges Royaux,
mais la Cour, par l'article 14, du Réglement
de 1666, leur enjoint de fe conformer aux
appréciations faites par les Juges Royaux,
pour le paiement de leurs rentes.

Les Hauts-Juſticiers doivent ſe conformer aux appréciations des Bailliages.

Les rentes dues aux Seigneurs, même aux Hauts-Juſticiers, ſeront payées ſur le prix des appréciations faites par le Bailli Royal, dans les enclaves duquel leurs Fiefs ſont ſitués : ce qui a auſſi lieu à l'égard des Engagiſtes & Receveurs du Domaine de Sa Majeſté.

ARTICLE XVII.

Sergens Royaux ne peuvent exploiter dans les Hautes-Juſtices ſans mandement des Juges Royaux.

Les Sergens Royaux ne peuvent faire exploits dans les Hautes-Juſtices, ſans avoir mandement ou commiſſion du Roi ou des Juges Royaux, dont ils feront apparoir aux Hauts-Juſticiers, s'ils en ſont requis, ſauf pour les dettes du Roi, ou pour cas de Souveraineté, pour crime ou pour choſe où il y eût éminent péril.

Sans avoir mandement, &c. ce qui s'entend des matieres dont les Juges Royaux peuvent connoître, & dont la compétence leur appartient ; car ſi un Juge Royal décernoit un mandement pour faire exploiter dans l'étendue d'une Haute-Juſtice, ſur une matiere qui ne ſeroit pas de la compétence de ce Juge Royal, on pourroit appeller de ce mandement.

Baſnage rapporte un Arrêt du 20 Mars 1629, qui juge qu'un Sergent Royal ne peut faire un exploit de clameur dans une Haute-Juſtice, ſans un mandement du Juge Royal.

Sergens & Huiſſiers tenus de réſider en leur Territoire.

Le même Auteur rapporte un autre Arrêt du 23 Janvier 1653, qui fait défenſes à un Sergent de réſider, ni faire pendant ſa réſidence a eans exploits en la Paroiſſe de Haute-Meſnil, qui étoit hors le territoire de ſa Ser-

genterie ; il eft bien jufte que chaque Sergent
ou Huiffier ne paffe point les bornes de fon
diftrict, & la Cour les a toujours reftreint
à cette regle ; en effet, en l'année 1742, au
15 Mars, la Cour enjoignit à un Sergent de
Police de fe retirer de l'étendue d'une Sergenterie où il demeuroit, & d'aller réfider dans
le lieu où fe tient fa Jurifdiction. Pareil Arrêt
fut rendu le 20 Mars 1746, contre un Sergent Royal de l'Amirauté, encore qu'il fût
propriétaire de la maifon par lui occupée,
qu'il y fut né & marié. Par autre Arrêt du
10 Juin 1749, un Sergent glebé qui demeuroit
fous une autre Sergenterie, dans une maifon
dont il étoit propriétaire, où il étoit né &
marié, fut difpenfé de quitter, en renonçant
à faire aucunes diligences dans l'étendue de
la Sergenterie où il demeuroit. Et par autre
Arrêt du 27 Mars 1750, il eft enjoint à tous
Huiffiers de fortir de l'étendue des Sergenteries glebées, & de fe retirer dans les lieux
& auprès des Juges de leur établiffement, fi
mieux n'aiment renoncer à faire aucunes diligences, même celles attachées à leurs fonctions, dans l'étendue defdites Sergenteries ;
enfin, la dame Hercé de la Tremblaye, propriétaire de fa Sergenterie, noble Foucault,
en la Paroiffe de Mantilly, fit commettre
affignation en l'année 1755, à Julien Renard, Huiffier du quart-Bouillon, pour l'o-
bliger de fe retirer de fa Sergenterie, ou
de renoncer à y faire aucunes diligences ;
le Bailli de Domfront enjoignit audit Renard de fe retirer de ladite Sergenterie, fi
mieux n'aimoit renoncer à aucunes diligences
pour matiere réelle & faifie ; la dame de Hercé fe rendit appellante de cette Sentence, fous
le prétexte que le Bailli devoit interdire toutes diligences audit Renard en fa Sergenterie,

foit réelles ou autres ; la Cour réformant la Sentence du Bailli, ordonna à Renard de fe retirer de la Sergenterie Foucault, fi mieux il n'aimoit renoncer à y faire aucunes diligences de quelque nature que ce fût : il y avoit ceci de particulier, que Renard étoit né & marié fous la Sergenterie, & que tout fon bien & celui de fa femme étoit fous cette Sergenterie. Les articles 1, 2, 3, 4, 5, 6 & 7 du tit. 13 des Lettres-Patentes du 18 Juin 1769, reglent les droits des Sergenteries glebées, des Huiffiers des Jurifdictions ordinaires & de ceux des Jurifdictions extraordires.

Un Arrêt du 20 Mars 1765, rapporté dans le dernier volume du Recueil des Edits, renferme dix difpofitions intéreffantes, relatives aux fonctions des Huiffiers & Sergens, & bien propres à réprimer les abus que commettent journellement ces Officiers miniftériels.

Réfidence des Notaires.
Les Notaires & Tabellions doivent fe tenir dans leur diftrict, fans qu'ils puiffent aller dans le diftrict & arrondiffement les uns des autres pour y paffer des contrats, à peine de cent livres d'amende, comme il a été ordonné par Arrêt de Réglement, fait pour M. de Longueville le 20 Mars 1649. Cependant par Arrêt rendu le 11 Mai 1754, la Cour a jugé que les Notaires Royaux ont droit de faire les inventaires & répertoires dans l'étendue des Hautes-Juftices, à l'exclufion des Tabellions des Seigneurs.

Suivant notre ufage, tout Notaire Royal peut dans fon étude paffer toutes fortes de contrats, quoique les parties ne réfident pas dans fon arrondiffement ; il lui eft feulement défendu d'inftrumenter fur le diftrict d'un autre Notaire.

Arrêt du 11 Mars 1732, qui juge que les Prifeurs-Vendeurs n'ont point d'action contre les Notaires, pour les obliger de les appeller aux inventaires, afin d'en faire la prifée ; les Notaires ont la liberté de la faire eux-mêmes. Confultez l'art. 13 du tit. 11 des Lettres-Patentes que je viens de citer, elles reftreignent encore davantage les fonctions & les émolumens des Prifeurs-Vendeurs.

Autre Arrêt du 19 Mars 1744, qui juge que les Notaires créés en 1704 pour les Greniers à fel, n'ont pas droit d'exercer dans toute l'étendue du Grenier, mais feulement dans l'endroit où le Grenier eft fitué.

Les regiftres des Notaires doivent être paraphés des Juges des lieux à chaque affife, en préfence du Procureur du Roi, qui doit aufli les parapher. Art. 43 & 44 du tit. 15 des Lettres-Patentes.

Le Notaire, dont l'arrondiffement s'étend fous diverfes Jurifdictions, ne peut être cité pour fait d'office que devant le Juge qui l'a reçu : Déclaration du 11 Décembre 1703. Arrêt du 22 Mars 1757.

ARTICLE XVIII.

Lefdits Hauts - Jufticiers ne peuvent ufer d'arrêts ou emprifonnement fur aucuns Officiers ou Sergens Royaux, & ordinaires qui exploiteront dans le diftrict de leurs Hautes-Juftices, & ne peuvent prendre connoiffance des fautes que les Officiers & Sergens Royaux pourroient commettre en faifant l'exercice de leurs Offices en leurs Hautes-Juftices; mais s'ils vouloient prétendre que lefdits Officiers ou Sergens euffent failli en leurs exploits, ils fe pourront plaindre au prochain Bailli Royal qui en fera juftice.

Haut-Jufticier n'a point de Jurifdiction fur un Officier Royal.

Il eft naturel qu'un Officier Royal ne foit tenu de répondre des faits de fon Office que devant le Juge Royal; mais fi le Notaire, Huiffier ou Sergent Royal, ont pris à ferme des Offices des Seigneurs Hauts-Jufticiers, & qu'ils réuniffent le caractere d'Officiers Royaux & Seigneuriaux, ils deviennent jufticiables des Hauts-Jufticiers pour tous les Actes qu'ils ont paffé en fa Haute-Juftice. Arrêt du 10 Février 1657. De même l'Officier Royal ne pourroit décliner la Jurifdiction du Haut Jufticier, pour faits qui ne concerneroient point les fonctions de fon Office Royal.

ARTICLE XIX.

Les Juges des Hauts-Justiciers ressortissans pardevant les Baillis Royaux, doivent comparoir à deux assises des Bailliages où ils ressortissent : c'est à sçavoir, à celles qui se tiennent après la Mession, & à Pâques, auxquels les Ordonnances doivent être lues.

Haut-Justicier doit comparoître aux assises du Bailliage dont il releve.

L'OUVERTURE des Jurisdictions démembrées doit se faire immédiatement après les vacances finies, quoique les Lieutenans-Généraux des grands Bailliages n'aient pas encore terminé leurs assises mercuriales. Les Lieutenans-Généraux sont obligés de tenir leurs assises dans le mois du jour de l'expiration des vacances : Arrêt du 20 Juillet 1763.

Il a été ordonné par Arrêt du 6 Décembre 1770, que les jours vulgairement appellés fêtes de Palais, cesseront d'être tenus & gardés comme tels dans aucuns Sieges & Bailliages du ressort de la Cour, non plus qu'au Palais, aux Officialités & autres Tribunaux Ecclésiastiques. 10e. volume du Recueil des Edits.

Bérault rapporte un Arrêt du 16 Juillet 1625, par lequel il fut fait défenses aux Présidiaux de donner interdiction contre les Juges, ce droit n'appartenant qu'à la Cour. Un Edit du mois d'Août 1777, regle la compétence des Présidiaux.

Présidial ne peut interdire les Juges, cela n'appartient qu'à la Cour.

Le Bailli connoît sans mandement de la Cour, des malversations commises par le Sénéchal d'une Basse-Justice, dans la taxe des dépens : Arrêt du 16 Août 1762.

ARTICLE XX.

Haut - Justi-
cier ne connoît
des Lettres de
Rémission, &c.

Lesdits Hauts-Justiciers ne peuvent connoître des Lettres de Rémission, de Répit, ni de Lettres pour être reçues au bénéfice de cession, ni pareillement des causes de lese-Majesté, fausse monnoie, & autres cas Royaux.

LES Lettres mentionnées en cet article étant de pure grace du Prince, il est juste qu'il n'y ait que les Officiers Royaux qui en connoissent. Au surplus il faut voir ci-devant art. 13.

Rémission,
quand a lieu.

Lettres de Rémission. Elles ne se doivent donner que pour les homicides involontaires, ou qui ont été commis dans la légitime défense de sa vie. Art. 2 du tit. 16 de l'Ordonnance de 1670. Par ce même article ces Lettres ne sont accordées que pour les cas où le coupable seroit puni de peine corporelle, au lieu que les Lettres de Pardon ne sont accordées que dans le cas où il n'échet pas peine de mort. Voyez le tit. 16 de ladite Ordonnance, & le Commentaire de M. Jousse.

Hauts-Justi-
ciers & Sei-
gneurs ne peu-
vent s'opposer
aux Lettres de
Rémission.

Les Hauts-Justiciers, ni les Seigneurs féodaux ne peuvent s'opposer à l'entérinement des Lettres de Rémission, sous prétexte de leur droit de confiscation, suivant plusieurs Arrêts dont Bérault fait mention. Il n'y a que le Procureur du Roi & les héritiers du défunt qui puissent s'y opposer.

Répit, quand
a lieu.

De Répit. Sont des Lettres accordées à des débiteurs, pour leur donner le temps de payer leurs créanciers, & arrêter, pendant un certain temps, leurs poursuites rigoureuses. Elles ne s'accordent point contre les veuves & orphelins , pour dettes contractées en Foire franche , pour vente de marchandise en public & en détail , ni pour ventes de ce qui sert aux nécessités du corps , vente d'héritages , fermages , rentes seigneuriales , foncieres , dot , douaire , nourriture , pensions , comptes de tuteles , consignations judiciaires , dépôts volontaires , & lorsque la marchandise a été prise à condition de payer comptant & à l'instant.

Bénéfice de cession. Elles sont des Lettres par lesquelles les débiteurs en abandonnant & cédant tous leurs biens à leurs créanciers , sont mis à couvert des poursuites que les créanciers peuvent faire pour être payés : les mêmes raisons qui empêchent les Lettres de Répit , excluent le bénéfice de cession. On ne peut également faire cession de biens pour des condamnations de dépens , dommages & intérêts. Basnage en rapporte plusieurs Arrêts ; mais il cite un Arrêt du 30 Janvier 1609 , qui admet deux particuliers à faire cession contre un Concierge pour leur gîte & géolage ; il falloit qu'il y eût des circonstances bien particulieres.

Cession de biens, quand a lieu.

Un étranger n'est pas reçu en France à faire cession de biens.

Etranger ne peut faire cession.

Ceux qui font cession de biens doivent porter le bonnet verd ; nos Auteurs en rapportent plusieurs Arrêts ; cependant quand l'indigence du débiteur ne provient point de de sa faute , & que son triste état ne vient que de malheurs inopinés , la Cour ne prononce pas l'obligation de porter le bonnet verd ; pareille condamnation ne peut avoir lieu que dans la circonstance d'une mauvaise foi insigne.

Cessionnaires doivent porter le bonnet verd.

Il faut bien distinguer le bénéfice de cession

d'avec l'atermoiement ; l'orfqu'un homme a fait ceffion de biens, il peut être pourfuivi par fes créanciers lorfqu'il revient en meilleure fortune ; au lieu que lorfque les créanciers ont fait un atermoiement, ils ne peuvent rien demander de plus, ainfi qu'il a été jugé par Arrêt du 10 Juin 1667, pour un homme qui avoit obtenu un atermoiement de fes créanciers en leur payant le tiers. Cet Arrêt eft rapporté par Bafnage qui plaidoit pour les créanciers ; mais depuis eft intervenu Arrêt du 13 Mars 1761, en l'Audience de la Grand'Chambre, qui confirme une Sentence du 25 Octobre 1760, par laquelle différens créanciers de Laurent Aubouin, Marchand de Rouen, qui avoient figné un contrat d'atermoiement le 2 Mars 1741, par lequel il s'étoit obligé de leur payer un quart de leurs crédites, avec réferve d'être payé du furplus s'il revenoit à meilleure fortune, & fe faifoit réhabiliter, au moyen de quoi *leurs pieces étoient reftées en leurs mains en force & vertu*, ont été autorifés de faire rendre compte audit fieur Aubouin de fon augmentation de fortune, & à fon refus d'entrer de force en fa maifon, avec un des Juges-Confuls à ce députe, & autres Officiers à ce néceffaires, pour y être pris communication de fes livres, & dreffer état de fes marchandifes & effets, quoique le fieur Aubouin foutint avoir payé fes créanciers de ce qu'il étoit convenu, & que fa fortune n'étoit provenue que d'un travail poftérieur & de biens de famille qui lui étoient échus depuis fa faillite. Les créanciers agiffoient en commun, & avoient nommé entr'eux un Syndic. Perchel plaidant pour les créanciers, & Fallaife pour Aubouin.

ARTICLE XXI.

Les Hauts - Jufticiers peuvent demander jufqu'à vingt - neuf années d'arrérages de rentes feigneuriales qui leur font dues.

Vɪɴɢᴛ-*neuf années*, à la différence *des Bas-Jufticiers* qui n'en peuvent demander que trois aux termes de l'art. 31 , & ce , fuivant les appréciations des Bailliages & Juges Royaux, fi les rentes font en grain , comme je l'ai obfervé fous l'art. 16, à la fin.

Il faut remarquer que lorfqu'on repréfente trois quittances de trois années confécutives , fans aucune réferve , le Seigneur ne peut plus exiger vingt-neuf années, *qui per tres annos folvit , præfumitur fuperiorum annorum cenfum folviffe.* Et cette regle s'entend , tant des rentes domaniales , feigneuriales , foncieres & hypothequacs que pour fermages , fuivant la Jurifprudence de cette Province & le fentiment de nos Auteurs.

Pour exiger une rente féodale, ou toute autre , il faut un titre conftitutif ou une reconnoiffance , avec poffeflion de la preftation ; cependant la reconnoiffance fait préfumer la redevance , & en fait même une plaine foi ; & on ne peut y contredire, à moins que cette reconnoiffance ne foit faite par erreur , encore faudroit il prendre des Lettres de reftitution contre cette reconnoiffance ; mais s'il n'y a que le paiement d'une rente fans titre, il n'engage point à la continuation, fi ce n'eft que le paiement n'ait été continué par 40 ans. Bafnage.

Sed quid ? Un créancier d'une rente établie en bonne forme, qui a négligé d'en prendre une reconnoiffance, peut-il en prouver la preftation depuis quarante ans en conféquence de fon contrat ? on répond qu'oui, parce qu'il a un commencement de preuve par écrit, & qu'il ne demande pas la preuve de l'établiffement de la rente, mais bien la preuve de la preftation. Il en feroit autrement de la preuve qu'un débiteur demanderoit à faire par témoin, de l'amortiffement d'une rente fuivant Bérault fous l'art. 527.

Si on peut prouver la preftation d'une rente.

Quant au paiement d'une rente due par plufieurs coobligés, le paiement de l'un ne divife point la dette, fans l'exprès confentement du créancier ; mais fi en fait de dettes mobiliaires ou autres, le créancier dénaturoit la dette, comme fi d'une fomme mobiliaire due par plufieurs débiteurs il confentoit conftituer la part d'un d'eux, comme par-là, les coobligés ne pourroient plus exiger la contribution de celui qui auroit conftitué fa part, ils n'en font plus tenus folidairement, parce qu'ils n'ont le même recours.

Si le paiement d'un coobligé divife la dette.

La compenfation de chofes & dettes liquides & de même qualité, fe fait de plein droit. Elle a lieu même nonobftant le tranfport fait par le débiteur, & nonobftant la faifie ou arrêt fait avant la déclaration de compenfer. Arrêt du 16 Juillet 1665 ; mais on ne peut la propofer pour dépôt & deniers Royaux.

De la compenfation.

Bafnage eft du fentiment que le Vaffal peut payer fes rentes en effence du grain, tel qu'il eſt excru ſur le fonds ; & que quand le Vaſſal n'en a point recueilli, il lui ſuffit d'en donner d'un prix médiocre ; mais comme le prix occaſionnoit pluſieurs conteſtations entre les Seigneurs & les Vaſſaux, la Cour par ſon Arrêt de Réglement du 18 Janvier 1665, a ordonné que les Vaſſaux ne paieroient leurs rentes qu'au prix des grains lors de la redevance & échéance de la rente, ſur le pied de l'appréciation du Juge Royal.

Rentes en grains ſe paient ſur le pied de l'appréciation.

ARTICLE XXII.

Leſdits Hauts-Juſticiers peuvent donner treves entre leurs ſujets.

Je parlerai des treves aux articles 44, 45, 46, 47 & 48.

ARTICLE XXIII.

Les Juges Royaux connoiſſent partout des poids & meſures, & même par prévention aux terres des Hauts-Juſticiers.

GODEFROI propoſe cette queſtion, ſi la meſure ſe doit régler ſelon le domicile du vendeur ou de l'acheteur, ſur quoi il diſtingue, ou le marché eſt fait, à ſe livrer au domicile du vendeur, ou le vendeur doit livrer au domicile de l'acheteur. Au premier cas, on ſuit la meſure du domicile du vendeur ; au ſecond cas, on ſuit la meſure du domicile de l'acheteur : cette difficulté ne

Doit-on ſuivre la meſure du vendeur ou de l'acheteur ?

peut naître que lorfqu'il n'a point été parlé de la mefure lors du marché. Conformément à cette diftinction, Arrêt a été donné à Paris le 9 Mai 1556, qui juge que celui qui avoit vendu du bled en Brie, livrable à Paris, le livreroit à la mefure de Paris.

Jaugeurs ne doivent exercer chez les particuliers.

Bérault rapporte un Arrêt du 14 Mars 1610, qui défend aux Jaugeurs de vaiffaux, poids & mefures, de vifiter les maifons privées qui n'en ont que pour leur commodité, & ne vendent point en détail ; indépendamment de cet Arrêt, un nommé Jean Payen, Jaugeur & Réformateur du Bailliage d'Arques, dreffa un procès-verbal contre le nommé Pollard, Fermier ; fur quoi la Cour faifant droit fur les plus amples Conclufions de M. le Procureur-Général, fit défenfes aux Jaugeurs de faire vifite chez les Gentilshommes, Curés, Bourgeois & Laboureurs, mais feulement chez les Marchands.

Toiliers déchargés de la vifite des Jaugeurs.

Par un Arrêt du 8 Juillet 1604, la Cour a déchargé les Toiliers ou Tifferands, qui ne font que mercenaires & ne vendent rien à l'aune, de la vifite des Jaugeurs. Il y a un Arrêt de Réglement de Rouen du 16 Août 1763, qui leur fait défenfes de plaider en leur nom ; c'eft le Procureur du Roi qui plaide & pourfuit les procès-verbaux : il eft même défendu aux Jaugeurs de faire des arrangemens. Ils doivent exprimer dans leurs quittances les fommes qu'ils auront reçues pour les frais du procès-verbal & de la Sentence, & s'ils ont fait plufieurs procès-verbaux en un jour, ils ne peuvent taxer pour tous qu'un jour de vacation.

ARTICLE

ARTICLE XXIV.

Les Bas-Justiciers qui ont droit de foires & marchés, peuvent prendre connoissance des mesures de boire & de bled, s'ils les trouvent fausses en leur Fief avant que la Justice Royale y mette la main.

Ici commence la compétence du Bas-Justicier, que nous appellons communément *Sénéchal de Fief*, quoique l'on dise que la Justice & le Fief n'ont rien de commun, il n'est pas en Normandie de Fief qui n'ait une Basse-Justice sur les hommes du Fief, pour la conservation des droits féodaux ; quelquefois le Chef-Seigneur est obligé de fournir des Juges à son Vassal, & de faire tenir ses plaids.

Qui ont droit de Foires & Marchés.

L'érection des foires & marchés est un droit royal ; le Roi l'accorde par Lettres-Patentes qui sont adressées au Parlement pour faire information *de commodo vel incommodo*, elles sont ensuite entérinées : après la vérification des Lettres faite en la Cour, le droit s'en perpetue & ne se perd point par le non usage, suivant l'Arrêt de Theville, du mois de Novembre 1661, rapporté par Basnage.

Des mesures de boire & de bled, seulement pour la fausseté des mesures & non pour les changer, ce droit n'appartenant qu'au Roi ; pour la fausseté des mesures, le Bas-Justicier peut condamner à une amende médiocre,

Droit de foire & marché. Comment s'érige.

Amende pour fausse mesure.

même au-dessus de 18 sols un denier, selon les circonstances du délit, & pourvu qu'il n'emporte pas peine afflictive.

ARTICLE XXV.

Ont aussi la connoissance du bruit de marché, c'est à sçavoir s'il intervient quelque bruit audit marché, le Sénéchal en peut connoître, pourvu qu'il n'y ait sang & plaies, & en lever amende.

P A R-là on voit que les Bas Justiciers qui ont foires & marchés, ont plus d'autorité que les autres, la disposition de cet article est fondée sur la nécessité d'appaiser promptement des rixes légeres, afin d'en prévenir les suites.

Bruit de marché. *Bruit de marché* s'entend de quelque tumulte, émotion, pour lesquels on peut lever une amende, même au-delà de dix-huit sols un denier ; pourvu qu'il n'y ait ni sang répandu ni plaie, car en ce cas le Haut-Justicier, ou le Juge Royal du district en connoîtront. Arrêt du 8 Juin 1632, rapporté par Basnage.

Amende à quel Fermier ou Receveur. Amende appartient au fermier qui jouit lors de la Sentence, & non au fermier, qui jouissoit lors du délit ; mais si la Sentence est appellée, Pesnelle veut qu'elle appartienne au fermier lors de la Sentence, & non à celui qui jouit lors de l'Arrêt confirmatif. Basnage est d'avis contraire, fondé sur l'Arrêt rapporté par Bérault en date du 23 Juin 1617. Voyez sur la question ce que j'ai dit à ce sujet dans mon *Traité des Fiefs.*

ARTICLE XXVI.

Pareillement connoiffent du parc brifé & des excès faits à leur Prévôt en faifant fes exploits.

On entend par *parc* un lieu où le Seigneur fait mettre les beftiaux faifis par fon Prévôt, lorfqu'ils font en dommages ; & lorfque les propriétaires s'en faififfent & les retirent clandeftinement & fans permiffion du Seigneur, ils font fujets à l'amende pour avoir brifé le parc. La compétence de l'excès commis contre le Prévôt ne s'entend que dans le cas où cet excès ne mérite pas une punition plus févere qu'une amende ; autrement la compétence du délit appartient au Haut-Jufticier ou Juge Royal, le Bas-Jufticier ne pouvant inftruire ni juger criminellement.

ARTICLE XXVII.

Ont pouvoir auffi de mettre prix aux vins & autres boiffons, & d'avoir les amendes de ceux qui y contre-viennent.

Cet article donne à la vérité la police des boiffons au Bas-Jufticier ; on peut même y ajouter celle des denrées fervant à la vie ; mais les fermiers des Aides font aujourd'hui un grand obftacle à l'exécution de cet article pour le prix des boiffons.

ARTICLE XXVIII.

Peuvent auffi tenir plaids & gages-pleges, & ont la connoiffance des rentes connues entre leurs hommes, & de blâmes d'aveux.

Eᴛ ont la connoiffance des rentes connues entre leurs hommes. Par ces paroles on entend les rentes que les Vaffaux ont reconnu devoir au Seigneur par leurs aveux & déclarations ; parce que pour les rentes, contredites par les Vaffaux, la conteftation furvenue à cet égard n'eft pas de la compétence du Bas-Jufticier, mais plutôt du Juge Royal, ou Bailli-Haut-Jufticier, devant lequel il eft obligé de renvoyer les parties ; il en eft de même des autres droits & devoirs feigneuriaux non contredits par les Vaffaux, dont la compétence eft dévolue au Bas-Jufticier, tant qu'ils ne font pas contredits.

Connoît des rentes & treizieme. Bafnage rapporte un Arrêt du 29 Janvier 1657, qui juge que le Bas-Jufticier connoît du treizieme pour s'en faire payer, & qu'il peut même prendre la voie de faifie, à moins qu'il ne s'agiffe de liquider le treizieme, ou qu'il y ait diverfité de tenures.

Papier Terrier. Le Sénéchal peut faire un papier terrier, & obliger les Vaffaux de le figner.

Et de blâmes d'aveux, pourvu qu'il n'y ait point de rentes ou devoirs contredits.

ARTICLE XXIX.

Les Seigneurs peuvent faire prendre leurs Prévôts, Receveurs & Meûniers un mois après leur charge expirée, pour leur faire rendre compte, & les retenir prifonniers jufqu'à ce qu'ils aient rendu compte ou baillé plege de compter. Toutesfois s'ils n'ont que Baffe-Juftice, ils ne les peuvent détenir en leurs prifons que vingt-quatre heures, & après font tenus de les renvoyer ès prifons du Roi ou de la Haute-Juftice dont ils dépendent.

Quoique l'Ordonnance de 1667 ait prefcrit la. décharge des contraintes par corps, comme dans cette efpece, il eft queftion de droits qui ont un privilege encore plus fpécial que celle des fermiers, autorifée par la même Ordonnance ; on ne peut dire que par cette nouvelle Loi, le Seigneur foit déchu du pouvoir que lui donne cet article.

En donnant caution folvable, les Prévôts-Receveurs peuvent fortir de prifon ; mais par la Jurifprudence des Arrêts, les Avocats, Procureurs & Juges ne font pas recevables pour cautions ; & même par Arrêt de la Cour du 19 Novembre 1597, rapporté par Bérault, il a été fait défenfes à Meffieurs du Parlement de fe rendre cautions, fans licence de la Cour.

Les Juges fubalternes ne peuvent être Receveurs des Seigneurs dont ils font Juges. Arrêt du mois de Février 1559, rapporté *ibidem*, ni Contrôleurs.

Juges & Avocats ne peuvent être cautions.

Juges ne peuvent être Receveurs des Seigneurs.

ARTICLE XXX.

Ne peuvent justicier ou prendre namps que sur le Fief ; ne poursuivre personnes qui ne tiennent d'eux, s'ils ne les trouvent en leur Fief en présent méfait, comme au dommage de leurs bleds, herbages ou autres fruits, ou s'ils n'emportent leur panage, ou autre chose desdits Seigneurs : car de ce, doivent-ils payer & amender aux Us & Coutumes des Villes, des marchés, des foires & des panages.

Que sur le Fief, il n'est point permis à un Seigneur Bas-Justicier d'exercer sa Jurisdiction sur d'autres fonds que sur ceux de son Fief, suivant cet axiome *extra territorium jus dicenti impunè non paretur.* Ainsi des Sentences rendues par un Sénéchal ou Haut-Justicier, hors de son territoire, seroient nulles, suivant la maxime du Palais, consacrée par deux Arrêts rapportés par Bérault.

Ou autres choses desdits Seigneurs. Il ne faut pas étendre les mots aux vols particuliers qui seroient commis sur les biens du Seigneur autres que les fruits ; car cet article ne s'entendant que des fruits, on ne doit pas attribuer au Sénéchal la compétence du vol des autres biens du Seigneur.

Aux Us & Coutumes, &c. S'entend des Us & Coutumes ou usages qui ne sont point contraires à la raison, aux Loix & bonnes mœurs. *Pravum enim usum lex & ratio vincit.*

ARTICLE XXXI.

Les Bas-Jufticiers ne peuvent demander que trois années d'arrérages
des rentes feigneuriales à eux dues
par leurs fujets, s'il n'y a compte,
obligation ou condamnation, ou qu'il
apparoiffe de la premiere Fieffe par
générale hypotheque.

Voyez ce que j'ai ci-devant dit fous
l'art. 21, page 69.

L'ainé qui a payé le Seigneur, n'a qu'une
action récurfoire fur chacun de fes puînés ou
cotenans, & non une action folidaire comme
le Seigneur ; quand même l'ainé auroit payé
dans l'abfence des puînés 29 années d'arrérages au Seigneur, il n'en peut demander que
trois années par recours fur fes puînés. Arrêt
de Dufour & de Lemoine du 16 Juillet 1654,
rapporté par Bafnage. Si cependant l'ainé appa-
roiffoit de diligences faites en temps de droit,
il pourroit demander récompenfe depuis fon
action. Des promeffes par écrit, perpétuent
auffi l'action récurfoire de l'aîné ; & quand les
arrérages dûs par les puînés n'excedent pas
la fomme de 100 livres, les promeffes verbales peuvent être prouvées par témoins ; rien
n'empêche auffi l'ainé de s'arrêter au défaut
de preuves, à la déclaration des puînés, qui
ne peuvent la refufer. Voyez l'Arrêt de Grieu
dans Bafnage.

Suivant cet article, la générale hypotheque, ftipulée dans la premiere Fieffe, donne
aux rentes feigneuriales la même prérogative
qu'aux rentes foncieres, c'eft-à-dire, que les

Seigneur en ce cas peut demander vingt-neuf années d'arrérages.

Corvées.

Quant aux corvées elles n'arréragent point, elles ne s'acquierent point par la possession fut elle centenaire ; il faut un titre, & enfin l'exaction sans un titre valable, en est prohibée par l'Ordonnance de Louis XII, en 1499.

Les corvées à la volonté sont limitées à 12 l'année, dit Loisel ; se doivent faire d'un soleil à l'autre ; n'en peut-on prendre plus de trois en un mois, & en diverses semaines ?

Lorsqu'il y a une somme à lever sur le général des Vassaux, faute d'avoir accompli leur corvée, cette somme est solidaire. Jugé par Arrêt du 6 Mai 1659, rapporté par Basnage. Au reste, sur les corvées voyez mon *Traité des Fiefs.*

ARTICLE XXXII.

Bas-Justicier connoît de la division des terres.

Peuvent lesdits Bas-Justiciers connoître de la division des terres, quand il est question de la mesure entr'eux & leurs Vassaux, pour la vérification de leurs aveux. Et pour le différent des mesures d'entre leurs sujets, la connoissance en appartient au Juge Royal ou Haut-Justicier.

CET article ne s'applique qu'à l'arpentage des terres entre le Seigneur & ses Vassaux, à l'occasion des droits de Fief ; il ne s'étend pas aux questions qui intéressent la propriété des fonds de terre.

ARTICLE XXXIII.

Les Bas-Jufticiers en tenant les plaids peuvent lever dix-huit fols un denier d'amende, où amende échet, & non plus pour rente non payée, & felon la qualité d'icelle, fans préjudice des amendes curiales, des défauts, blâme d'aveu, & autres inftances.

Cas où le Bas-Jufticier leve amende pour rente non payée.

CETTE amende étant due au Seigneur, faute de paiement du Vaffal, elle peut être perçue, quoique la rente ne foit pas fort confidérable ; mais fi le Vaffal avoit été plufieurs années fans payer, & que le Seigneur eût négligé de faire condamner le Vaffal chaque année en l'amende, il ne peut lever qu'une amende, fuivant l'Arrêt du 9 Juillet 1519 ; de même fi le Seigneur néglige de faire tenir fes plaids, il ne peut exiger d'amende, puifque fuivant cet article, il ne peut la demander qu'aux plaids.

Si le Seigneur n'a point de cour, comme il arrive en partage de Fief, l'amende doit appartenir au Seigneur de la rente & non au Seigneur qui a la Juftice, parce qu'étant obligé, dit Bafnage, par une condition expreffe ou tacite du partage de faire rendre la juftice à fon copartageant, il ne doit pas profiter de l'amende.

Cette amende appartient au Seigneur de la rente & non à celui qui a la Juftice.

Enfin, fi le Seigneur a reçu fa rente, fans parler de l'amende, ni fans s'y réferver, il ne peut plus l'exiger ; il eft cenfé en avoir fait remife.

ARTICLE XXXIV.

Le Seigneur doit tenir fon grenier ouvert.

Le Seigneur doit tenir fon grenier ouvert pour recevoir les rentes en grain, du jour qu'elles lui font dues, & ne pourra lever d'amende, finon après le jour des plaids, qu'il fera tenu faire termer un mois après le terme échu. Et fi le Seigneur refufe recevoir le grain, le Vaffal fe pourra retirer à la Juftice ordinaire, pour prendre extrait de la valeur du grain, du temps que l'offre de payer a été faite, pour affujettir ledit Seigneur à recevoir le prix de l'évaluation dudit grain; & feront tenus les Seigneurs avoir chacun en leur Seigneurie un étalon de leur mefure, jaugé & marqué du Jaugeur Royal, dont les Seigneurs & leurs Vaffaux conviendront.

Quand & où fe paient les rentes.

ON voit par cet article que les Vaffaux font fujets de payer les rentes au grenier du Seigneur, & que les rentes feigneuriales font portables & non quérables.

Or, ces rentes doivent être payées au grenier du Seigneur, au jour marqué par les aveux ou titres conftitutifs de la redevance, ou fi on veut au manoir feigneurial du Seigneur, ou en autre lieu que le Seigneur, en ce cas, doit indiquer au Vaffal, lequel eft obligé d'y aller, pour peu que cela n'aggrave point fa condition, & qu'il puiffe fe faire en fûreté.

Il eft auſſi naturel que le Vaſſal paie lui-même ſes rentes : un Seigneur pourroit les refuſer d'un étranger qui les lui porteroit ſans pouvoir du Vaſſal, par deux raiſons ; la premiere, c'eſt un devoir du Vaſſal ; la ſeconde, le Vaſſal pourroit déſavouer l'étranger. Ces ſortes de diſcuſſions naiſſent rarement entre le Seigneur & ſon Vaſſal. *Se doivent payer par le Vaſſal.*

Une rente fonciere eſt portable de ſa nature ſans ſtipulation, excepté le cas où le créancier ſe trouveroit conſidérablement éloigné du lieu où il demeuroit lors de la création de la rente, auquel cas il ſeroit tenu d'élire domicile ſur le lieu. Arrêt du 31 Octobre 1764. *Rente fonciere eſt portable.*

Les rentes en grain peuvent être exigées en eſpece par le Seigneur ; Baſnage en rapporte un Arrêt pour le Baron du Neubourg, du 24 Janvier 1523. Autre du 21 Décembre 1711, rendu depuis au Parlement de Rouen, rapporté ci-après ſous cet article. *Rentes peuvent être exigées en eſpece.*

Si le Seigneur refuſe le grain du Vaſſal, qui lui en a fait une offre réelle & non labiale, pour lors le Vaſſal n'eſt tenu de payer ſa rente en grain que ſur le pied de l'appréciations de la Juſtice Royale, au temps de l'offre du Vaſſal, pourvu que l'offre ſoit faite en temps & lieu, c'eſt-à-dire, au temps de l'échéance, car cette appréciation ſe prend com-de ce temps ; & pour cet effet, la Cour, par ſon Arrêt de Réglement du 28 Mai 1619, ordonna que les Séuéchaux ſe régleroient ſur les appré-ciations des Juſtices Royales, au temps que les rentes ſeroient dues ; & par autre Arrêt de Réglement du 2 Juillet 1743, la Cour a ordonné qu'il y auroit des appréciations au Greffe des Bailliages pour les volailles, oiſeaux & œufs, comme pour les grains. Voyez l'Arrêt que j'ai rapporté ſous l'article 21 ; c'eſt auſſi *Appréciation.*

la difpofition de l'article 14 du Réglement de 1666, tant pour les Seigneurs, que pour les Engagiftes & Receveurs de Sa Majefté. Arrêt du 21 Décembre 1721, pour fervir de Réglement, qui ordonne que le Receveur d'une Seigneurie peut exiger en effence le paiement des rentes en grains, qui ne font pas portables trois mois après l'échéance, & que les trois mois paffés, il ne peut les exiger que fur le prix des appréciations courantes.

Quid ? pour rentes en efpece, non portables.

Pour que l'offre du Vaffal foit bonne & fuffifante, il faut qu'elle foit comme je l'ai dit, faite en temps & lieu, & que le grain foit de la valeur & qualité requife par les titres & aveux; fur quoi il faut obferver que fi la rente eft due fans faire mention de la qualité, le Seigneur doit recevoir fa rente du grain excru fur le fonds, pourvu qu'il foit bien vanné, & qu'il ne foit ni gâté ni pourri; mais fi l'héritage n'en rapporte point de l'efpece due, il fuffit que le Vaffal offre du grain du médiocre prix, c'eft-à-dire, qui ne foit ni du meilleur marché ni du plus haut prix; il en eft de même fi le fonds foumis à la rente ne rapporte pas de grain dans une année, l'offre doit être d'un grain de prix médiocre.

Quid ? De l'efpece du grain.

Quant à la mefure à laquelle les grains fe paient, on fuit ordinairement celle qui eft prefcrite par les aveux & anciens titres & non celles dont le Seigneur auroit la poffeffion; car quand les titres anciens vont à la libération, on les fait valoir contre la poffeffi'on que l'on préfume n'être fondée que fur une ufurpation; c'eft l'efprit des Arrêts rendus ès années 1678 & 1680, rapportés par Bafnage, mais lorfque les aveux ne font point mention de la quantité ni qualité de la mefure, on fuit la poffeffion & ufage des lieux.

Il n'en eft pas du prêt gratuit comme des rentes ; car lorfqu'il eft queftion d'une obligation de rendre du grain prêté fans terme, le débiteur doit le rendre au plus haut prix, depuis le refus de rendre. Il en eft de même pour marchandife non payée & dont le prix n'a pas été fixé.

Pour prêt doit-on rendre le grain au plus haut prix, depuis le jour du refus?

ARTICLE XXXV.

Le Seigneur contre le Vaffal, & le Vaffal contre le Seigneur en Procès à la Cour dudit Seigneur, ne peuvent avoir aucuns dépens que les Curiaux.

AINSI un Seigneur qui traduiroit fon Vaffal devant le Bailli, au lieu de l'affigner devant fon Sénéchal pour matiere de la compétence de fon Sénéchal, ne pourroit avoir que les dépens curiaux, qui confiftent dans l'émolument des actes & paiement des Juges, Procureurs & Avocats, ainfi qu'il a été jugé par Arrêt du 7 Février 1661, pour un Vaffal que fon Seigneur avoit affigné devant le Juge Royal pour un blâme d'aveu, quoique le Vaffal eut procédé devant ce Juge, fans demander le renvoi.

Dépens entre le Seigneur & les Vaffaux.

Il en eft de même des Vaffaux qui plaident en la Cour du Seigneur entr'eux, fans que le Seigneur foit Partie; ils n'ont que les dépens curiaux, fuivant l'Arrêt du 17 Février 1617.

Dépens entre Vaffaux.

ARTICLE XXXVI.

En forfait de Bois, de Garennes, & d'Eaux défendues, dégâts de Bleds ou de Prés, ou pour telles manieres de forfaits, peuvent être les malfaicteurs tenus & arrêtés par les Seigneurs aux Fiefs desquels ils font tels forfaits, pourtant qu'ils soient pris en présent méfait par le temps de vingt-quatre heures, jusqu'à ce qu'ils aient baillé plege ou namps, de payer le dommage & amende : & ledit temps de vingt-quatre heures passé, doivent renvoyer le prisonnier ès Prisons Royales, ou du Haut-Justicier, comme en prison empruntée.

Malfaicteur peut être arrêté par le Bas-Justicier.

E n *forfait de Bois,* Les peines à cet égard font fixées par les Ordonnances des Eaux & Forêts, notamment par celle de 1669, pour ce qui concerne la Police ; mais quand il est question de propriété, en ce cas, c'est le Juge ordinaire qui en est compétent.

Délits de bois & de la compétence des Eaux & Forêts.

Par arrêté du Parquet du 16 Août 1764, il a été décidé que l'action intentée contre un Seigneur qui avoit le cours d'une petite riviere, dont les rives étoient situées sous son Fief, est de la compétence du Juge ordinaire.

De Garennes. On ne peut en avoir sans titre, & l'Arrêt du 5 Août 1659, rapporté par Basnage n'a permis au sieur de Courdonne d'avoir une Garenne dont il étoit en possession sans titres bien apparens, que parce

Garenne ne s'acquiert sans titre.

que cette Garennes'étendoit fur les rivages de
la mer , fans par conféquent faire préjudice
aux voifins ; le tort que les Garennes font ne
permet pas de les tolérer , fi elles ne font
pas valablement établies : le droit de Garenne
n'eft point une appartenance de Fief, il ne
peut exifter fans titre : c'eft ce que Bafnage
obferve fous l'article 160.

D'Eaux défendues. Par-là on entend celles
dont on a la propriété , comme étangs , rivieres & mares , ou fur lefquelles on a un
droit à l'exclufion des autres. Voyez ci-après
article 68.

ARTICLE XXXVII.

Si un homme eft pris en Jurifdiction
baffe ou moyenne d'un Seigneur , ou
s'il eft pourfuivi d'aucun cas criminel ,
& il le confeffe : fi le Bas-Jufticier peut
recouvrer Affiftance pour faire jugement, peut le faire dans un jour naturel
qui font vingt-quatre heures ; autrement le doit renvoyer pardevant le
Juge Royal, ou le Haut-Jufticier.

I L n'eft guere poffible que cet article puiffe
avoir lieu, auffi n'eft-il point en ufage ,
depuis l'Ordonnance de 1670 , titre de la
Compétence article 20.

Autrement le doit renvoyer. Bérault cite
un Arrêt rapporté par Bacquet, *des Droits
de Juftice , ch.* 18 *du* 21 *Novembre* 1558 ,
qui condamne en de groffes amendes un Seigneur qui avoit détenu un homme trop long-
temps en fes prifons , & le prive de fon droit
de Jurifdiction.

Il n'eft pas
permis de rete-
nir un homme
en Prifon pri-
vée.

ARTICLE XXXVIII.

Les Eccléfiaftiques & Nobles ont droit de féance près & à côté des Juges.

Si Eccléfiaf-
tiques , Pré-
lats & Nobles
ont féance.
Quid?

Lᴇs Evêques du reffort de ce Parlement qui ont été Confeillers en la Cour, ont féance & voix délibérative ; mais on ne donne féance aux autres Prélats & Eccléfiaftiques, que du côté des Confeillers Laïques, pour leur faire connoître qu'ils ne tiennent cette grace que du Roi, & non en vertu de leur dignité Eccléfiaftique.

ARTICLE XXXIX.

Nul n'eft tenu de répondre de fon héritage en moindre temps que de quinzaine en quinzaine ; mais la premiere affignation fe peut donner aux prochains plaids, encore qu'il n'y ait quinzaine.

Cᴇ délai ne peut plus aujourd'hui être tiré à rigueur, depuis l'Ordonnance de 1667, dont il faut fuivre le délai dans la forme de plaider ; mais on fait en forte qu'ón marie l'Ordonnance & la Coutume, comme en matiere de clameur, ainfi que je dirai ci-après en fon ordre, fous les articles 527 & 528.

ARTICLE XL.

Nul n'eft tenu attendre le quatrieme garant fans avoir jugement, & le premier garant ne peut appeller le fecond fans faillir de garantie, ou s'en charger, & ainfi de garant en garant.

ON diftingue deux fortes de garans, le garant formel & le garant fimple ; la garantie *formelle* a lieu lorfqu'un tiers-détenteur étant évincé par celui qui fe prétend propriétaire d'un héritage ou d'un droit réel, ou même d'une chofe mobiliaire, ou un troublé par un créancier hypothécaire, agit en recours contre fon vendeur ou contre celui qui lui a donné cet objet en échange ou en paiement, pour l'indemnifer des condamnations qui pourroient intervenir contre ce tiers-détenteur, tant en principal que dépens. Cette garantie a pareillement lieu dans le cas où le ceffionnaire d'une dette avec garantie, ayant pourfuivi le débiteur de la dette qui refuferoit de la payer, ou qui feroit infolvable, viendroit à affigner fon garant pour le faire contraindre à payer cette dette ou à l'indemnifer.

La garantie *fimple* a lieu en toutes matieres perfonnelles entre plufieurs coobligés folidairement au paiement d'une dette. Dans ce cas, fi l'un des coobligés folidaires eft affigné pour le paiement du total de la dette, il a fon recours contre fes autres coobligés, & peut agir contr'eux pour le garantir & l'acquitter, chacun pour leur part & portion, tant en principal que dépens.

L'Ordonnance de 1667, titre des garans article 8, dit que : *Ceux qui feront assignés en garantie formelle, ou simple, feront tenus de procéder en la Jurisdiction où la demande originaire sera pendante, encore qu'ils dénient être garans, si ce n'est que le garant soit privilégié & qu'il demande son renvoi pardevant le Juge de son privilege ; mais s'il paroît par écrit ou par l'évidence du fait que la demande originaire n'ait été formée que pour traduire le garant hors de sa Jurisdiction, enjoignons aux Juges de renvoyer la cause pardevant ceux qui en doivent connoître, & en cas de contravention, pourront les Juges être intimés & pris à partie en leur nom.*

Forme de procéder.

Le garant doit être appellé en la huitaine, du jour de la signification de la demande originaire, article 2, *ibidem*, à moins que le défendeur ne soit assigné comme héritier ; auquel cas le délai d'appeller garant ne court qu'à l'expiration du délai accordé au nouvel héritier, pour délibérer. Si le délai de l'exploit du demandeur en garantie n'est échu au même-temps que celui de l'exploit originaire, il faut attendre le délai, en donnant par le défendeur copie de l'exploit de la demande en garantie & des pieces justificatives. art. 5, *ibidem*.

Il y a cette différence qu'en garantie formelle les garans peuvent prendre le fait & cause pour le garanti qui sera mis hors de cause, s'il le requiert avant la contestation, article 9, *ibidem*, & qu'en garantie simple, les garans ne peuvent prendre le fait & cause, mais seulement intervenir si bon leur semble.

Les Jugemens rendus contre les garans font exécutoires contre les garantis, sauf les dépens, dommages & intérêts, dont la liquidation ne fe fera que contre les garans, & il fuffira de fignifier le Jugement aux garantis.

Tout vendeur eft tenu de plein droit de garantir, fournir & faire valoir la rente & de la payer par fes mains, fi le débiteur eft infolvable, & fi fes biens ont été difcutés par l'acquéreur ; c'eft auffi une maxime en cette Province que tout cédant eft garant. *Vendeur de rente quand eft garant.*

Cependant par Arrêt du 3 Août 1743, il a été jugé que la vente d'une rente fonciere équipolle à la vente d'un fonds : le vendeur n'eft point garant de l'infolvabilité du débiteur, quand il ne s'eft pas obligé de la fournir & faire valoir.

Par Arrêt du 29 Mai 1702, jugé qu'une rente partagée doit être garantie par le co-partageant, en cas d'infolvabilité du débiteur fur le pied de la premiere conftitution, & non fur le pied du denier courant lors de l'action en garentie. *En fait de partage. Quid?*

Par l'article 15, du Réglement de 1666, *celui pour lequel on s'eft chargé de garantir, ne peut être condamné aux dépens des procédures faites depuis qu'il a été envoyé hors de procès, s'il n'y a eu proteftation de le faire répondre defdits dépens, lorfqu'il a été diftrait du procès.* *Cas où le garanti n'eft fufceptible de dépens.*

Il faut cependant excepter de la demande en garantie, les rentes dues par le Roi ; les cas d'extinction, par Edit du Roi, font en perte à celui qui en eft pour lors en poffeffion, fans qu'il puiffe en avoir recours fur fon vendeur, parce qu'il n'y a point de garantie pour le fait du Prince. Arrêt du Confeil - Privé du Roi, fervant de Réglement pour tout le Royaume, donné le 27 Août 1666. *Point de garantie pour le fait du Roi.*

Quant aux donations , celui qui a donné au-delà de ses facultés n'est point garant de sa libéralité ; autre chose est si on donne une rente ou un bien en l'acquit de ce qui étoit dû au donataire ; comme cette espece renferme plutôt une libération qu'une donation , le donateur en est garant ; en sorte que pour sçavoir s'il y a garantie , il faut distinguer : par exemple , je promets à Pierre une somme de deniers , & en paiement je lui délegue une rente , & lui en fais don pour m'acquitter de la somme par moi promise ; pour lors je suis garant de cette rente , parce que cette rente cessant d'être exigible & perceptible , le donataire perd son objet primitif qui étoit la somme que je lui avois promise , de laquelle somme il auroit bénéficié , si je la lui avois donnée au lieu d'une rente ; mais si au contraire je donne de ma pure libéralité une rente ou un corps certain *certum corpus*, comme mon intention n'est de donner que le droit que j'ai dans cette rente , ou ce corps certain , je ne suis point obligé à la garantie ; & c'est suivant cette maxime qu'est intervenu l'Arrêt du 23 Mai 1670, rapporté par Basnage sous l'article 431 , qui décharge un oncle de la garantie d'une rente qu'il avoit donnée à sa niece par contrat de mariage.

Le même Auteur regarde comme problématique la question concernant la garantie d'une rente donnée pour cause pie ; il semble se fonder sur la diversité d'Arrêts à cet égard , Bérault rapportant , dit-il , un Arrêt qui a jugé les héritiers du donateur garant , & lui un postérieur qui les en a déchargés , auquel il donne la date du 28 Janvier 1656 : pour moi mon opinion est qu'en fait d'une rente donnée , ou d'un fonds donné à l'Eglife aux charges de Meſſes ou Services, ou à titre purement gratuit, le donateur ni ſes héritiers n'en ſont point garans ; tout ce que les donataires peuvent demander à cet égard, c'eſt de ne point être ſujets à l'acquit des Services vu le défaut de paiement. Autre choſe feroit, ſi le donateur s'étoit conſtitué en une rente à prendre ſur ſon bien pour ſatisfaire à l'acquit des Services.

Par Arrêt du 18 Août 1661, rapporté par Baſnage, article 40, la Cour a jugé que le vendeur d'un héritage (à charge par l'acquéreur de payer toutes rentes & charges ſeigneuriales) étoit condamnable à la garantie d'une ſervitude d'aineſſe qu'il n'avoit point déclarée comme charge, importante & extraordinaire, & qui par conféquent auroit dû être mentionnée au contrat pour en charger l'acquéreur ; il y avoit ceci de particulier qu'on objeĉtoit à l'acquéreur que depuis ſon acquêt, il avoit fait le ſervice de cette aineſſe.

Toutes perſonnes qui vendent des animaux doivent la garantie de droit, que les beſtiaux leur appartiennent ; mais quant aux garanties de fait pour les chevaux, par exemple, le vendeur n'en eſt point garant, & il ne doit point garantir que le cheval vendu eſt bon ; il n'eſt tenu de garantir que les trois vices latens, ſçavoir, la *morve*, *pouſſe* & *courbature* ; à moins qu'il ne les ait vendus ſains & nets ; il y a beaucoup de perſonnes qui eſtiment que le *tic* eſt auſſi un vice latent, dont le vendeur eſt garant : Baſnage ne ſe décide point à cet égard, & je n'en ai vu aucun exemple. Le même Auteur rapporte un Arrêt qui juge que l'aĉtion redhibitoire pour les chevaux, doit être intentée dans les quarante jours de la vente & livrai-

Vendeur eſt garant des charges qu'il n'a point énoncé en ſon contrat.

Des aĉtions redhibitoires.

Des Chevaux.

ſion ; mais depuis , la Cour a fait un Réglement par lequel il eſt dit que l'action pour
vice de *pouſſe , morve* & *courbature* doit

Intentées en
trente jours.

être intentée dans les trente jours , à peine
de déchéance de l'action contre l'acheteur.
Cet Arrêt eſt du 30 Janvier 1728 ; il y a
auſſi des vices redhibitoires pour les autres
animaux , tels que *moutons , vaches* & *pourceaux.*

Porcs, Va-
ches , Mou-
tons.

Pour le vice des pourceaux , le vendeur
doit les reprendre , s'ils ſont méſeaux ; &
dans les lieux où il y a des Langueyeurs , ces
Langueyeurs ſont tenus de reprendre les pourceaux s'ils ſont méſeaux en la langue , &
le vendeur s'ils ne le ſont que dans le corps.
Le vice redhibitoire des vaches ſont la pou-
moliere , le mal caduc & la rage. La pouſſe
n'eſt point un vice redhibitoire pour les vaches. Arrêt du 28 Février 1721 , plaidant
Néel & Perchel.

L'action en garantie pour les vaches, porcs
& moutons doit être intentée dans les neuf
jours. Arrêt en forme de Réglement du 19
Juillet 1713 , rendu ſur les concluſions de
M. l'Avocat-Général , le Chevalier.

En hardes ou troque de chevaux , il n'y
a point de garantie. Arrêt du 20 Octobre
1657 , rapporté par Baſnage.

ARTICLE XLI.

Tous les Eccléfiaftiques poffédans Fiefs nobles par aumône, ont l'exercice de la Juftice & tous autres droits appartenans à leurs Fiefs par les mains de leurs Juges & Sénéchaux ou Baillis.

CET article fait connoître que la Jurifdiction des Fiefs Eccléfiaftiques eft foumife à la Loi du Prince ; que la Loi y eft obfervée & qu'on y fuit les Ordonnances à l'exclufion des Loix Canoniques ; que cette Jurifdiction doit être adminiftrée par des Juges Séculiers & perfonnes Laïques. Ordonnance de Philippe le Bel, de l'an 1287.

Eccléfiaftiques ne peuvent exercer les juftices féodales que par leurs Juges.

ARTICLE XLII.

La connoiffance des mandemens de tenure appartient au Juge Royal : néanmoins les Hauts-Jufticiers en connoiffent entre leurs fujets, pourvu que la tenure du Haut-Jufticier ne foit point débattue.

LORSQUE deux Seigneurs poffedent des Fiefs dans la Paroiffe, fçavoir, le Fief principal & dominant de la Paroiffe, & qui en porte le nom, & que l'autre n'y poffede & n'y prétend que des extenfions de Fief : le Seigneur du Fief principal ne peut exiger que celui qui n'a que des extenfions de Fief, lui communique, fous prétexte

En débat de tenure les Seigneurs doivent le communiquer.

qu'ayant le Fief dominant, il n'a pas befoin d'autres titres que le nom & le clocher ;
au contraire les Seigneurs en pareil cas doivent fe communiquer refpectivement, fuivant l'Arrêt du fieur de Martainville, rapporté par Bafnage : autre chofe eft du Seigneur & de fon Vaffal qui difpute une
tenure, car c'eft au Vaffal en ce cas à juftifier fon droit, ou à méconnoître la tenure avant que d'obliger le Seigneur à communiquer.

<hr>

ARTICLE XLIII.

**Corps homi-
cidé doit être
vifité par le Ju-
ge.**

Le corps de la perfonne homicidée
ne doit être levé ni mis en terre jufqu'à
ce que la Juftice l'ait vu.

**Vifites des
cadavres font
aujourd'hui
abufives.**

C'EST avec bien de la raifon que Bafnage fe récrie contre l'abus que l'on
fait de cette fage décifion de notre Coutume, puifque j'ai fouvent vu que les vifites
en pareil cas, loin de fervir à découvrir le
crime & l'auteur d'icelui, étoient au contraire le vrai moyen de le cacher ; un Juge
fe tranfporte, le Chirurgien fait fon rapport
tel quel, & des raifons de faveur font
oublier le crime dans les funérailles du défunt.

Par Arrêt du 2 Août 1771, il eft fait
défenfes à tous Juges du reffort, de donner
aucunes permiffions d'inhumer les perfonnes
trouvées mortes de mort violente, fans en
avoir été dreffé par le Juge même procès-
verbal, en préfence du Procureur du Roi.

ARTICLE

ARTICLE XLIV.

L'action de treves enfreintes eſt annale, & nul n'eſt reçu à l'intenter après l'an.

Treves enfreintes.

Il eſt préſumable qu'une perſonne qui a été un an à ſe plaindre de l'injure qu'on lui a faite, a remis l'offenſe, *diſſimulatione tollitur injuria.* Cette action de treve & plainte doit être portée devant le Juge du délit. Arrêt rendu au Parlement de Rouen le 11 Mai 1741. V. les articles ſuivans. Cependant ſi le défendeur eſt aſſigné devant le Juge de ſon domicile, il ne peut pas décliner le Tribunal.

Treves devant quel Juge.

ARTICLE XLV.

Tous Juges ſont compétens de donner treves, ſans que le défendeur puiſſe décliner, quelque privilege qu'il puiſſe alléguer.

ARTICLE XLVI.

L'action de treves enfreintes doit être intentée devant le Juge ordinaire du défendeur, ou devant celui qui a donné les treves.

Voyez l'Arrêt que j'ai rapporté ſous l'article 43.

ARTICLE XLVII.

Nul autre Juge que le Juge Lay, ne peut connoître de treves enfreintes.

ARTICLE XLVIII.

En ajournement de treves, il n'y a ni répit ni délai.

N'a plus lieu, mais la sauve-garde.

AUJOURD'HUI tous ces articles ne font plus d'usage, & au lieu de treves on se met sous la sauve-garde de justice & du Roi.

ARTICLE XLIX.

Celui qui est renvoyé en la franchise pour en jouir, doit forjurer le pays pardevant son Juge, c'est-à-dire, qu'il doit incontinent & sans délai partir par le chemin, & dans le temps qui lui sera prescrit, pour s'en aller hors de Normandie, & jurer de ni rentrer jamais; &, où puis après il y sera trouvé, il sera contre lui procédé par la Justice & Jugement donné, sans qu'il puisse delà en avant plus s'aider de ladite franchise.

Franchises & asyles abolis.

DEPUIS l'Ordonnance de 1539, les franchises ou asyles ne sont plus d'usage; on a confidéré qu'ils n'étoient propres qu'à enhar-

dir le crime par l'efpoir de l'impunité. V. Bour-
din fur l'Ordonnance de 1539, cette matiere
ne mérite pas une plus ample explication.

ARTICLE L.

Le brief de nouvelle deſſaifine a
été introduit pour recouvrer chofes
entreprifes, puis an & jour ; & tient
ledit brief, étant fignifié, l'héritage
en fequeftre, jufqu'à ce qu'il en foit
ordonné par Juftice.

Suivant un Arrêt du 24 Mai 1604, rapporté par Bérault, les Religieux ne peuvent ufer de brief de nouvelle deſſaifine contre leur Abbé.

Le même Auteur rapporte un Arrêt qui
défend au Sergent de faire le fequeftre ordonné par cet article ; c'eft aux Parties à convenir
du fequeftre, autrement il doit être nommé
d'Office. V. les articles 1, 2, 3, 4, 5, 6,
7, 8, 9, 10, 11 & 12, du titre des fequef-
tres de l'Ordonnance de 1667.

La poffeffion eft toujours fort avantageufe,
le poffeffeur eft difpenfé de produire des titres ;
le propriétaire eft obligé d'en juftifier, & dans
le doute on fe détermine en faveur de celui
qui poffede.

Des Auteurs difent qu'on peut défendre fon
bien par la force, pourvu que cela fe faffe fur
le champ & non après l'action paffée, c'eft-
à-dire, *ex incontinenti, antequam ad alia ex-
tranea divertatur negotia,* la défenfe de nos
perfonnes & de nos biens étant permife par le
droit naturel.

Si on peut réfifter à l'entreprife faite fur foi & fes biens par la force.

ARTICLE LI.

Déclaration de bouts & côtés est nécessaire en action réelle.

En action réelle, le demandeur doit bailler déclaration, contenant les bouts & côtés de l'héritage, pour en faire vue si les parties ne demeurent d'accord.

L'ORDONNANCE de 1667, titre 9, article 5, a abrogé les vues & montrées pour quelque cause que ce soit; il suffit de donner les abornemens de l'héritage, que l'Ordonnance appelle les *tenans & aboutissans*; mais faute d'avoir borné l'héritage, l'exploit de de demande seroit nul.

Au surplus, quand les parties ne sont pas d'accord sur quelques particularités, on peut demander que procès-verbal soit dressé de l'état des lieux, & même que le Juge s'y transporte. V. ci-après les articles 113 & 547.

ARTICLE LII.

Bailli connoît du brief de sur-demande.

Le Bailli doit connoître de brief de sur-demande que le Vassal obtient, quand il prétend que le Seigneur lui demande plus grande rente ou redevance qu'il ne lui doit.

PAR sur-demande, on entend une demande outre & au-delà de ce qui est dû.

ARTICLE LIII.

Les Hauts-Justiciers connoissent aussi dudit brief de sur-demande entre leurs Vassaux, & non quand le brief est obtenu contr'eux.

Cas où le Haut-Justicier en connoît.

IL n'est pas juste que le Haut-Justicier soit Juge en sa propre cause ; ainsi il doit renvoyer devant le Juge Royal les causes dans lesquelles il est demandeur, & lorsque sa demande est contestée. *Nemo judex in sua causa.*

TITRE II.

DE HARO.

LE Haro est un privilege spécial à la Province de Normandie, par lequel on y peut, sans mandement ni commission de justice, contreindre une personne qui fait une entreprise sur nos biens ou notre personne, à venir devant le Juge, pour y voir ordonner que défense lui sera faite de passer outre à son entreprise.

Ce mot *Haro* dérive du nom de *Raoul*, premier Conquérant de la Normandie, dont l'intégrité devint si recommandable, que de son vivant ses sujets, dans l'oppression, s'écrioient *ha-Rou*, c'est-à-dire, viens t'expliquer devant Raoul, qui leur faisoit rendre justice ; en sorte que la justice & la puissance de ce Prince a passé jusqu'à nous & se perpétuera. Ouderic Vital rapporte que Guillaume le batard, Duc de Normandie, s'étant emparé

Haro, son origine.

Intenté sur le corps de Guillaume le batard.

E iij

du fonds d'Affelin, fils d'Artur, cet homme
interjetta Clameur de Haro fur le corps du
Prince décédé, & s'oppofa à fa fépulture, &
que les Evêques & les Grands lui payerent
foixante fols pour le lieu de la fépulture, &
s'engagerent à le dédommager du furplus du
fonds, fur lequel Guillaume avoit fait bâtir
l'Eglife de S. Etienne de Caen. Ouderic Vital,
page 662.

<hr>

ARTICLE LIV.

Le Haro peut être interjetté non-
feulement pour maléfice de corps, &
pour chofe où il y auroit éminent
péril, mais pour toute introduction
de procès poffeffoire, encore que ce
foit en matiere bénéficiale ou concernant le bien de l'Eglife.

Juge Ecclé-
fiaftique n'en
connoît.

QUOIQUE la Coutume parle ici de matiere bénéficiale, le Juge Royal connoît
de l'action en Haro intentée à cet égard,
au préjudice du Juge d'Eglife, qui en eft in-
compétent.

Clameur de
Haro s'intente
pour toutes
chofes provi-
foires.

Ne s'intente
que pour cho-
fes qui requie-
rent célérité.

La Coutume dit auffi qu'il peut être intenté
pour toute introduction de procès : cela s'entend des matieres provifoires, & où il y a
éminent péril ; car dans les affaires qui ne
requierent point célérité, on doit prendre la
voie de mandement ou d'affignation fimple.
Arrêt rapporté par Bérault du 23 Mai 1518;
il ne peut donc être intenté pour le pétitoire.

Par Arrêt du 22 Janvier 1761, il a été
jugé qu'on ne peut interjetter Clameur de
Haro pour dette civile, qui n'emporte point
la contrainte & par corps ; ce feroit éluder la

décharge des contraintes & par corps de l'Ordonnance de 1667. Le même Arrêt fait défenfes à tous Huiffiers d'interjetter pareilles
Clameurs de Haro ; cet Arrêt fut rendu,
quoiqu'on alléguât que celui contre qui le
Haro étoit intenté, étoit un joueur de profeffion, & qu'il n'eût point de domicile affuré ;
mais cette décifion ne peut être adoptée que
dans des circonftances particulieres, & non
pour des matieres de poffeffoire urgentes.

ARTICLE LV.

Clameur de Haro fe peut intenter
tant pour meubles que pour héritages.

CE qui fe doit entendre de chofes provifoires & d'éminent péril ; car il ne con-
viendroit pas d'intenter Haro pour un meuble qui feroit aux mains d'un domicilié.

ARTICLE LVI.

Les parties font tenus bailler refpectivement pleige & caution ; l'un
de pourfuivre, l'autre de défendre le
Haro.

FAUTE par les parties de donner caution, elles doivent garder prifon ; la pau-
vreté d'une des parties ne doit pas la difpenfer de donner caution, parce que le Juge fait
également juftice, quoique cette perfonne
foit en prifon, fauf au Juge, après avoir en-
tendu les raifons, à difpenfer de la caution,

mais il faut d'abord entrer en prison, ou pleiger le Haro.

Caution pour le Haro est tenue de l'amende comme du principal & des dépens.

La caution est tenue non-seulement de l'amende, mais aussi du principal & des dépens, tant de la cause principale que de l'appel, l'effet de la caution ne finissant que par la Sentence ou Arrêt définitifs.

La caution du Haro étant une caution judiciaire, il ne peut se pourvoir contre le jugé & la condamnation, quand même cette caution n'auroit pas été appellée au procès, parce qu'il n'est pas nécessaire que la caution judiciaire soit présente à la discussion, à la différence de la caution contractuelle qui doit y être appellée.

La garantie du propriétaire de la Sergenterie ne s'entend que des exploits faits en la Sergenterie.

Par l'art. 16 du Réglement de 1666, *le propriétaire de la Sergenterie est garant des cautions reçues par ceux qu'il a commis pour l'exercer, encore que par le bail, commission ou acte de réception, il soit porté qu'ils ne pourront recevoir aucune caution, dont il sera néanmoins quitte, en abandonnant la Sergenterie* Mais cette garantie n'a lieu que quand le Sergent préposé exploite dans l'étendue de la Sergenterie du propriétaire, suivant l'Arrêt de la Cour rendu le 29 Juillet 1700.

Il faut discuter les biens du Sergent.

Il a également été jugé par Arrêt du 4 Mars 1606, rapporté par Basnage, que le propriétaire ayant donné déclaration des biens du Commis, ils doivent être discutés avant que de se pourvoir contre la Sergenterie.

Sergent qui laisse évader le prisonnier confié à sa garde, est susceptible de la dette.

Un Sergent qui laisseroit évader un prisonnier commis à sa garde, devient caution de la dette, suivant un Arrêt de Bérault du 11 Mars 1596. Voyez ci-après sous l'art. 157.

ARTICLE LVII.

Après la caution baillée , la chofe contentieufe eft fequeftrée par la nature du Haro , jufqu'à ce que par la juftice ait été ordonné de la provifion.

SANS qu'aucune des parties puiffe en difpofer, fous peines de dommages & d'amende, & de rétablir la perte. Bérault & Godefroi. Voyez art. 16 du tit. des Sequeftres de l'Ordonnance de 1667.

Les parties ne peuvent difpofer de la chofe fequeftrée en Haro.

ARTICLE LVIII.

Le Sergent après la Clameur interjettée, doit mettre le fequeftre en main sûre autre que les deux parties.

POUR enfuite être la chofe remife à celui qui obtient gain de caufe, ce fequeftre eft ordonné, afin que la chofe n'étant point en la poffeffion des parties, elle ne foit pas divertie, mais le fequeftre eft cenfé poffeder au nom de celui à qui la poffeffion appartient.

Le fequeftre doit être mis par le Sergent en autre main que celle des parties.

ARTICLE LIX.

Le Juge ne peut vuider la Clameur de Haro fans amende.

L'AMENDE eft néceffaire pour la peine due à ceux qui caufent le trouble par la Clameur, & cette amende eft due par celui

Haro ne fe vuide fans amende.

E v

qui eſt en faute ; il faut donc abſolument une
amende , mais elle eſt arbitraire ſelon la qualité du fait & des perſonnes.

Il faut obſerver que ſi le Haro ne pouvoit
être vuidé ſur le champ & ſommairement, &
que l'affaire méritât une longue inſtruction ,
le Juge en ce cas doit convertir le Haro en
action.

TITRE III.

DE LOI APPAROISSANTE.

L'ACTION dont il eſt parlé dans ce Titre,
eſt appelléé Loi apparoiſſante , parce que
dans l'ancienne Coutume , lorſqu'on vouloit
obtenir un mandement du Juge, il falloit
qu'on lui apparût d'un témoin au moins ,
pour certifier du droit que l'on avoit en la
choſe , autrement on n'eut pas obtenu le
mandement.

ARTICLE LX.

Chacun eſt reçu dans les quarante
ans à demander par action de Loi
apparoiſſante être déclaré propriétaire
d'héritage qui lui appartient, ou qui
a appartenu à ſes prédéceſſeurs ou
autres deſquels il a le droit, & dont
il & ſes prédéceſſeurs ont perdu la
poſſeſſion depuis leſdits quarante ans.

EN ſorte que pour donner lieu à cette action, le demandeur doit être propriétaire , & le défendeur doit être poſſeſſeur ;

& pour mettre l'action en regle, il faut que l'héritage soit borné & désigné.

Une fille a un frere absent, elle intente clameur de Loi apparente ; le défendeur la soutient non-recevable, faute de justifier de la mort de son frere. Par Arrêt du 4 Décembre 1609, la Cour déboute le défendeur de sa fin de non-recevoir.

Fille ne justifiant point de la mort de son frere, reçue à l'action de Loi apparente.

Si le défendeur propose des fins de non-recevoir, elles doivent être jugées avant que d'entrer au principal ; car il est inutile de contester les lettres de Loi apparente, si elles ne sont pas recevables : Arrêt du 14 Août 1613, rapporté par Bérault.

Fin de non-recevoir doit être jugée avant tout.

Un demandeur en Loi apparente, obtient Sentence d'envoi en possession ; il reste dans le silence, & décede, son héritier fait signifier cette Sentence ; le défendeur le soutient non recevable. Par Arrêt du 12 Juillet 1611, rapporté par le même Auteur, la Cour ordonna l'exécution de la Sentence, & juger qu'elle étoit exécutoire pendant trente ans.

Sentence exécutoire pendant trente ans.

Nicolas Nalo, achete sept acres de terre de Lusse, par contrat du 7 Octobre 1607, sous signature privée, reconnue le même jour ; il reste plus de trente ans sans prendre possession, & intente son action en clameur de Loi apparente : il en fut débouté par Arrêt du 2 Mars 1645. La raison fut, que son contrat n'étant point suivi de possession, il ne lui produisoit qu'une action personnelle pour lui faire délivrer le fonds, laquelle se prescrit par trente ans. De là il s'enfuit qu'il faut une possession, & que le contrat soit suivi d'exécution ; le seul contrat ne suffit pas, s'il n'est suivi de possession, il faut que la possession y soit jointe, suivant cet article. Et c'est en conséquence de cette maxime, que par Arrêt du 26 Mai 1702, il a été jugé entre deux acquéreurs d'une mê-

Dans les contrats il faut qu'ils soient suivis de possession.

Quid de deux acquéreurs ?

me rente, que celui qui a ſignifié le premier ſon contrat au débiteur eſt préférable à l'autre, encore que celui-ci fût le premier acquéreur.

Poſſeſſion de quarante ans ſuffit ſans titres. La poſſeſſion a plus de force que le contrat ; car une perſonne qui a joui quarante ans n'a pas beſoin d'apporter de titres ; il ſuffit que le demandeur en Lettres de Loi apparente, demande à prouver qu'il a poſſédé par & depuis quarante ans, parce que ſuivant l'art. 521, de la Coutume, poſſeſſion de quarante ans, vaut de titre en toute juſtice ; c'eſt ce qui a été jugé par Arrêt du 8 Mars 1743, conformément au ſentiment de Peſnelle.

Aveux ſeuls ne ſuffiſent. Par Arrêt du 27 Juillet 1736, il a été jugé que des aveux ne ſont point ſuffiſans pour l'entérinement de Lettres de Loi apparente, il faut d'autres titres, ou une poſſeſſion par & depuis quarante ans.

Le Procès-verbal ne décide point de la poſſeſſion. En matiere poſſeſſoire, on ne doit point ordonner de procès-verbal d'acceſſion de lieu, parce que la vue des lieux ne décide pas laquelle des parties a la poſſeſſion. C'eſt ce qui a été jugé par Arrêt du 12 Juillet 1737.

Il faut en outre que la poſſeſſion ſoit de bonne foi & non contraire au titre ; car j'ai vu juger qu'une poſſeſſion quadragénaire, appuyée ſur une mauvaiſe foi évidente, étoit ſans effet : Arrêt du 6 Février 1753, rendu au petit rôle.

ARTICLE LXI.

La connoiſſance de Loi apparoiſſante appartient au Bailli Royal & Haut-Juſticier.

C'EST-à-dire, quand l'héritage eſt dans leur territoire ; parce que ſi le poſſeſſeur étoit domicilié dans une autre Juriſdiction que celle de l'héritage, ce ſeroit toujours le Juge de l'héritage qui en connoîtroit, comme action réelle, & il ſuffit même de faire ſignifier l'action au détenteur ou fermier de l'héritage.

ARTICLE LXII.

Durant la ſuite de Loi apparoiſ-ſante, le défendeur demeure ſaiſi, ſauf la queſtion des fruits, ſi en fin de cauſe il déchet.

C'ÉTOIT autrefois une queſtion bien douteuſe, pour ſçavoir de quel jour le détenteur ou acquéreur devoit la reſtitution des fruits, ou du jour de l'action, ou depuis le temps qu'il avoit joui ; mais aujourd'hui c'eſt la maxime qu'il ne doit la reſtitution que du jour de l'action, ceux d'auparavant lui appartiennent, à moins que la poſſeſſion ne fût uſurpée par force, ou fondée ſur un contrat frauduleux qui fut annullé.

TITRE IV.

DE DÉLIVRANCE DE NAMPS.

CE mot de *Namps* vient de *nantir, saisir,* ou mettre en la main du saisissant.

Des meubles donnés en gage.

Il arrive souvent qu'on donne des meubles à une personne pour assurance d'une somme qu'on lui doit ; quand le débiteur ne retire point les meubles & que le créancier veut être payé, il peut faire signifier au débiteur qu'il ait à retirer ses meubles & à payer ; on l'assigne par le même exploit pour voir dire que faute de ce, le créancier sera autorisé de les vendre pour son dû, & le Juge doit ordonner la vente desdits meubles, faute par le débiteur de les avoir retirés.

Forgage.

Celui dont les meubles ont été vendus, peut, suivant l'usage de la Province, les retirer en payant le prix de la vente, dans la huitaine du jour de la vente, c'est ce qu'on appelle *forgage.*

ARTICLE LXIII.

Si le Seigneur ayant saisi les Namps de son Vassal est refusant les délivrer à caution ou pleige, le Sergent de la querelle les peut délivrer à caution, & assigner les parties aux prochains plaids ou assises.

Sergent peut délivrer les Namps à caution.

PEUT *délivrer à caution,* c'est ce que nous appellons Commissaire, de la garde duquel le Sergent est garant. Arrêt du 27 Juin

1597, & du 12 Mars 1616, rapportés par Bérault.

ARTICLE LXIV.

Le Seigneur ne peut faisir ou faire exécution hors de son Fief.

Seigneur ne peut faisir que sur son Fief.

Voyez ce que j'ai dit ci - devant sous l'art. 50.

ARTICLE LXV.

Les Namps faisis doivent être mis en garde sur le Fief, & en lieu convenable qu'ils n'empirent, & où celui à qui ils appartiennent puissent aller une fois le jour pour leur donner à manger ; ce qui aura lieu pour tous les autres Namps faisis par quelques Sergens , ou à quelque requête que ce soit.

Les meubles faisis doivent être mis en garde sur le Fief.

Voyez le titre 33 , de l'Ordonnance de 1667, avec le Commentaire de M. Jousse.

ARTICLE LXVI.

Et auront les Seigneurs un parc pour garder les Namps , quand il sera question des droits de leur Seigneurie.

Seigneur doit avoir un parc.

Voyez art 8 , du tit. 33 , de l'Ordonnance de 1667, & ce que j'ai dit ci-devant sous l'art. 26.

ARTICLE LXVII.

Seigneur ne peut faisir que les bêtes pâturant fur fon fonds & non celles qui y auroient paffé par hafard.

De l'effet de la faifie du Seigneur & du propriétaire fur leur fonds.

Le Seigneur peut faifir pour fa rente, les bêtes pâturant fur fon fonds, encore qu'elles n'appartiennent à fon Vaffal, ains à ceux qui tiennent l'héritage à louage, ou qui ont alloué lefdites bêtes.

BETES *pâturant fur fon fonds ;* ce qui s'entend pour rentes feigneuriales ou droits feigneuriaux, ainfi que des beftiaux paiffans fur le fonds, foit qu'ils appartiennent au propriétaire ou détenteur du fonds, ou qu'ils ne lui appartiennent qu'à titre de cheptel ; car il ne feroit pas jufte d'accorder ce droit au Seigneur fur des beftiaux qui auroient par hafard paffé fur le fonds, du dommage defquels le propriétaire defdits beftiaux eft feulement tenu.

Le propriétaire peut faifir les beftiaux pâturans fur fa ferme, foit qu'ils appartiennent au Fermier, ou qu'il les tienne à titre de louage, quand même le maître des beftiaux auroit un brevet devant Notaires, le propriétaire lui eft préféré pour le prix du bail. *Bafnage, Traité des Hypoth.* Celui qui a loué une maifon en Ville, a un privilege fur les meubles qu'il y trouve ; cependant il ne peut faifir les meubles du fous-locataire que pour le prix du fous-bail.

Le Seigneur ne peut faifir les namps morts du Fermier, & le Fermier eft fondé à demander la converfion de la faifie en arrêt ; il en eft de même du créancier d'une rente fonciere & de la douairiere qui a faifi les meubles du Fermier.

Quant à la récompense que peut préten-
dre celui dont les biens ont été vendus pour
payer le Seigneur, il faut distinguer ; ou ce-
lui dont les biens ont été vendus est co-
débiteur ou cotenancier, ou il n'est en rien
redevable. S'il n'est en rien redevable, en
ce cas, comme créancier subrogé aux droits
du Seigneur, il a son action solidaire pour
sa récompense sur l'ainé & puînés : si au con-
traire il est cotenancier ou codébiteur, il
ne peut attaquer l'ainé & puînés que chacun
pour leur cotte part. Résultance de l'Arrêt
du 3 Janvier 1650, rapporté par Basnage
sous cet article.

Différente ré-compense par celui qui a payé le Seigneur.

Comme le créancier d'une rente hypothe-
que n'a hypotheque que sur les biens de
son débiteur, il ne peut saisir les bestiaux
pâturant sur le fonds de son obligé, s'ils
n'appartiennent à ce dernier, suivant deux
Arrêts des 20 Novembre 1515 & 26 Juin
1609, rapportés par Bérault.

Quid ? du créancier hy-pothécaire.

ARTICLE LXVIII.

Le Seigneur peut saisir toutes bêtes
faisant dommage sur son Fief, encore
qu'elles ne soient appartenantes à ses
Vassaux.

Seigneur peut saisir les bêtes en dommage sur son Fief.

TOUTES personnes peuvent par la voie
d'un Sergent ou d'un Huissier, faire
saisir les bêtes pâturant sur son fonds, &
y faisant dommages ; & quand on ne les
y a pas saisis, on peut actionner le proprié-
taire des bestiaux pour payer le dommage
qui s'estime à la valeur de la perte, par
experts.

Idem. Le pro-priétaire.

TITRE V.

DE PATRONAGE D'EGLISE.

Ce que c'est que Patron. LE Patron eſt celui qui a donné le fonds ſur lequel l'Egliſe eſt bâtie, l'a fait bâtir & dotée : *Patronum faciunt dos, ædificatio, fundus.* Sur l'origine & antiquité de ce nom, je renvoie à nos Auteurs, principalement à Baſnage, Perard-Caſtel dans ſes définitions, & à M. de la Combe dans ſon Recueil de Juriſprudence Canonique ; il ne m'eſt pas permis d'entrer dans ces détails ſans m'écarter du projet de l'ouvrage ſuccinct & précis que je me ſuis propoſé.

De Patronage d'Eglise.

Différence de notre Patronage, d'avec celui des Romains. Nos réformateurs ont ainſi intitulé ce titre pour le diſtinguer des anciens patronages des Romains, qui s'acquéroient, en affranchiſſant des eſclaves ſur leſquels le maître retenoit ordinairement le droit de patronage.

ARTICLE LXIX.

Les Patrons, tant Laïques qu'Eccléſiaſtiques, ont ſix mois pour préſenter, à compter du jour que la mort du dernier poſſeſſeur eſt ſçue communément.

Trois ſortes de Patrons. ON diſtingue trois ſortes de patronage ; le patronage laïque, le patronage eccléſiaſtique, & le patronage mixte ; les Patrons peuvent encore être alternatifs, leurs droits font réglés par les titres.

Laïques. Les Patrons Laïques font des Laïques qui ont fondé, doté & bâti une Eglife, ou qui ont le droit de ceux qui l'avoient fait bâtir, & dans le doute fi un patronage eft laïque ou eccléfiaftique, on le préfume laïque, à moins que le contraire ne foit prouvé. **Patrons Laïques,**

Le Patron laïque peut varier, & nommer plufieurs fujets en même-temps. *Cap. 5*, *extrà de jur. Patron.* **Peuvent varier,**

Il ne peut être prévenu par le Pape, art. 30, des libertés Gallicanes. Il eft exempt de même de l'expectative des Gradués. Drapier, t. 2, pag. 296. **Ni être prévenus par le Pape.**

On ne peut réfigner fans fon confentement. *Idem.* Tome 1, page 486, déclaration du mois de Février 1678; mais le Patron laïque doit réclamer contre la prévention du Pape, ou de l'ordinaire dans les fix mois, parce que la provifion du Pape n'eft pas nulle, mais elle peut être annullée, *non eft nulla, fed venit annullanda conquerente Patrono intra legitimum tempus.* Arrêt des 25 Juin 1659, & 27 Juillet 1671, rapportés par Bafnage; le dernier de ces Arrêts juge que le Patron qui a préfenté un incapable, n'a pas fix autres mois pour préfenter un nouveau fujet. **Si on peut réfigner fans confentement du Patron Laïque.**

L'ufufruitier préfente le bénéfice dépendant du fief qu'il a par ufufruit. *Voyez mon Traité des Fiefs imprimé en 1763, p 415*, où je diftingue le patronage réel du patronage perfonnel. **Ufufruitier préfente.**

La préfentation du Mineur prévaut à celle du Tuteur, *Bérault & Bafnage.* Un interdit préfente au Bénéfice, pourvu que fon interdiction ne foit pas pour caufe de furie ou **Mineur,** *quid?* **Interdit,** *quid?*

démence. Arrêt du 3 Mars 1661, rapporté par Basnage.

Saisi en décret, *quid ?* Le propriétaire, dont le fief est saisi, présente au Bénéfice, parce qu'il est incertain s'il ne payera point la dette pour laquelle on décrete, avant l'adjudication par décret.

Patrons Ecclésiastiques, ce que c'est ? *Ecclésiastiques.* Les Patrons ecclésiastiques sont ceux dont l'Eglise a été fondée aux dépens des biens ecclésiastiques, parce qu'un Ecclésiastique qui seroit Patron à cause de son bien de famille, ne seroit pas pour cela réputé Patron ecclésiastique ; on considere la qualité du droit, & non de la personne.

Patronages appartenans aux Universités, sont Laïques. Les patronages appartenans aux Universités, aux Chevaliers de Malte, aux Marguilliers des Paroisses & aux Confrairies, sont des patronages laïques. *Journal des Audiences, tom. 3, l. 1, chap. 24.*

Quels Patrons sujets aux Gradués. Les Patrons ecclésiastiques sont sujets à l'expectative des gradués & à la prévention du Pape ; quant aux Gradués, un Ecclésiastique qui n'auroit qu'un Bénéfice à présenter, n'est pas sujet à leur expectative ; il faudroit qu'il eût trois Bénéfices, attendu que par le Concordat de Léon X & de François I, il n'y a que le tiers des Bénéfices affectés aux Gradués. Article 5, de l'Edit de Louis XII, de l'an 1498.

Arrêts concernans les Patrons & Gradués. Dans les mois de rigueur affectés aux Gradués nommés, le plus ancien Gradué nommé, quoique le plus jeune Professeur septenaire, l'emporte sur le plus ancien septenaire, quand il est le plus jeune Gradué nommé. Arrêt de Rouen du 16 Mars 1758.

Quoique le Patron puisse choisir tel Gra- Quoique le Patron puisse nommer dans le mois de faveur, à un Bénéfice-Cure, tel Gradué qu'il juge à propos, cependant il faut que ce soit un Gradué duement qualifié avant la vacance du Bénéfice. Arrêt du 25 Juin 1733. La même chose a été jugée le 25 Janvier 1713, pour un Gradué qui n'avoit pas réitéré & notifié régulierement ses grades, ayant oublié de nommer partie des Bénéfices dans sa réitération dont le contentieux étoit du nombre.

(Marginal : dué qu'il veut, il faut que le Gradué soit duement en regle.)

Quand le Patron n'use pas de son droit, de nommer aux bénéfices vacans dans les mois de rigueur, en nommant tel Gradué qu'il lui plaira, suivant la Déclaration du 27 Avril 1745, pour les Bénéfices-Cures, la Cure appartient au plus ancien Gradué du nombre de ceux qui ont requis. Arrêt du 3 Février 1756.

(Marginal : Quand il n'a pas fait son choix, la Cure appartient au plus ancien Gradué réquérant.)

Dans les mois de Grade, la simple requisition faite au Patron Ecclésiastique, empêche la prévention du Pape, quand même le Patron ne seroit pas Collateur. Arrêt du 13 Juillet 1756.

(Marginal : Requisition du Gradué prévient le Pape.)

Le Patron Ecclésiastique ne peut varier, quand sa présentation est notifiée au Collateur. *Cap. 5, extrà de jur. Patron.* ; mais si un Patron Collateur avoit présenté un non Gradué, avant la requisition d'un Gradué, dans un mois de faveur, il peut varier & présenter un Gradué ; la dévolution en ce cas ne passant point au supérieur, le Collateur conservant par-là le droit des Gradués, en empêchant la prévention ; autre chose seroit s'il avoit présenté un non Gradué, après la requisition d'un Gradué. Arrêt du 27 Mars 1760.

(Marginal : Si Patron Ecclésiastique peut varier avant la requisition du Gradué.)

Le Patronage mixte est celui qui appartient à même-temps à un ou plusieurs Ecclésiastiques, ou à un ou plusieurs Laïques. Ils peuvent également appartenir à un Ecclésiastique & à un Laïque, soit parce qu'ils

(Marginal : Du Patronage mixte.)

préfentent alternativement , foit parce qu'ils préfentent conjointement.

Le Pape ne peut prévenir le tour du Patron Laïque.

Sur quoi on obſerve ; 1º. que ſi un Laïque & un Eccléſiaſtique (à cauſe de ſon bénéfice) préſentent conjointement , la qualité du Patron Laïque l'emporte & empêche la prévention du Pape , & l'expectative des Gradués. *In tali mixtura qualitas Patronatûs Laycalis præponderat. Gloſſ. cap. unico. De jur. Patron. in ſexto.*

Succès du Patron Eccléſiaſtique.

2º. Si le Patron Eccléſiaſtique & le Laïque préſentent alternativement , la prévention du Pape , & l'expectative des Gradués , ont lieu au tour du Patron Eccléſiaſtique ; & en ce cas , la prévention du Pape ou l'obtention du Gradué , remplit le tour du Patron Eccléſiaſtique ; mais le Patron Laïque ne peut être prévenu à ſon tour par le Pape , ni préjudicié par les Grades ; c'eſt la diſpoſition de l'article 17 du Réglement de 1666. *La proviſion ou collation du Pape , faite au tour du Patron Eccléſiaſtique , lui tient lieu de tour , ſoit qu'elle ſoit faite par mort , prévention ou ſur réſignation , permutation ou autrement , en quelque maniere que ce ſoit.*

Mais ſi les deux Patrons étoient Eccléſiaſtiques , la prévention du Pape ne rempliroit pas le tour d'un de ſes Patrons , ſuivant un Arrêt du 21 Juillet 1503 , rapporté par Forget , en ſon *Traité des Perſonnes & choſes Eccléſiaſtiques* , page 181 , édition de 1611.

Quand la mort eſt cenſée ſçue.

Eſt ſçue communément. C'eſt-à-dire , ſçue au lieu du bénéfice , parce que le Patron eſt cenſé inſtruit du jour que la mort eſt ſçue communément au lieu du bénéfice. Bérault & Peſnelle. Baſſet, tome I , page 171 ; mais pour obvier aux fraudes qui ſe pourroient

ocommettre, il a été défendu fous peines de
grofles amendes, de céler la mort des Bénéficiers, article 54 de l'Ordonnance de
1539.

ARTICLE LXX.

Le Patronage n'eft tenu pour litigieux, s'il n'y a brief de Patronage
obtenu fignifié, affignation donnée,
& conteftation entre les Parties.

ARTICLE LXXI.

De Patronage. Doit - on plaider
devant le Juge Royal & en l'Affife ?

ARTICLE LXXII.

Le litige n'eft fini, finon après qu'il
y a jugement définitif, & l'amende
payée.

ARTICLE LXXIII.

Le Roi, par Privilege fpécial, a
la préfentation du bénéfice qui échet
vacant pendant le litige, par la mort
de l'un des préfentés & Collitigans,
à raifon defquels ledit brief à été intenté, & y préfentera à chacune échéance, jufqu'à ce que le brief foit vuidé.

ARTICLE LXXIV.

Le brief de Patronage eſt introduit non-ſeulement pour la poſſeſſion, mais pour la propriété du Patronage.

C'EST avec juſtice que nos Auteurs diſent que les cinq articles ſont mal arrangés ; le 73 devroit être le premier, enſuite le 70, le 74, le 72, enfin, le 71, qui traite de la compétence.

Le Roi préſente pendant le litige. Par l'article 73, le Roi, en cas de litige, a droit de préſenter aux bénéfices vacans pendant le litige. Or les genres de vacances, qui donnent ouverture au droit du Roi, ſont la mort d'un des préſentés, ſon mariage, ſa profeſſion en religion, ſa réſignation, s'il ne ſe fait pourvoir aux Ordres ſacrés dans le temps préfix, & s'il obtient un bénéfice incompatible. *l'infon tract. Regal. C. 9.*

Quelles conteſtations forment le litige. Sur l'art. 70, il faut obſerver que toutes ſortes de conteſtations ne donnent pas ouverture au droit du Roi ; une conteſtation entre pluſieurs préſentés, pour le poſſeſſoire d'un bénéfice, ne rendroit pas le Patronage litigieux, il faut qu'il y ait conteſtation en cauſe & procès actuellement formé entre les Patrons. Arrêt du 10 Mai 1531 ; or il y a conteſtation en cauſe, quand le demandeur a propoſé ſa demande, que le défendeur a propoſé ſes défenſes, & que le Juge donne appointement à écrire, produire ou informer, ſuivant l'Arrêt du 29 Avril 1695, rapporté au Journal du Palais.

Litige s'entend tant du pé- De l'art. 74, il s'enſuit que ſoit que le bref de Patronage ſoit pris pour le pétitoire, ſoit foit qu'il foit obtenu pour le poffeffoire, le Roi a le droit dans l'un & l'autre cas, de nommer au bénéfice.

Sur l'art. 72, j'obferve qu'il y a deux conditions requifes, pour faire finir le litige; 1°. qu'il y ait jugement définitif rendu en préfence du Procureur du Roi; une tranfaction faite entre les parties, fans la participation du miniftere public, ne fait pas ceffer le litige, nonobftant la plus longue poffeffion. Arrêt du 13 Avril 1630. Bafnage. 2°. Que l'amende foit payée.

La requête civile ne proroge pas le droit du Roi, l'appel au contraire d'une Sentence le perpétue, parce que le jugement définitif doit être tel qu'il ne puiffe être rétracté, & qu'il paffe en force de chofe jugée. *Pinfon de benef.*

La péremption n'eft pas un moyen fuffifant pour terminer le litige, la péremption n'ayant point lieu dans les caufes où le Roi a intérêt.

Le Bailli Royal des lieux a la compétence du litige & du Patronage, fans que les Haut-Jufticiers en connoiffent : ces caufes ne s'évoquent point, fuivant la Déclaration de 1554. Arrêt du 27 Février 1676, rapporté par Bafnage, fous l'article 3 de la Coutume.

(marge : titoire, que du poffeffoire des bénéfices.)

(marge : Quand le litige finit.)

(marge : Péremption ne fait finir le litige.)

(marge : Bailli Royal connoît des Patronages.)

ARTICLE LXXV.

Les préfentés & pourvus doivent porter honneur & fidélité à leurs Patrons, fans toutesfois leur faire foi & hommage.

Le Curé de Coqueville fut privé de fon bénéfice, pour rebellion & preuves fauffement entreprifes contre fon Patron. Arrêts de

(marge : Des honneurs dûs aux Patrons par leurs préfentés.)

1622, rapporté par Godefroi ; de même, le Curé de Saint-Victor fut privé de son bénéfice-Cure, pour injure faite à son Patron ; il est vrai que la Cour lui accorda une pension du consentement du Patron. Arrêt du 20 Mars 16,8, rapporté par Basnage.

Si le Patron doit être nourri par son présenté. Si le Patron étoit tombé dans l'indigence, il doit être nourri par le présenté, suivant les forces du Bénéfice : c'est la décision des Docteurs. *Cap. nobis 25, extra hoc tit* Et ce qui a été jugé par Arrêt du 14 Février 1605, rapporté par Leprêtre cent. 2, c. 36. Basnage observe que nous n'avons guere d'exemples de Patrons qui aient obtenu de pareils secours, cependant la regle est d'équité naturelle, si le Patron se trouve réduit à une extrême nécessité. *Nam ratio facit ut qui bona sua Ecclesiæ contulit, & de cætero exhibere se non potest, de reditibus Ecclesiæ alatur.*

Le Patron contribue aux réparations du Presbytere. Le Patron contribue comme les autres Paroissiens à la rédification du Presbytere. Arrêt du 18 Mai 1662.

Il reste à parler des honneurs dûs aux Patrons & des Patrons honoraires ; mais comme ces questions sont résultantes de l'art. 142 de la Coutume, je le rapprocherai ici pour traiter cette matiere dans un même chapitre.

ARTICLE CXLII.

Celui qui a fait don à l'Eglise, de son héritage, n'y peut réclamer autre chose que ce qu'il a expressément réservé ; néanmoins, s'il lui a fait don de Patronage, fans réfervation, les droits honoraires dûs aux Patrons, lui demeurent entiers & à fes hoirs ou ayans caufe au Fief ou Glebe, auquel étoit annexé ledit Patronage.

Si quelqu'un donne fon patronage à l'Eglife, les honneurs lui font toujours réfervés par la difpofition de cet article, de là les Patrons honoraires.

A fes hoirs ou ayans caufe, &c. Il faut obferver que tout patronage fuit la glebe, & que les honneurs ne font dûs qu'à celui qui a la glebe, à moins que ceux de la famille du Patron ne juftifient que le patronage eft perfonnel ; car de droit, tout patronage laïque eft cenfé réel en cette Province, s'il n'eft juftifié du contraire. Cette maxime eft établie par plufieurs Arrêts rapportés par Bafnage ; dans le cas où le Patron aumôneroit la glebe & le patronage, les honneurs refteroient à fa famille, fuivant un Arrêt rendu au mois de Mars 1662. *Ibidem.* — Des droits honorifiques.

Droits honoraires. Ces droits honoraires confiftent 1o. dans le droit que le Seigneur a d'avoir un banc dans le Chœur & le premier dans la Nef : la place honorable dans le Chœur eft le côté de l'Evangile, & dans la Nef le côté de l'Epitre. — Bancs du Seigneur.

F ij

Bancs des Particuliers.

La jurisprudence est, à l'égard des particuliers, que les fieffes des bancs dans les Eglises, ne font qu'à vie ; que les Nobles ont la préférence fur les Roturiers, pourvu que les places ne foient point concédées pour des fonds cédés à l'Eglife, dont elle tire avantage ; cette jurifprudence est confacrée par plufieurs Arrêts rendus au Parlement de Rouen des 5 Décembre 1702, 7 Juin 1726, 27 Juillet 1731, 6 Janvier 1736, 18 Janvier 1753.

Mais quoique les places de banc ne s'accordent qu'à vie, la préférence en est accordée aux anciens poffeffeurs, en donnant la même rétribution, fuivant qu'il a été jugé par Arrêts des 5 Décembre 1741, 21 Février 1755 & 20 Août 1757.

Droit de préféance.

2°. Dans le droit de préféance, tant aux Proceffions qu'à l'Offrande, le Patron communique ce droit à fa femme & à fes enfans ; mais les femmes d'un Seigneur de Fief ne précedent point les hommes, quoique Vaffaux de la Seigneurie & de condition roturiere. Arrêt du 1 Février 1633, rapporté par Bafnage.

Entre Gentilshommes, celui qui a le Fief dominant, a la préféance ; & entre les autres Gentilshommes, l'âge en décide, fuivant plufieurs Arrêts rapportés par ce Commentateur.

Le fils de l'ainé & le fils du fecond frere, préferent leur oncle puîné de leurs peres. Artêt du 23 Mars 1610, rapporté par Bérault.

Du Pain-béni.

3°. Dans le droit du Pain-béni, qui doit être préfenté au Patron ; mais après le Patron, le Pain-béni fe diftribue fans diftinction, ainfi que chacun fe trouve. Réglemens de 1653, 1670 & 23 Mars 1692.

Le Patron peut préfenter le Pain-béni à tel

jour de l'année qu'il veut. Arrêt du 27 Janvier 1612. *Maréchal.*

4o. Dans le droit d'Eau-bénite, qui doit être présentée au Seigneur par distinction, soit par aspersion, ou par présentation du goupillon, suivant l'usage, ainsi qu'il est décidé par deux Arrêts, l'un du 27 Avril 1723 & l'autre du 2 Mars 1731.

De l'Eau-bé- nite.

5o. Dans le droit d'avoir l'Encens par le Prêtre qui officie. Arrêt rendu en 1752.

De l'Encens.

6o. Dans le droit d'être recommandé aux prieres Nominales.

Recomman- dation.

7o. Dans le droit de sépulture dans le Chœur.

Sépulture.

8o. Dans le droit d'avoir Litres, Armoiries & ceintures funebres.

Ceintures fu- nebres.

TITRE VI.

DE MONNEAGE.

ARTICLE LXXVI.

Le Roi, pour droit de Monneage, peut prendre douze deniers de trois ans en trois ans, sur chaque feu pour son Monneage & Fouage, qui lui fut octroyé anciennement pour ne changer la monnoie.

ARTICLE LXXVII.

Du paiement de cet aide sont exempts tous Religieux, Clercs institués ès

Saints Ordres , Sergens fieffés des Eglifes , Bénéficiers , Perfonnes Nobles , leurs femmes & enfans , femmes qui n'ont que vingt fols de rente , ou quarante fols de meubles hors leurs robes & uftenfiles , & toutes autres perfonnes ayant exemption & privilege , foit à caufe de leurs perfonnes , ou à caufe de leur demeure , ou qui font en poffeffion de ne rien payer dudit aide.

ARTICLE LXXVIII.

La Châtellenie de Saint - Jacques , & le Val de Mortaing , font exempts dudit Monneage.

ARTICLE LXXIX.

Tous Barons ayant fept Sergens ou Officiers en leur Baronnie, font quittes dudit Monneage.

ARTICLE LXXX.

Au Roi feul & à fes Juges , appartient la Jurifdiction dudit Monneage.

Fouage eft inutile. Ce titre étant inutile & non d'ufage aujourd'hui , je n'en parlerai point.

TITRE VII.

DE BANON ET DÉFENDS.

BANON eſt un terme qui ſignifie ce qui eſt commun, & dont le public peut faire uſage ; & *Défends*, déſigne au contraire, ce qui eſt réſervé pour le propriétaire, & dont l'uſage eſt défendu au public.

Ce que c'eſt que Banon & Défends.

ARTICLE LXXXI.

Toutes terres cultivées & enſemencées, ſont en défends en tous temps, juſqu'à ce que les fruits ſoient recueillis.

HENRI IV, par ſon Ordonnance du mois de Janvier 1600, art. 4, défend la chaſſe ſur les terres enſemencées, depuis le premier Mars, juſqu'après la récolte. Louis XIV a fait pareille défenſe, par l'article 18 de l'Ordonnance de 1669. Titre des chaſſes, à peine de cinq cens livres d'amende, & de tous dépens, dommages & intérêts. La Déclaration de 1709 ordonne que les intérêts ne pourront être liquidés, à moins de cent livres, en outre l'amende de cinq cens livres & cinq cens livres d'aumône ; les mêmes peines ſont réitérées en l'art. 4 de la Déclaration du 11 Mai 1710. *Voyez* le Code des Chaſſes, tome I, page 404 & 405, de l'édition de 1753. On ne peut laiſſer divaguer les beſtiaux au travers les

Chaſſes défendues dans les labours.

terres enfemencées , à peine de dix livres d'amende. Arrêts de Rouen, des 2 Décembre 1724 & 27 Mars 1743.

ARTICLE LXXXII.

Les prés, terres vuides & non cultivées, font en défends depuis la mi-Mars, jufqu'à la Sainte-Croix en Septembre : & en autre temps, elles font communes, fi elles ne font claufes ou défendues d'ancienneté.

Du pâturage dans les communes.

L E véritable fens de cet article , eft que les terres & prés vuides & non cultivés font en défends pendant le temps marqué par la Coutume , & enfuite communs, à moins que ces terres & prés ne foient clos & défendus d'ancienneté ; mais cette liberté, de mener les beftiaux pâturer dans les terres vuides , a fes limites, & les Habitans d'une Paroiffe ne peuvent mener leurs beftiaux pâturer dans une autre Paroiffe, fuivant qu'il a été jugé par Arrêt du 6 Juin 1647. Autre Arrêt du premier Août 1686 ; mais des particuliers peuvent faire pâturer leurs beftiaux fur les pieces de terres d'extenfion, qui leur appartiennent, dans d'autres Paroiffes. Enfin, en fait de communes, chacun ne peut y mettre de beftiaux , qu'à proportion des terres qu'il laboure dans la Paroiffe. Arrêt du 26 Octobre 1670.

La compétence en appartient aux Eaux & Forêts.

Les queftions qui naiffent des pâturages & droits de communes , font de la compétence des Eaux & Forêts.

Si des Seigneurs ont abandonné & cédé à des Habitans des communes, à charge d'une redevance, la propriété en est tellement acquise aux Habitans, que le Seigneur n'a pas le droit de partager ces communes, pour en jouir divisément. Arrêt du 7 Décembre 1634. *Voyez* la Déclaration du mois d'Août 1667, rapportée par Basnage.

Par Arrêt du 9 Mars 1747, rendu au Parlement de Rouen, il a été jugé que les marais communs ne doivent point être partagés par tête entre les Communiers, mais ils doivent l'être à proportion des fonds d'un chacun. *Pro latitudine cujusque fundi.*

Partage des communes, quid ?

ARTICLE LXXXIII.

Il est loisible à un chacun d'accommoder sa terre de fossés & de haies, en gardant les chemins royaux, de la largeur contenue en l'Ordonnance, & les chemins & sentes pour le voisiné.

N o u s réputons communément en cette Province, que la haie appartient à celui du côté duquel est le jet du fossé ; parce qu'il est naturel que celui qui a fait le fossé, ait pris la terre sur lui, pour la mettre sur la haie qu'il a faite, & que pour cet effet, il ait pris le fossé sur son propre fonds. S'il y a des fossés des deux côtés, on présume la haie commune.

Marque de la propriété d'un fossé.

Par Arrêt du Vendredi 23 Juillet 1745, il a été jugé que des arbres plantés dans le pays de

Arbres ma plantés, quid ?

Caux fur la crête d'un foffé, & à trois pieds de diftance d'un voifin, feroient abattus; parce qu'il n'y avoit point de creux au foffé du côté du voifin, & qu'il y en avoit un au contraire du côté du fonds à qui appartenoit la plantation. Entre Toqueville & la fille mineure du nommé Boette, Sergent. *Voyez* le Réglement du 17 Août 1751, fur le fait des plantations.

Marque de la propriété d'une haie vive.

On attribue la propriété de la haie vive à celui dont le fonds a plus befoin de clôture; mais fi les fonds font de même nature, la haie eft réputée commune; tout ceci n'a lieu qu'au défaut de titre ou poffeffion.

Bafnage, d'après Godefroi, propofe fous l'art. 617 de la Coutume, fi l'on peut forcer le Propriétaire de réparer le foffé qu'il a fait conftruire fur fon fonds; il foutient la négative, & dit qu'il doit être permis au voifin de réparer ce foffé à fes frais; mais depuis eft intervenu l'Arrêt de Réglement du 17 Août 1751, qui modifie cette opinion: *Les Propriétaires d'héritages, qui font actuellement clos de haies vives ou de foffés, feront tenus d'entretenir lefdites clôtures, fi mieux ils n'aiment détruire entièrement la clôture le long de l'héritage voifin, ce qu'ils auront la liberté de faire s'il n'y a titre au contraire; & néanmoins ceux qui voudront détruire leur clôture, ne pourront le faire que depuis la Touffaint jufqu'à Noël; & jufqu'au temps de la deftruction de la clôture, ils feront obligés de l'entretenir.*

Le glanage a quelque rapport avec le banon, on ne le permet qu'aux enfans, perfonnes âgées & infirmes & après l'enlevement des gerbes. Arrêts des 20 Juillet 1741, 21 Juillet 1749, & 28 Février 1766; ce dernier Arrêt condamne en trois livres d'aumône envers les pauvres des particuliers pour avoir glané dans les javelles.

ARTICLE LXXXIV.

Les Chevres , Porcs & autres bêtes mal-faifantes , font en tous temps en défends.

BASNAGE rapporte un Artêt rendu le 5 Mars 1676 , duquel il réfulteroit qu'il eſt permis de tuer les porcs trouvés en dommage ; mais il avertit qu'on n'en doit venir à cette rigueur , qu'après avoir averti le Propriétaire de faire garder fes porcs , & que ſi alors il ne les retient pas , fa négligence autorife celui qui fouffre , à fe faire juſtice ; il ne faut cependant pas profiter des animaux , on doit les laiſſer fur la place.

Si on peut tuer les porcs en dommage.

Non - feulement les Chevres font en défends , mais bien d'autres animaux & volatiles , comme moutons , oies & poules. Bodereau , fur l'art. 12 de la Coutume du Maine , dit qu'on peut tuer les oies & volailles , lorſqu'on les trouve en dommage ; mais qu'il faut les laiſſer fur la place. Art. 207 de la Coutume de Tours , & 222 de celle de Blois. *Voyez* Bodereau , tome I, page 12.

Quid des volatilles.

Les prairies font en tout temps en défends pour les moutons & porcs. Arrêt du 16 Novembre 1655.

ARTICLE LXXXV.

Les bois font toujours en défends , réfervé pour ceux qui ont droit de Coutume.

Dommage de bois eft de la compétence des Eaux & Forêts.

LA compétence pour les dommages caufés dans les bois , eft attribuée aux Juges des Eaux & Forêts auxquels la police des bois , communes , landages , pêches & rivieres eft attribuée.

Si les droits d'ufage & Coutume ès bois ont lieu.

Qui ont droit de Coutume. Les Communautés , Habitans & particuliers Ufagers, qui ont à exercer des droits de panage & pâturage pour leurs porcs & bêtes aumailles dans les Forêts , Bois & Buiffons du Roi , doivent fe conformer aux difpofitions de l'Ordonnance de 1669 ; les Seigneurs peuvent même s'aider de cette Ordonnance , s'il n'y a pas des conventions entr'eux , & des ufages plus ou moins étendus & qui ne foient pas abufifs. L'Ordonnance a révoqué & fupprimé tous & chacun les droits de chauffage , & même d'ufage de bois à bâtir , accordés dans les Forêts du Roi , à quelque titre qu'ils aient été concédés , fauf à indemnifer ceux qui en poffédoient pour caufe d'échange , &c.

TITRE VIII.

DE BÉNÉFICE D'INVENTAIRE.

LE bénéfice d'inventaire est un droit accordé à celui qui est habile à succéder, pour recueillir la succession, à condition d'en faire bon & loyal inventaire, d'en tenir compte aux créanciers, sans qu'il puisse être tenu des dettes de la succession au-delà de la valeur d'icelle.

ARTICLE LXXXVI.

Celui qui se veut porter héritier par bénéfice d'Inventaire, doit obtenir lettres, & faire recherche au domicile de celui qui est décédé, s'il y a aucun qui se veuille porter son héritier absolu, & où il ne s'en présentera, il doit faire faire trois criées à jour de Dimanche, issue de la Grand'Messe Paroissiale dudit lieu, où le défunt est décédé, faisant sçavoir que s'il y a aucun du lignage dans le septieme dégré, qui se veuille porter héritier absolu, qu'il se compare à la prochaine assise, & y sera oui & reçu, sinon, l'on procédera à l'adjudication dudit bénéfice d'Inventaire.

BASNAGE observe avec bien de la raison, que toutes les formalités & les délais prescrits par ce titre, s'éloignent du droit

Cas où il n'est pas besoin de contumace.

civil, qui n'a admis le bénéfice d'inventaire que pour empêcher que l'héritier ne fût chargé des dettes du défunt, au-delà des fonds de la succession, & qui n'entendoit point qu'un héritier présomptif fut exclu par un parent plus éloigné ; ainsi, il sembleroit qu'il seroit plus à propos de supprimer les formes prescrites dans ce titre, & obliger seulement l'héritier bénéficiaire à faire inventaire, à apprécier les meubles & effets de la succession ; & enfin, l'obliger à répondre aux actions des créanciers, jusqu'à la concurrence de la succession ; aussi le Parlement, par Arrêt du 6 Juillet 1729, exempta le sieur Marouard de faire les contumaces, pour prendre une succession par bénéfice d'inventaire en ligne directe. Le sieur Marouard obtint seulement des lettres, en conséquence desquelles il présenta sa requête au Juge, pour être admis à prendre la qualité d'héritier bénéficiaire, aux charges de faire bon inventaire, & d'en tenir compte aux termes de droit ; le Bailli de Rouen ayant exigé des contumaces, le sieur Marouard appella à la Cour, qui entérina *de plano* ses lettres, sans autres formalités ; ainsi on présente sa requête au Juge, aux soumissions dont on vient de parler, & sur les conclusions du Procureur du Roi, on entérine les lettres, sans autres formalités. *Voyez* Recueil d'Arrêts de Frolant, tom. I ; je l'ai pratiqué de la sorte, au Bailliage de Domfront, pour la succession de madame Dulude, aïeule de ma femme. Il seroit à desirer que la Cour voulut se déterminer à adopter cette jurisprudence, dans le cas de successions collatérales.

Les héritiers des Receveurs Le bénéfice d'inventaire n'a pas lieu contre le Roi ; les héritiers des comptables & de ceux qui ont manié les deniers royaux, n'ont que l'alternative d'accepter leur succession ou de la répudier. On a étendu cette jurisprudence aux Receveurs des Consignations ; mais peuvent-ils user du bénéfice contre des créanciers particuliers ou étrangers aux faits d'office ? La question fut appointée par Arrêt du 9 Mars 1625 ; M. l'Avocat-Général conclut qu'à l'égard du Roi, l'héritier du comptable devoit être condamné personnellement ; mais qu'au surplus il devoit jouir de son bénéfice : ses conclusions, en thèse générale, sont devenues une maxime.

S'il se trouvoit des défauts de forme dans le bénéfice d'inventaire, qui le fissent annuller, l'héritier ne seroit pas pour cela déclaré héritier absolu ; il peut s'abstenir de la succession, en comptant de ce qu'il a touché, ou recommencer les diligences du bénéfice d'inventaire. Arrêts des 10 Avril 1601 & 7 Mars 1607, rapportés par Bérault ; mais il faut pour cet effet, que l'héritier se soit comporté avec bonne foi.

ARTICLE LXXXVII.

Lesdites criées doivent être faites à jour de Dimanche, issue de la Messe Paroissiale du lieu où étoit le domicile du défunt, & doit y avoir une assise entre chacune desdites criées, *à jour de Dimanche* & non de Fêtes.

ARTICLE LXXXVIII.

A chacune des trois affifes, défaut doit être pris fur les lignagers & parens du défunt, qui ne fe portent héritiers abfolus ; & après le dernier defdits trois défauts, fera encore faite une criée d'abondant, & affignation aux autres affifes enfuivant, avec déclaration que fi aucun ne fe préfente, le bénéfice d'Inventaire fera adjugé.

ARTICLE LXXXIX.

A laquelle affife après lecture faite de toutes les diligences, fi elles font trouvées par l'affiftance bien faites, le bénéfice d'Inventaire fera adjugé au préjudice de tous ceux du lignage, qui fe voudront porter héritiers abfolus, lefquels ne pourront être reçus par après, pour quelque caufe que ce foit.

Le Mineur & les femmes, peuvent réclamer contre le bénéfice d'inventaire.

UN Mineur, pendant la minorité duquel on fe feroit fait adjuger une fucceffion par bénéfice d'inventaire, peut à fa majorité réclamer cette fucceffion, & la prendre comme héritier abfolu, quoique toutes les formalités de ce titre aient été remplies. Arrêts rapportés par Bérault ; il en eft de même des femmes en puiffance de mari. Arrêt du 29 Octobre 1643, rapporté par Bafnage ; en

ces cas, il faut rembourfer les frais des diligences, fi on fe porte héritiers abfolus, ou
rembourfer fa cotte-part fi on demande
à participer au bénéfice d'inventaire ; mais
fi ceux qui demandent la fucceffion, ont approuvé la qualité de l'héritier bénéficiaire,
c'eft une fin de non-recevoir, valable à leur
oppofer, fuivant l'Arrêt du 25 Mai 1662,
rapporté par Bafnage.

Un frere ne peut exclure fon frere, pendant fon abfence par le bénéfice d'inventaire, ce feroit tirer injuftement avantage de
l'abfence d'un frere ; mais en ligne collatérale, quand un lignager a fait entériner des
Lettres de bénéfice d'inventaire, un héritier
plus proche n'eft pas recevable à demander
a prendre la fucceffion purement & fimple-
ment ; l'art. 89 de la Coutume s'entend d'un
parent plus proche comme d'un parent plus
éloigné ; c'eft ce qui a été jugé par Arrêt du
23 Janvier 1760.

C'eft une maxime en cette Province, adoptée par la plus faine partie de nos Auteurs,
que l'héritier bénéficiaire peut renoncer au
bénéfice d'inventaire, en rapportant ce qu'il
a perçu & touché, & par-là, il eft en droit
de réclamer fon tiers-coutumier & fes autres droits & créances, fans que la qualité
d'héritier bénéficiaire par lui prife auparavant, opere contre lui une fin de non-recevoir.

ARTICLE XC.

Avant l'adjudic tion, s'il se présente aucun du lignage du défunt qui se veuille porter héritier absolu, il y sera reçu, encore qu'il soit plus éloigné que l'héritier par bénéfice d'Inventaire, en payant les frais faits par celui qui s'est porté héritier par bénéfice d'Inventaire.

Il faut excepter de cette regle les Mineurs ; parce qu'il est décidé par l'article 18 du Réglement de 1666, *que le Mineur prenant qualité d'héritier absolu, ne peut exclure un plus proche parent qui a pris qualité d'héritier bénéficiaire.*

On ne peut exclure l'héritier par bénéfice d'Inventaire, en ligne directe.

Encore qu'il soit plus éloigné que l'héritier par bénéfice, &c. L'héritier en ligne directe prenant la qualité d'héritier bénéficiaire, ne peut être exclu par un parent plus éloigné qui se déclare héritier pur & simple ; l'équité demanderoit que cette regle fût observée en ligne collatérale, mais la Loi est écrite *lex dura scripta tamen.*

Les freres & sœurs participent au bénéfice d'Inventaire.

Mais comme je l'ai observé sur l'article précédent, le bénéfice d'inventaire adjugé à un enfant, ne préjudi ie pas aux autres étant tous dans la ligne descendante qui peuvent demander à y participer en remboursant les frais & justes dépenses.

Si celui qui réclame une succession dont un parent éloi-

Celui qui a renoncé à une succession & qui ensuite la réclame, doit entretenir les contrats faits utilement par celui qui avoit appréhendé la succession, sans qu'il puisse

» dépoſſéder les acquéreurs, pourvu que les choſes ſe ſoient paſſées ſans fraude. Arrêt du 26 Février 1685, rapporté par Baſnage ; pareil Arrêt a été rendu le 19 Juin 1739, au bénéfice des acquéreurs d'un parent plus éloigné qui avoit accepté une ſucceſſion, dont l'héritier préſomptif s'étoit abſtenu.

gné eſt en poſſeſſion, doit entretenir les Actes que le parent a fait.

Celui qui n'eſt ni né, ni conçu lors d'une ſucceſſion ouverte, peut ſe porter héritier bénéficiaire, pourvu qu'il ſoit conçu avant l'adjudication du bénéfice d'inventaire. Arrêts du 30 Juillet 1610, 29 Janvier 1616 & 13 Février 1636, rapportés par Bérault & Baſnage.

Si celui qui n'eſt pas né peut réclamer l'héritier bénéficiaire.

Si l'héritier bénéficiaire ſe préſente après la contumace des héritiers en général faite par les créanciers de la ſucceſſion, il doit rembourſer les frais de contumace qui n'entrent pas dans ceux du bénéfice. Arrêt du 19 Août 1756.

ARTICLE XCI.

Celui qui s'eſt porté héritier par bénéfice d'Inventaire, peut ſe porter héritier abſolu, & y ſera reçu en ſon rang de prochaineté.

MAIS il ne peut ſe porter héritier abſolu pour exclure ſon cohéritier, qui auroit pris la ſucceſſion par bénéfice d'inventaire conjointement avec lui, quand les lettres ſont entérinées.

ARTICLE XCII.

L'héritier par bénéfice d'Inventaire doit dans quarante jours, en suivant le décès du défunt, faire faire Inventaire bon & loyal de tous les biens, lettres, titres & enseignemens de la succession, & iceux mettre en sûre garde.

On peut faire dresser un Inventaire avant d'obtenir les lettres de bénéfice d'Inventaire.

Lᴀ prorogation de délai que l'Ordonnance de 1667 titre 7 accorde, a lieu pour le bénéfice d'inventaire, comme pour toute autre circonstance ; un héritier présomptif peut bien, avant ou après l'obtention des Lettres de bénéfice, faire faire inventaire ; il est même naturel qu'il sçache les forces de la succession, avant que de prendre sa qualité.

ARTICLE XCIII.

Après l'adjudication faite du bénéfice d'Inventaire, doit faire apprécier par la Justice, les meubles, fruits & levées de la succession, & bailler caution au Sergent de la querelle du prix de l'estimation.

Il est prudent de faire estimer les meubles en fait de bénéfice d'inventaire.

Fᴀᴜᴛᴇ par l'héritier bénéficiaire de faire procéder à cette estimation, il s'exposeroit, s'il vendoit de son mouvement, à devenir personnellement l'objet des créanciers ;

ainsi il est nécessaire qu'il fasse estimer les meubles, &c. & appelle les créanciers s'il y en a d'opposans & connus, ou à leur défaut, le Procureur du Roi, pour être présent à cette estimation ; & si l'héritier veut faire vendre, il doit aussi y appeller les créanciers & les intimer.

ARTICLE XCIV.

Les frais des diligences du bénéfice d'Inventaire doivent être pris sur le prix des meubles & levées, avant toutes choses.

PARCE que l'héritier bénéficiaire par le dépôt de la succession fait le bien de tous les créanciers.

ARTICLE XCV.

L'héritier par bénéfice d'Inventaire, n'est tenu que jusqu'à la concurrence de la vendue ou du prix de ladite estimation, s'il n'est trouvé qu'il ait commis quelque fraude audit Inventaire, ou concelé aucune chose de ladite succession, auquel cas, il sera tenu comme héritier absolu.

BASNAGE rapporte des Arrêts du Parlement de Paris, qui jugent que l'héritier bénéficiaire doit rapporter les donations qui lui ont été faites par le défunt. Le Com-

Si l'héritier bénéficiaire doit répéter les donations que lui a faites le défunt ; & si mentateur ne fait aucune difficulté sur la nécessité du rapport qui est fondé sur les qualités incompatibles de donataire & d'héritier ; il en est de même parmi nous du tiers-Coutumier , tant que l'héritier ne renonce pas purement & simplement aux successions qui en sont l'objet , il ne peut l'exiger ; mais par cette renonciation il recouvre son droit de tiers-légal.

l'enfant peut renoncer au bénéfice & s'en tenir au tiers-coutumier.

ARTICLE XCVI.

Où les Créditeurs voudront faire vendre les meubles & immeubles de la succession , faire le pourront , non-obstant ladite estimation , les solemnités à ce requises duement observées & gardées.

Les formalités requises pour la vente des immeubles sont telles en cette circonstance, que celles prescrites au titre des décrets.

ARTICLE XCVII.

Les deniers provenans de la vendue ou de l'estimation, comme dit est, feront distribués aux Créditeurs par justice , selon l'ordre de priorité & postériorité ; & à cette fin , fera pris jour pour en tenir état, qui fera signifié à l'issue de la Messe Paroissiale du lieu, quinze jours au précédent.

Transportai-re d'une rente peut en exiger le principal

Arrêt du 17 Juin 1681 , rapporté par Basnage , qui juge qu'un nommé Colombi ayant transporté une rente de 50 l.

& fa fucceſſion ayant été priſe par bénéfice d'inventaire, le ceſſionnaire devoit être payé du capital de fa rente fur les deniers provenans de la vente du bénéfice d'inventaire, fi mieux n'aimoit l'héritier bénéficiaire donner caution que la rente feroit bien payée. Voyez fous l'art. 99, l'Arrêt du 6 Mai 1656.

fur le prix des meubles du bénéfice d'inventaire.

Par autre Arrêt du 4 Août 1741, on a jugé que l'héritier bénéficiaire qui fait vendre les meubles de la fucceſſion, peut mettre pour condition que les adjudicataires paieront aux mains de la caution du bénéfice d'inventaire, au préjudice du Receveur des Conſignations, quelque nombre d'oppoſans qu'il y ait ; & par autre du 10 Mars 1746, il a été auſſi jugé qu'il n'étoit pas dû de droits de conſignation dans le cas où le Tuteur du Mineur, héritier bénéficiaire fait la vente, le Tuteur en touche les deniers fans droits de conſignation, quelque nombre d'oppoſans ou arrêtans qu'il y ait fur les deniers de la vente.

Le Receveur des Conſignations ne peut exiger les deniers du bénéfice d'Inventaire.

ARTICLE XCVIII.

L'héritier par bénéfice d'Inventaire, eſt tenu répondre aux actions & demandes des Créditeurs, fur la connoiſſance des faits & obligations du défunt.

Iʟ n'eſt tenu que juſqu'à la concurrence de la fucceſſion, ne pouvant être faiſi dans fes biens perfonnels, mais feulement on peut l'aſſigner pour rendre compte du bénéfice d'inventaire : il n'eſt pas fufceptible des frais des procès commencés par le défunt, à moins qu'il ne les eût pourfuivi témérairement ;

mais il fait fa dette perfonnelle des dépens des procès qu'il auroit commencé, à l'occafion de la fucceffion bénéficiaire fans l'autorifation des créanciers.

Bafnage rapporte un Arrêt du 6 Mai 1656, qui juge qu'un héritier bénéficiaire ayant abandonné le bénéfice d'inventaire, peut demander le principal des rentes qu'il auroit acquittées fur la fucceffion, & que l'héritier pur & fimple eft obligé de le rembourfer, quoique l'héritier bénéficiaire eût pris ceffion de droits pour fon affurance.

TITRE IX.

DES FIEFS ET DROITS FÉODAUX.

COMME je viens de donner un Traité des Fiefs à l'ufage de cette Province, je ne m'étendrai pas au long fur cette matiere ; je me contenterai de renvoyer le lecteur à ce Traité.

Des Fiefs. Ce mot *Fief* eft dérivé de l'ancien mot *fe*, qui fignifie *foi*, *fidélité*, & par *Fief* nous entendons l'héritage noble, dont il eft parlé en l'art. C. *Feudum eft res immobilis aut æquipollens, conceffa in perpetuum, cum tranflatione utilis dominii, retenta proprietate fub fidelitate & exhibitione fervitii.*

Droits féodaux. Par ces mots on entend tous les droits & appartenances du Fief, comme aveux, rentes, ventes, corvées, batardifes, &c. foit ordinaires, foit cafuels, defquels je parlerai dans la fuite.

ARTICLE

ARTICLE XCIX.

Par la Coutume générale de Normandie, tout héritage eſt noble, roturier, ou tenu en franc-aleu.

Rᴏᴛᴜʀɪᴇʀ eſt dérivé du mot *roture*, qui tire ſon origine de *rus* ou *ruptura*, parce que ceux à qui on donna des terres incultes, les ouvroient & rompoient pour les rendre fructueuſes ; beaucoup d'anciens Auteurs appellent les rotures *ſoccages* & les roturiers *ſoccomans*, du ſoc de la charrue, qui fend & rompt la terre.

ARTICLE C.

L'héritage noble eſt celui à cauſe duquel le Vaſſal tombe en garde, & doit foi & hommage.

C'ᴇsᴛ donc un Fief que l'héritage, qui oblige le poſſeſſeur à la foi & hommage, & qui le fait tomber en la garde royale ou ſeigneuriale, s'il eſt mineur.

Foi & hommage. Baſnage obſerve qu'il y a différence entre *foi & hommage*, il en puiſe la différence dans l'Epitre du Pape Adrien ; *Epiſcopos, inquit, Italiæ ſolum Sacramentum fidelitatis, ſine homagio debere Domino imperatori, id eſt, ſine perſonarum ſubjectione.*

Un Fief peut être prouvé par une poſſeſſion immémoriale, conſtatée par des aveux & des

Différence entre foi & hommage.

Par quel moyen le Fief ſe prouve.

Tome I.   G

regiftres de plaids & gages-pleiges , pourvu que le titre originel ne foit pas vicieux , car dans cette efpece on a déclaré , par Arrêt du 26 Mai 1762 , contre l'Abbé de Montebourg , roture un bien poffédé comme Fief depuis plufieurs fiecles. Mais quand le Seigneur de Fief a dans fa main des héritages , ils font préfumés faire partie du domaine non fieffé , encore bien qu'ils foient fitués dans une Paroiffe voifine , fi le Seigneur de la Paroiffe voifine ne juftifie qu'ils font mouvans de fon Fief ; c'eft ce qui a été décidé par Arrêt rendu le 22 Février 1752.

Les terres qu'un Seigneur a dans fa main, font cenfées faire partie de fon Domaine.

Comme chaque Fief a fa dénomination particuliere , il n'eft pas permis de prendre la qualité d'un Fief dont on n'a pas la propriété ; mais quand deux Seigneurs poffedent chacun un Fief dans la même Paroiffe , indépendant l'un de l'autre , ils peuvent fe qualifier *Seigneurs* en partie. Arrêt de 1610.

ARTICLE CI.

On ne fait point foi & hommage pour roture.

Et combien qu'en plufieurs endroits ceux qui tiennent roturierement déclarent en leurs aveux tenir par foi & hommage , ils ne font pourtant foi & hommage ; & fuffit qu'ils déclarent en leurs aveux , fans que pour ce ils tombent en garde , ou puiffent acquérir aucune qualité de nobleffe en leur héritage.

ARTICLE CII.

Franc-aleu.

Les terres de franc-aleu font celles

qui ne reconnoissent Supérieur en féodalité, & ne sont sujettes à faire ou payer aucuns droits seigneuriaux.

Le franc-aleu est un bien propre & héréditaire, exempt de toute servitude ; mais il faut que celui qui prétend que sa terre est en franc-aleu, le prouve par titre, parce que cette maniere de posséder est une exception au droit général. *Doit être prouvé par titre.*

, Le franc-aleu est sujet à confiscation comme les autres biens, mais la confiscation se fait au bénéfice du Roi. *Tombe en confiscation au profit du Roi.*

* * *

ARTICLE CIII.

En Normandie il y a quatre sortes de tenures, par hommage, par parage, par aumône & par bourgage.

* * *

ARTICLE CIV.

Il y a deux sortes de foi & hommage, l'un lige dû au Roi seul, à cause de sa Souveraineté ; l'autre dû aux Seigneurs qui tiennent de lui médiatement ou immédiatement, auquel doit être exprimée la réservation de la féauté au Roi. *Deux sortes d'hommage.*

(Voyez *l'article* 107 *de la Coutume*).

Hommage-lige est donc celui qui est dû au Roi seul, dans lequel le Vassal ne doit point faire de réserve, au lieu que dans *Hommage-lige dû au Roi.*

l'hommage dû aux Seigneurs particuliers, il faut réferver la féauté due au Roi.

ARTICLE CV.

Hommage ne fe fait par Procureur fans excufe.

Le Seigneur n'eft tenu recevoir fon Vaffal à lui faire foi & hommage par Procureur, fans excufe légitime.

L E Roi mettant ordinairement les Fiefs qui lui reviennent par échoîte, & qui dépendent d'autres Seigneurs, hors de fes mains, dans l'an, il n'eft point obligé à faire la foi & hommage par Procureur. Ordonnance de Philippe le Bel, de l'an 1302.

Les Communautés font la foi & hommage par Procureur. Le mari la fait pour fa femme.

Cas où les hommages fe font par Procureur.

L'abfence, pour affaire de la République, de même que la réfidence de Confeillers en la Cour, font des excufes légitimes, pour lefquelles le Seigneur eft obligé de recevoir l'hommage par Procureur, fi mieux il n'aime donner fouffrance. Louet. l. f. 8.

ARTICLE CVI.

Quand eft due la foi & hommage.

Foi & hommage ne font dûs que par la mort ou mutation du Vaffal, & non par la mort ou mutation du Seigneur.

(Voyez *l'article* 197 *de la Coutume*).

ARTICLE CVII.

La forme de l'hommage eft, que le Vaffal noblement tenant, doit étendre fes mains entre celles de fon Seigneur, & dire ces mots : *Je deviens votre homme à vous porter foi & hommage, fauf la féauté au Roi.*

Forme de la foi & hommage.

POUR la forme de la foi & hommage, il faut fuivre la Coutume & les ufages du Fief dominant, & non celle du Fief fervant. Bafnage, de l'Hommeau fur la Coutume d'Anjou.

Foi & hommage fe rend fuivant l'ufage du Fief dominant.

ARTICLE CVIII.

Le Vaffal eft tenu faire les foi & hommage en la maifon feigneuriale du Fief dont il releve ; & fi le Seigneur n'y eft pour le recevoir, ou Procureur pour lui, en ce cas, le Vaffal après avoir frappé à la porte de ladite maifon, & demandé fon Seigneur pour lui faire les foi & hommage, doit attacher fes offres à la porte en préfence d'un Tabellion ou autre perfonne publique, pour lui en bailler Acte, & puis fe préfenter aux pleiges, ou gages-pleiges de ladite Seigneurie, pour y faire lefdites foi & hommage. Et où il n'y auroit mai-

Hommage en la maifon feigneuriale.

Quid ? en cas d'abfence du Seigneur.

son seigneuriale, il fera ses offres au Bailli, Sénéchal, Vicomte ou Prévôt du Seigneur, s'il y en a sur les lieux; sinon il se pourra adresser au Juge supérieur du Fief, soit royal ou autre, pour avoir sa main-levée.

Cas où le Vassal n'est point excusé d'aller rendre son aveu & hommage en la maison seigneuriale.

En la maison seigneuriale, &c. Il y a des cas où le Vassal est dispensé d'aller au manoir seigneurial. 1º. Quand il ne peut y aller sans péril, soit à cause de la violence du Seigneur ou à cause de l'inimitié capitale qui peuvent être entre le Seigneur & le Vassal; mais l'injure du Vassal ne doit pas être un motif d'excuse pour l'empêcher de faire son devoir.

2º. Le Vassal est également dispensé pour cause de peste ou de guerre; il seroit inhumain d'exposer le Vassal à un péril évident.

3º. Si le manoir étoit ruiné, l'offre que le Vassal feroit à cette masure déserte & inhabitable seroit illusoire; mais si le Seigneur a fait construire un autre manoir, le Vassal doit y aller faire ses offres, pourvu que ce manoir soit sur l'étendue du Fief, le Vassal ne devant point faire l'hommage hors l'étendue de la Seigneurie, quand même le manoir seroit plus voisin de son domicile.

Et si le Seigneur n'y est, &c. Quoique le Vassal puisse faire ses offres & se retirer vers le Juge du Seigneur ou autre, il doit en tout se comporter de façon qu'on ne puisse lui imputer ni mépris ni négligence. Le Juge supérieur du Fief est le Bailli Royal ou Haut-Justicier qui a le Fief dominant dans son territoire.

Il fera ses offres, &c. Les offres n'exemp-

tent pas le Vaſſal de faire les foi & hommage
ſi le Seigneur le requiert dans la ſuite.

ARTICLE CIX.

A faute d'homme, aveu non baillé,
droits & devoirs ſeigneuriaux non
faits, le Seigneur peut uſer de priſe
de Fief, quarante jours après le décès
du dernier poſſeſſeur, ou mutation du
Vaſſal avenue.

A ꜰᴀᴜᴛᴇ d'homme, aveu non baillé. La
ſaiſie du Fief n'a lieu que pour obliger
le Vaſſal à faire hommage & rendre aveu ;
l'aveu pour les Fiefs doit contenir tous les
droits du Vaſſal, & un dénombrement général & particulier : il ne ſuffiroit pas de s'é-
noncer ainſi ; *auquel Fief il y a Domaine
non fieffé & fieffé, rentes, deniers, grains,
œufs, oiſeaux, corvées d'hommes ou chevaux.*
Arrêt du 12 Mars 1545. De même pour
les rotures, l'aveu doit contenir le dénombrement des fonds, leur nature, conte-
nance, tenans & aboutiſſans. Baſnage, art.
120.

Droits & devoirs ſeigneuriaux. L'aveu étant
rendu ; le Seigneur ne peut ſaiſir le Fief pour
les redevances ; il peut ſeulement ſaiſir les
fruits, *ibidem.* Voyez l'art. 120.

Priſe de Fief, &c. Bérault rapporte pluſieurs Arrêts qui jugent qu'un Seigneur peut
faire ſaiſir ſans titres, & que la poſſeſſion &
les papiers journaux ſuffiſent ; mais par un
Arrêt rendu au Parlement de Rouen, au mois
de Juillet 1738, en la première Chambre des

Fief doit être
jouté & borné
par l'aveu.

Le Seigneur
ne peut ſaiſir le
Fief pour des
redevances ;
mais ſeulement
les fruits.

Journaux
des Seigneurs
n'empêchent
point la preſ-
cription.

Enquêtes, au rapport de M. l'Abbé Defuflan-
de, il a été jugé que les regiftres du Seigneur
n'empêchent point la prefcription des rentes
feigneuriales. Les parties étoient Charles
Mauger & Dorival. Mais cela ne s'entend que
des journaux des Seigneurs particuliers & non
de ceux du Domaine, fuivant Bafnage, fous
l'article 116, pourvu que ces regiftres ou
journaux foient anciens.

Il n'y a que le Roi qui plaide par Procureur.
Le Seigneur ne peut ufer de faifie de fon
propre mouvement, il faut qu'il prenne mandement du Sénéchal : fon Procureur-Fifcal ne
peut faifir en fon nom ; il ne le doit faire
qu'au nom du Seigneur : le Roi feul, en
France, plaide par Procureur ; ces deux maximes font confacrées par un Arrêt du 3 Août
1539, & par un autre rapporté au Journal
des Audiences. *Bafnage.*

Si l'Ufufrui-tier peut faifir, & fi l'Ufufrui-tier peut s'op-pofer à la faifie féodale.
L'art. 2, de Paris, & le 191 de notre Cou-
tume, donnent le droit à l'ufufruitier d'ufer
de faifie ; mais l'ufufruitier du fonds faifi, ne
peut empêcher la faifie faite faute d'homme,
à la réferve de la douairiere, dont le mari a
rendu aveu, parce que fon ufufruit eft
réputé une continuation de jouiffance de fon
mari. Bafnage & Pefnelle.

Tuteur, quid ?
Le Tuteur peut auffi faifir au nom de fon
pupille. *Secùs* du fermier qui auroit loué tous
les droits de Fief du Seigneur.

Si la faifie féodale pré-vaut au décret.
Me Nicolas le Royer & autres créanciers,
ayant faifi par décret les héritages de Pierre
Leroi, Vaffal du fieur Boniface, le fieur Boniface, ayant avant eux faifi les biens dudit
Leroi à faute d'homme & d'aveu, il foutint
qu'avant que les créanciers puffent pourfuivre
leur décret, ils devoient lui payer les arrérages
de fes rentes ; ce qui fut jugé de la forte, par
Arrêt du 11 Juin 1605, rapporté par Bérault.

On ne reçoit point en Normandie les créanciers à donner aveu ; mais le Commissaire aux
Saisies réelles peut faire foi & hommage, aux
conditions qu'il passera pour *homme vivant,*
mourant & confisquant, à l'effet qu'il donne,
les cas échéans, ouverture aux droits du Seigneur.

Si le Vassal désavoue le Seigneur, ce dernier
ne peut user de saisie ; il doit avant tout cher-
cher le fonds & prouver la mouvance.

Quand la mouvance est contestée par un
autre Seigneur, c'est le cas du mandement de
tenure qui empêche la saisie.

Le Seigneur ne peut saisir pour l'absence
du Vassal ; la jouissance des héritiers présomptifs qui se seroient mis en possession du bien
de l'absent, n'est point envisagée comme
une mutation de Vassal ; c'est au Seigneur
à prouver la mort de l'absent par des témoi-
gnages certains, pour pouvoir exiger les droits
de la mutation.

Quarante jours après le décès, &c. Ce délai est prorogé par l'art. 1, du tit. 7, de l'Ordonnance de 1667, qui accorde au présomptif héritier trois mois pour faire inventaire, &
quarante jours pour délibérer ; mais quant au
Vassal à titre de vente, il n'a que quarante jours
pour faire foi & hommage, & donner aveu.

L'effet de la réunion est de faire gagner au
Seigneur les fruits perçus, tant qu'elle subsiste ; mais elle n'est consommée que par la
signification de la Sentence.

Si durant la saisie le Seigneur loue les biens
du Vassal, le Vassal, en obtenant main-levée,
n'est point obligé d'entretenir le bail du
fermier préposé par le Seigneur ; mais pendant la saisie, le Seigneur peut expulser le
Vassal, qui n'a encouru cette disgrace que par
la contumace.

G v

Aveu pen-
dant le décret,
par qui ?

Si désaveu
du Vassal em-
pêche la saisie.

Délit de te-
nure empêche
la saisie.

L'absence du
Vassal ne don-
ne pas lieu à la
saisie.

Dans que
temps on doit
rendre aveu.

Si le Fermier
est dépossédé
par la saisie.

Pendant la réunion, le Seigneur recueille les fruits, il a à son bénéfice les coupes de bois, les pêches des étangs & toutes récoltes en saison & maturité, il présente aux Offices & Bénéfices vacans ; mais il doit en tout se comporter modérément & en bon pere de famille, & réparer les maisons, lorsqu'il a perçu les fruits ; s'il n'a point perçu les fruits, le Vassal doit lui tenir compte des réparations, & des frais d'adjudication au rabais. Arrêt du 9 Février 1653.

Seigneur jouit des fruits pendant la réunion.

ARTICLE CX.

Tant que le Seigneur dort, le Vassal veille, c'est-à-dire, tant que le Seigneur est négligent de faire la prise de Fief, le Vassal jouit & fait les fruits siens, encore qu'il n'ait fait les foi & hommage.

Tant que le Seigneur dort, le Vassal veille.

Toutes les Coutumes de France ont presque pareille disposition. Sçavoir, Meaux, art. 124, Melun 83, Sens 188, Auxerre 51, Bar 22, Estampes 18, Dourdan 18, Montfort 40, Mante 10, Senlis 196, Valois 4, Sedan 75, Troyes 22, Chaumont 51, Vitri 41, Châlons 182, Rheims 57, Saint-Quentin 60, Ribemont 21, Nivernois 12, art. 11, Dreux 23, Chaufny 93, Montargis 7, Orléans 85, Château-Neuf 33, Chartres 32, Bourbonnois 368 & Paris 51 & 52.

ARTICLE CXI.

Toute prise de Fief est annale, & doivent les diligences être recommencées par chacun an, s'il n'y a Sentence d'adjudication, ou Procès formé pour lesdites diligences.

Toute prise de Fief est annale.

Quand une fois la saisie a été suivie d'une Sentence de réunion, cette Sentence ne périt point par an & jour; ainsi jugé par Arrêt du 31 Juillet 1671. Mais par le même Arrêt on a jugé que, quoique le Seigneur eût fait signifier la Sentence par trois années consécutives, & qu'en conséquence il demandât les fruits de ces trois années au Vassal qui avoit joui par ses mains, ces trois années n'appartenoient point au Seigneur, non pas même les fruits de l'année, le Seigneur en ayant souffert l'enlevement sans s'en plaindre; dans le fait particulier, le Seigneur s'étoit tacitement départi de sa réunion en souffrant la jouissance du Vassal, tel fut le motif de l'Arrêt: la Cour, par Arrêt du 12 Juillet 1674, a jugé le contraire, dans le cas d'un Seigneur qui avoit fait réunir, signifier la Sentence, & avoit fait cueillir deux boisseaux de pommes sur les biens réunis; depuis lequel temps le Vassal avoit emporté les fruits, qu'il fût condamné de rapporter, parce que le Seigneur avoit pris possession, & que le Vassal avoit enlevé les fruits avant que d'avoir fourni son aveu.

Si le Seigneur ne se met point en possession, en vertu de la Sentence de réunion, le Vassal a les fruits.

Quand les héritages sont affermés, on suit la disposition de l'art. 19, du Réglement de 1666, qui s'exprime ainsi: *Les fermages*

*des héritages réunis font acquis au Seigneur,
fi pendant que les fruits font encore fur le
champ, il a fignifié au fermier qu'il s'arrête
auxdits fermages ; fi le Vaffal ne baille aveu
avant que les fruits foient engrangés par le
fermier.*

Combien du-re un Arrêt de deniers. On a jugé, à l'exemple de la faifie aux fins de réunion, qui eft annale fi elle n'eft per-pétuée, que les fimples arrêts de deniers, non fuivis ne durent qu'un an ; cependant fi fur un arrêt de deniers le débiteur paffe fa déclara-tion, & qu'en conféquence il intervienne Sen-tence, qui faffe défenfes de payer en d'autres mains & de fe défaifir, pareil jugement dure trente ans. Bérault en rapporte plufieurs Ar-rêts fous cet article ; Bafnage fous l'art. 522, rapporte un Arrêt du mois de Juin 1620, qui juge qu'une Sentence portant défenfes de fe défaifir fur un arrêt de deniers dure trente ans.

ARTICLE CXII.

Forme de la faifie feodale. Le Prévôt, Sergent ou autre, fai-fant prife de Fief, doit déclarer par trois Dimanches confécutifs, à l'iffue de la Meffe Paroiffiale du lieu où les héritages font affis, que le Seigneur les entend mettre en fa main, à faute d'homme, droits & devoirs feigneu-riaux non faits ; & que s'il ne fe pré-fente aucun homme pour les faire dans les quarante jours, en fuivant de la der-niere criée, ils font adjugés au Sei-gneur, aux prochains plaids enfui-vant : & en ce faifant, doit déclarer le

jour, lieu & heure desdits plaids,
par le même exploit qui sera certifié
de témoins.

DÉ*CLARER par trois Dimanches, &c.* Il faut en outre afficher les proclamations. Arrêt du 12 Mars 1618. *Bérault.*

Il faut afficher les proclamations.

Si pendant les diligences, & avant la réunion, même avant la récolte, le Vassal donne & présente aveu, il gagne les fruits, en remboursant les frais.

Arrêt du 15 Mai 1727, qui juge qu'une réunion ne peut se faire, ni être jugée pendant la mession.

Réunion ne se peut faire pendant la mession.

Un Seigneur qui a un Fief dans une Paroisse n'est pas obligé de prendre une attache pour faire la saisie féodale & les proclamations, issue de la Messe Paroissiale du fonds relevant de son Fief, encore que l'Eglise n'en relève point. Arrêt du 15 Avril 1717.

Réunion en cas d'une Eglise qui ne dépend point du Fief.

Saisies & arrêts faits issue de Messe Paroissiale, sur les rentes seigneuriales dues par les Vassaux sont nuls. Arrêt du 18 Août 1735.

Saisie sur des rentes seigneuriales, faite issue de la Messe Paroissiale déclarée nulle.

ARTICLE CXIII.

Si les héritages sont roturiers, les bouts & côtés seront insérés dans la déclaration ; & s'ils sont nobles, il suffit saisir le corps du Fief.

Bouts & côtés dans la saisie féodale.

IL se pratique de même pour les saisies réelles ou décrets, suivant l'art. 547 de la Coutume. Voyez l'article 51.

ARTICLE CXIV.

Le Seigneur ayant joui en vertu de prise de Fief, peut néanmoins se faire payer des reliefs & treiziemes qui lui sont dûs. Mais il ne peut rien demander des arrérages des rentes seigneuriales ou foncieres, ni même des charges & redevances dues à cause des héritages desquels il a joui, de tant qu'il en seroit échu depuis & durant la saisie : & néanmoins le Vassal en paiera les arrérages dûs auparavant icelle saisie.

PENDANT la jouissance du Seigneur, les créanciers hypothécaires ne peuvent saisir les fruits des fonds qui sont en la main du Seigneur, & dont il jouit à titre de réunion, le Vassal n'a pas pu le préjudicier par ces hypotheques ; par conséquent les créanciers sont obligés d'agir par saisie réelle, de même que contre un tiers-acquéreur, qui ne peut être dépossédé que par la voie de saisie réelle pour dettes hypothécaires, sans être prenable des arrérages antérieurs à la saisie en décret. Arrêt du 5 Février 1655, *art.* 120 & 24, *du Réglement de 1666* ; mais l'héritier du preneur à bail

à rente, qui y a affecté tous ses biens, est obligé de payer les arrérages, quoiqu'il ne possede pas le fonds. Arrêt du 2 Mars 1671.

Si cependant un acquéreur avoit reconnu le créancier, & qu'il lui eût payé sa rente, pour lors il ne pourroit en abandonnant son acquêt se défendre de payer les arrérages échus du rant sa jouissance, suivant l'Arrêt du 19 Janvier 1608, rapporté par Bérault.

ARTICLE CXV.

Si après la saisie ou adjudication d'une ainesse faite au Seigneur, l'ainé est négligent d'obtenir main-levée, les puînés sont reçus à la demander. Et en ce cas, il est à l'option du Seigneur de la leur bailler chacun pour leur part, retenant pardevers lui la part de l'ainé, ou bien la leur laisser, en baillant par eux déclaration entiere de toute l'ainesse, & payant les arrérages des rentes qui en sont dues.

Négligence de l'ainé, quid des puînés.

GODEFROI & Basnage sont d'avis que la douairiere a le même droit que les puînés, c'est-à-dire, qu'elle est reçue à demander au Seigneur de jouir de l'usufruit du fonds qu'elle a en douaire, & que cette maxime doit s'étendre aux autres usufruitiers qui ne doivent pas souffrir de la négligence de l'ainé. Mais Basnage dit en termes généraux, sous l'article 109, que l'usufruitier n'a qu'une action en indemnité contre le propriétaire.

Si la douairiere peut demander à jouir de son douaire au préjudice du Seigneur.

Quoique le Seigneur ait opté de jouir de la part de l'ainé, il est toujours à sa liberté de la remettre aux puînés, qui sont en ce cas tenus d'acquitter toutes les redevances, suivant l'art. 22 du Réglement de 1666, qui s'exprime ainsi : *Le Seigneur peut, quand bon lui semble, quitter les biens de son Vassal, desquels il a joui, a droit de garde-noble, confiscation, déshérence, ou autre droit féodal;*

Le Seigneur peut quitter quand il veut la part de l'ainé.

Regles à cet Égard.

& par l'abandon que fait le Seigneur de la part de l'aîné, les puînés sont obligés solidairement d'acquitter les charges de l'aineffe, & d'élire entr'eux un aîné ; mais, quand le Seigneur retient la part de l'aîné, les puînés ne sont plus solidaires, & ne peuvent plus être pourfuivis par indivis : ces deux maximes sont confacrées par l'Arrêt du 28 Février 1631, rapporté par Bafnage.

ARTICLE CXVI.

Foi & hommage eft imprefcriptible.

Le Vaffal ne peut prefcrire le droit de foi & hommage dû au Seigneur par quelque temps que ce foit.

(*Voyez ce que j'ai dit fous l'art.* 109).
(*Voyez auffi les articles* 123 *&* 526).

Rentes & redevances Seigneuriales, fe prefcrivent par 40 ans.

Ne peut prefcrire, &c. Cet article ne s'applique pas aux rentes ou redevances, le Seigneur les perd par la prefcription de 40 ans, de même qu'il les acquiert par une poffeffion de même durée. Arrêts des 23 Décembre 1523 & 19 Juillet 1541, rapportés par Bérault.

Les regiftres de la feigneurie n'interrompent pas la prefcription. Arrêt en 1735.

Seigneur contre Seigneur, prefcrit le cens.

L'article 116 ne s'entend que du Seigneur & de fon Vaffal ; car deux Seigneurs peuvent bien prefcrire l'un contre l'autre le Fief, & par conféquent la foi & hommage, pourvu que la poffeffion ne foit ni clandeftine, ni frauduleufe. Arrêt du mois de Juillet 1738.

ARTICLE CXVII.

Le Seigneur ne peut preſcrire les héritages ſaiſis en ſa main, ains eſt tenu les rendre au Vaſſal ou ſes hoirs, toutes les fois qu'ils ſe préſenteront, en faiſant leurs devoirs.

Seigneur ne peut preſcrire les héritages qu'il poſſede à titre de ſaiſie féodale.

(Voyez *les articles* 500 & 526).

Saisis en ſa main, &c. De ces termes il s'enſuit que ſi le Seigneur poſſédoit les biens de ſon Vaſſal à d'autres titres, il pourroit les preſcrire, tout comme le Vaſſal pourroit preſcrire le Fief du Seigneur qu'il auroit poſſédé par 40 ans; il faut donc que le Vaſſal, qui réclame aux termes de cet article, juſtifie que le Seigneur jouit à titre de ſaiſie & de réunion; car il ne ſuffiroit pas au Vaſſal de juſtifier que les fonds lui ont anciennement appartenus; mais le Vaſſal peut obliger le Seigneur à lui montrer ſes gages-pleiges pour conſtater la ſaiſie, ſuivant qu'il a été jugé par Arrêt du 15 Mars 1661.

Auquel cas c'eſt au Vaſſal à prouver que le Seigneur jouit à titre de ſaiſie féodale.

Nos Auteurs traitent, ſous cet article, les queſtions relatives aux clauſes commiſſoires employées dans des contrats de Fieffe, pour rentrer, faute de paiement, en la poſſeſſion des fonds; il eſt conſtant que ſans clauſe commiſſoire on peut rentrer en ſon fonds faute de paiement; mais quand il y a clauſe commiſſoire, cette clauſe, ſuivant la nouvelle Juriſprudence, n'eſt pas exécutée à la rigueur; par Arrêt du 13 Mars 1760, il fut jugé que la clauſe d'un contrat de Fieffe, portant que, faute par le Fieffataire de

Des clauſes commiſſoires employées au Contrat de Fieffe.

payer pendant trois ans, le créancier pourra rentrer en poffeffion de plein droit, & fans être obligé à faire aucune diligence, n'eft qu'une peine comminatoire : il faut que le créancier obtienne un Jugement qui l'autorife à reprendre la poffeffion, en cas de défaut de paiement ; mais quand l'envoi en poffeffion a été ordonné, le Fieffataire ne peut attaquer le jugement même en offrant le paiement des arrérages de la rente de Fieffe, il en eft de même du tiers-acquéreur, quoiqu'il n'ait été appellé ni à la Sentence d'envoi en poffeffion ni au procès-verbal de prife de poffeffion, requis par le Fieffant ; telle eft la décifion de l'Arrêt de 1764. Dans le fait le Fieffant, 11 jours après la prife de poffeffion, avoit fait une nouvelle Fieffe de l'héritage, & le tiers-acquéreur ne s'étoit montré que lorfque l'on alloit mettre la charrue dans les fonds. Arrêt du 10 Mai 1764 ; autre du 4 Avril 1748.

Bafnage rapporte un Arrêt du 16 Décembre 1670, qui modere à 800 livres la ftipulation Pénale de 1000 livres, employée dans un contrat en cas d'inexécution des claufes & foumiffions prifes par les parties ; mais de pareilles queftions dépendent des circonftances.

L'ufufruitier du Fief peut, fuivant l'opinion de Bérault, rendre au Vaffal l'héritage réuni, pourvu que la main-levée foit faite au nom du propriétaire & de l'ufufruitier, par argument de l'article 191 de la Coutume.

Il ne fuffit pas au Vaffal de préfenter fon aveu & d'offrir les droits feigneuriaux, il doit payer actuellement les droits de relief & treizieme, & les garnir, ainfi que les dépens curiaux ; ceffant le rembourfement, le Seigneur n'eft pas obligé de lui faire délivrance des fonds faiſis. Arrêt du 10 Mars 1543, rapporté par Bérault. La même choſe avoit é:é jugée le 13 Janvier 1540.

[*Voyez* ce que j'ai dit à cet égard ſous l'article 10.]

Si le Prélat ou le mari, après le temps de la commiſe, reçoivent les arrérages de la rente fonciere, bien qu'ils euſſent un droit acquis pour rentrer en poſſeſſion de la Fieffe, cette renonciation tacite, à l'exécution de la clauſe commiſſoire, préjudicie au ſucceſſeur du Bénéficier & à la femme, qui ne peuvent plus prétendre au droit & à la peine de la commiſe, ſuivant le ſentiment de tous nos Commentateurs.

Cas qui préjudicie du mari & du Prélat, en cas de commiſe.

ARTICLE CXVIII.

Les fruits adjugés au Seigneur, ne lui ſont acquis, s'ils ne ſont engrangés avant que le Vaſſal préſente ſon aveu, ou forme délivrance:

Quand le Seigneur a-t-il les fruits ?

Les fruits, &c. Par ces mots, il faut entendre la coupe des bois, la pêche des étangs, &c. Mais ſi le Seigneur après la ſignification de la Sentence de réunion avoit vendu la coupe des bois, qu'il n'y eût que partie des bois coupés ou partie des étangs pêchés lors de la réclamation réguliere du Vaſſal, le Seigneur auroit-il le total ? On répond qu'il n'auroit que ce qu'il en auroit pris & enlevé lors de la préſentation de l'aveu du Vaſſal ; il n'en ſeroit pas de même du Vaſſal qui auroit la totalité, s'il avoit commencé la coupe des bois, ou la pêche avant la ſaiſie féodale.

Ce qu'on entend par fruits.

Seigneur qui a opté les fruits ne peut plus varier.

Le Seigneur ayant fait option (en vertu de la réunion) des fermages ou levées, ne peut plus changer, il doit s'en tenir à son option. Arrêt du mois de Mars 1663.

Si partie des fruits font engrangés lors de la signification du Seigneur, s'il n'a que le *prorata*.

Si le Seigneur ne fait signifier sa Sentence qu'après que partie des fruits font engrangés, il ne doit avoir les fermages qu'au *prorata* des fruits qui restent à engranger, quoiqu'il déclare s'arrêter aux fermages : c'est la décision de l'Arrêt du 11 Août 1681, rapporté par Basnage.

Arrêt à cet égard.

Par Arrêt du 15 Juillet 1735, il a été jugé que les grains séparés du sol, dès qu'ils ne font pas enlevés lors de la signification de la Sentence de réunion, appartiennent au Seigneur.

ARTICLE CXIX.

Quand le Seigneur doit les airures & semences.

Si les fruits demeurent au Seigneur, il doit payer les airures, labours & semences à celui qui les aura faites, autre que le Vassal, si mieux le Seigneur n'aime se contenter du fermage, ou de la moitié des fruits.

Le Seigneur peut expulser le Fermier, après la saisie féodale jugée.

J'ai supposé sous l'article 109, que le Seigneur qui a valablement réuni, pouvoit jouir des héritages de son Vassal, quoiqu'il les eût précédemment affermés ; cet article le prouve, puisqu'il accorde au Seigneur le choix de rembourser au Fermier les airures, labour & sémence, ou de se contenter du fermage, &c. Quand le bail du Fermier seroit devant Notaire, la décision ne varieroit pas, parce que le droit du Seigneur a fon principe dans la conceffion originelle du fonds, tandis que le droit du Fermier ne feroit qu'hypothécaire.

Quant au rembourfement des airures & femences, il ne fe doit faire qu'après la récolte, fuivant ces termes de la Coutume, (*fi les fruits demeurent au Seigneur,*) qui donnent à entendre que le Seigneur ne doit rien s'il n'a les fruits ; mais fi après la déclaration du Seigneur de jouir des héritages réunis, les fruits venoient à périr par cas fortuit, le Seigneur fupporteroit cette perte, quand même le Vaffal n'auroit pas donné aveu. Bafnage.

Les airures & femences ne fe rembourfent qu'à la récolte.

ARTICLE CXX.

Aveu baillé, foit bon ou mauvais, fauve la levée : doit néanmoins le Vaffal payer les frais de la faifie, adjudication, fi aucune y a, & de ce qui s'en eft fuivi.

Aveu fauve la levée.

Bᴀsɴᴀɢᴇ rapporte un Arrêt du 7 Juillet 1661, qui admet le préfomptif héritier de l'abfent à donner aveu, & l'autorife de jouir de l'héritage en payant les droits & devoirs feigneuriaux, & en donnant caurion de rapporter les jouiffances à l'abfent en cas de retour.

Préfomptif héritier en cas d'abfence, peut donner aveu.

J'ai déjà obfervé que l'aveu doit contenir le dénombrement des héritages avec leurs abornemens, la quotité & le genre des redevances ; fi le Vaffal a omis des fonds compris dans les anciens aveux, & dont il foit poffeffeur, ou fes cotenans s'il eft ainé, le

Ce que doit contenir l'aveu & fa forme.

Seigneur a droit de blâmer l'aveu , & en cas de contumace à le réformer ; le Vassal peut être condamné à une amende.

L'aveu doit être en parchemin & contrôlé.

Pourvoi du Vassal si le Seigneur ne veut pas lui remettre ses fonds. Si le Seigneur , après la présentation de l'aveu & le paiement des droits seigneuriaux & frais de réunion , ne remet pas l'héritage du Vassal , celui-ci peut former sa complainte pour obliger le Seigneur à lui quitter la possession de ses héritages.

Aveu présenté empêche la réunion. Bérault rapporte un Arrêt qui envoie le Vassal en possession de ses héritages , quoiqu'il n'eût présenté son aveu que par Procureur sans avoir fait foi & hommage , sauf au Vassal à faire la foi & hommage en temps & lieu. L'Arrêt est du dernier Avril 1574 , & par autre du 24 Juillet 1618 , rapporté par le même Auteur, il fut dit qu'on ne pouvoit réunir un fief à faute d'homme , lorsque l'aveu avoit été fourni. *Voyez* ci-devant ce que j'ai dit sous l'art. 109 , page 61.

ARTICLE CXXI.

Si le Seigneur ne blâme l'aveu dans les prochains plaids , en suivant la préſentation d'icelui , le Vaſſal n'eſt plus tenu y comparoir s'il n'y eſt aſſigné pour recevoir blâmes , leſquels lui doivent être fournis au jour de la premiere aſſignation.

Par conſéquent le Vaſſal doit comparoître aux prochains plaids , ſans autre interpellation.

Le Vaſſal doit paroître aux prochains plaids en ſuivant la préſentation de l'aveu.

ARTICLE CXXII.

Peut néanmoins le Seigneur blâmer l'aveu de ſon Vaſſal trente ans après qu'il lui eſt préſenté , & cependant le Vaſſal jouit & fait les fruits ſiens.

Seigneur a 30 ans pour blâmer l'aveu.

Le Vaſſal a le même temps & délai pour réformer ſon aveu , ſuivant l'opinion de Baſnage & Peſnelle. Arrêt du 18 Février 1682. Bérault penſoit que le Vaſſal n'avoit que dix ans pour ſe pourvoir contre l'aveu qu'il avoit préſenté.

Le Vaſſal peut réformer ſon aveu dans 30 ans.

Quoique le Seigneur n'ait pas blâmé l'aveu dans les trente ans , il ne perd cependant pas les rentes omiſes dans l'aveu par le Vaſſal ; ces rentes ne ſe preſcrivent que par quarante ans , ainſi jugé le 2 Août 1668 , en ſorte que cet article ne s'entend que des blâmes qui doivent être fournis dans les trente ans ; après ce temps on ne peut forcer

Quoique l'aveu ne ſoit pas blâmé dans les 30 ans , le Seigneur ne perd les rentes que par 40 ans.

le Vaſſal à donner un nouvel aveu, mais seulement à payer les rentes omiſes.

ARTICLE CXXIII.

Foi entre le Seigneur & le Vaſſal.

Entre les Seigneurs & leurs hommes, foi doit être gardée, & ne doit l'un faire force à l'autre.

ARTICLE CXXIV.

Le Vaſſal doit honneur à ſon Seigneur, le frere puiné à ſon ainé.

Le Vaſſal doit porter honneur à ſon Seigneur, ſa femme & ſon fils ainé : comme auſſi les freres puînés doivent porter honneur à leur frere ainé.

Si un Avocat peut soutenir une cauſe contre ſon Seigneur.

Un Avocat qui plaideroit contre ſon Seigneur, ne manque pas pour cela au reſpect qu'il lui doit, à moins qu'il ne s'agiſſe de l'honneur du Seigneur, ou des droits du fief dont il eſt Vaſſal. *Licet aliquis ſit alicujus Dominus quo ad reſſortum, tamen habet cognitionem & remiſſionem querimoniæ novitatis contra ipſum in ſuo reſſorto. Sic fuit pronunciatum pro Domino Duce de Borbonio, anno 1384, Joannes Gally quæſt. 23.* Le Roi permet bien qu'on plaide dans les cauſes où il a intérêt.

Je ne parlerai point de l'amitié des freres ; la Loi divine & de nature ordonne une amitié entr'eux, d'autant plus louable, que Dieu n'a rien de plus agréable. *Eccléſiat. 25.*

ARTICLE

ARTICLE CXXV.

Si le Vaſſal eſt convaincu par Juſtice avoir mis la main violentement ſur ſon Seigneur, il perd le Fief, & toute la droiture qu'il y a, revient au Seigneur.

Le Vaſſal qui met la main ſur ſon Seigneur, perd ſa tenure.

NOUS avons pluſieurs exemples de condamnations prononcées contre des Vaſſaux pour avoir fait & commis des violences contre leur Seigneur. Gabriel de Saint-Baumer fut banni du Royaume, & ſes biens confiſqués, en ce qui en dépendoit de ſon Seigneur, pour avoir commis des violences contre le ſieur Duc d'Elbeuf ſon Seigneur, le ſurplus confiſqué au Roi ou à qui il appartenoit. Mais y ayant eu procès pour ſçavoir ſi les biens du ſieur de Saint-Baumer reviendroient quittes de toutes dettes, la Cour déclara les biens acquis au Seigneur par félonnie, ſujets & affectés aux dettes antérieures à la plainte pour le crime de félonnie, diſcuſſion préalablement faite des autres biens du condamné confiſqués, & en cas d'inſuffiſance, ſur les biens confiſqués. Arrêts des années 1580, 12 Avril 1601, & 28 Février 1673, rapportés par Baſnage ſous les articles 125 & 201.

Pluſieurs exemples.

Mais le Seigneur ne peut être inquiété que par la voie hypothécaire. Arrêt du 17 Juin 1653. *Il n'eſt point tenu (le Seigneur) perſonnellement de payer les dettes mobiliaires qui étoient dues par ſon Vaſſal, lorſqu'il eſt entré en jouiſſance, ſans préjudice de l'hypotheque des créanciers. Article 24 du Réglement de 1666.*

En fait de félonnie, le Seigneur paie les dettes du Vaſſal, quand il a réuni ſes héritages; mais il n'en eſt tenu qu'hypothécairement.

Tome I. H

Différence entre commise & confiscation.

La commise ne s'étend que sur le fief, au lieu que la confiscation enveloppe les meubles & l'héritage. Arrêt du 10 Janvier 1675, en faveur du sieur Tanneguy l'Abbé, qui avoit été outragé par les Meldon.

Caufes de félonnie.

L'injure atroce, telle que de contredire la qualité de noble au Seigneur emporte la commife. On lit dans Bérault un Arrêt par lequel un Vaffal, dont le Procureur avoit contefté la nobleffe à fon Seigneur, fut après que le Seigneur eut juftifié de fa qualité, privé de fon fief; mais le Vaffal ayant défavoué fon Procureur, l'Arrêt fut rétracté fur Requête civile. Pareil Arrêt qui a jugé la commife dans la même efpece, rendu le 28 Juin 1628; autre Arrêt du 28 Juillet 1674, qui condamne le Vaffal en 1500 liv. d'intérêts, ces intérêts excédoient le prix des héritages relevans du Seigneur.

Le défaveu fait tomber également en commife, Bafnage en rapporte plufieurs Arrêts.

Défaveu du Vaffal.

Nous tenons pour maxime que c'eft au Vaffal d'avouer ou de défavouer le Seigneur, avant que d'obliger le Seigneur à produire fes aveux.

La commife n'a lieu fi le Seigneur ne la fait juger en connoiffance de caufe.

Le Vaffal qui fe repent avant qu'il y ait conteftation en caufe fur fon défaveu eft excufable & évite la commife; la commife n'eft pas acquife *ipfo jure*, le Seigneur doit la faire juger en connoiffance de caufe; mais les fruits appartiennent au Seigneur du jour de l'action qu'il a fait commettre; & fi le Seigneur laiffe tomber l'inftance en péremption, il n'aura pas les fruits du jour de fa premiere action, qui eft anéantie par la péremption, mais feulement du jour de la feconde action.

Elle eft anéan

Si le Seigneur a été quelque-temps fans.

intenter son action pour faire juger la commise, & qu'il n'ait point inquiété son Vassal pendant quelques années, le laissant en la libre possession de ses biens, il est censé avoir remis l'injure, pourvu que la félonnie n'implique pas un crime de nature à être poursuivi extraordinairement ; car le crime de cette nature ne se prescrit que par vingt ans. L'héritier du Seigneur qui auroit négligé cette action, n'y seroit pas recevable, *injuria nec ad hæredes nec in hæredes transitoria est. Idem* de l'acquéreur du Seigneur qui seroit de tous points non-recevable. De même si le Vassal meurt avant l'action du Seigneur, il n'y a plus d'action contre les héritiers du Vassal, pour l'injure ou désaveu. Enfin le Vassal est excusable dans son désaveu, en quatre manieres. 1°. *Si fine dolo & culpa.* 2°. *Si ante litem contestatam pœniteat.* 3°. *Si justa dubitatio fuerit, quia justa dubitatio est pro ignorantia.* 4°. *Si negat pro parte, non perdit totum.*

Cette action est anéantie par le silence du Seigneur.

Des causes qui excusent le désaveu.

Le désaveu du propriétaire ne nuit point à l'usufruitier, non plus que l'injure qu'il feroit au Seigneur. Il en est de même de la femme & des enfans du Vassal, la femme ne perd pas son douaire, ni les enfans leur tiers coutumier par le désaveu ou la félonnie du mari, pourvu que le mariage ait été célébré avant l'action en commise intentée par le Seigneur. Basnage art. 201.

Désaveu du propriétaire & du mari, ne nuit point à l'usufruitier ni à la femme.

Le Seigneur qui jouit par commise doit entretenir le bail du Fermier préposé par le Vassal, si ce bail est passé & reconnu devant Notaire ; *secùs*, si le bail n'avoit été rédigé que sous seing privé.

Si le bail du Fermier doit être entretenu par le Vassal.

Par la commise, la réunion se fait de plein droit au fief, en sorte que les biens réunis sont de la même nature que le fief, soit

Par la commise, le fonds est réuni au Fief.

que le fief soit propre ou acquêt, en sorte que la femme & l'ufufruitier y prennent telle part qu'au fief.

Quant aux rotures, elles tombent également en commife comme les fiefs.

ARTICLE CXXVI.

Le Seigneur qui outrage fon Vaffal, perd fa tenure.

Pareillement le Seigneur qui met la main fur fon homme & Vaffal pour l'outrager, perd l'hommage & tenure, rentes & devoirs à lui dûs, à caufe du Fief de fon Vaffal, & font les foi & hommage dévolus & acquis au Seigneur fupérieur; & ne paie le Vaffal outragé rente de fon Fief, fors ce qui en eft dû au Chef-Seigneur.

ET ne paie le Vaffal, &c. Ce qui s'entend pour l'avenir; car le Seigneur n'eft pas privé des arrérages échus avant la félonnie. Arrêt du 28 Novembre 1509, rapporté par Bafnage.

Un Seigneur Eccléfiaftique qui maltraiteroit fon Vaffal, ou le mari qui maltraiteroit le Vaffal de fa femme, ne peuvent préjudicier au fucceffeur au Bénéfice, ni à la femme, le Vaffal feroit feulement déchargé du paiement des rentes pendant leurs jouiffances; mais le Bénéficier peut abandonner le Bénéfice, & la femme fe faire féparer de biens, fi l'objet eft affez confidérable pour exiger ces reffources.

ARTICLE CXXVII.

La tenure par parage eſt quand un Fief eſt diviſé entre filles ou leur deſcendans à leur repréſentation.

De la tenure par parage.

(Voyez *l'article* 336).

Eѕᴛ *diviſé*. En Normandie on a tenu les fiefs indiviſibles , à l'exemple du Royaume qui eſt indiviſible depuis la troiſieme race de nos Rois ; la Coutume admet ſeulement entre filles la diviſion des fiefs nobles.

Fiefs ſont indiviſibles.

Les honneurs appartiennent à l'ainée paragere , avant la fille puînée ou ſes deſcendans , même pendant la durée du parage. Arrêt qui l'a décidé le premier Avril 1666.

Honneurs ſont à l'ainée paragere.

Baſnage rapporte un Arrêt du 20 Mars 1632 , qui décide que , lorſqu'en diviſion de fief , il n'a point été fait mention des droits honorifiques , les paragers ont les honneurs en l'Egliſe , à condition qu'après le parage fini , la part de l'ainée aura ſeule cette prérogative ; mais par Arrêt rendu le 2 Août 1727, on a jugé qu'une clauſe employée dans des partages entre filles , portant qu'elles nommeront à l'Evêque chacun un Prêtre à la premiere vacance , afin par l'Evêque d'en choiſir un pour remplir la Cure à leur nomination , étoit nulle : la premiere nomination fut jugée appartenir à l'ainée.

Le parage n'a lieu qu'en cas de partage & non en cas de diviſion entre aſſociés.

ARTICLE CXXVIII.

Aînés font hommages aux Chefs - Seigneurs, & les puînés tiennent des aînés par parage.

Les ainés font les hommages aux Chefs - Seigneurs pour eux & leurs puînés paragers, & les puînés tiennent des aînés, par parage sans hommage.

Ainé peut chasser sur la portion du puîné.

PAR Arrêt du premier Mars 1757, il a été jugé que le possesseur de la portion ainée a le droit de chasser sur la portion puînée, même pendant le parage.

La puînée relève toujours de l'ainée quoiqu'il soit autrement stipulé au partage.

Il seroit inutile aux partageans de stipuler que l'ainée relevât des puînés, c'est une prérogative que l'ainée tient du droit de la Province auquel on ne peut déroger ; c'est ce qui a été jugé par deux Arrêts des 11 Août 1593 & 21 Juillet 1600, par lesquels il fut dit que les puînés tiendroient de l'ainée, quoiqu'il fut stipulé que le droit de parage appartiendroit au lot qui fut laissé pour non choix à la puînée, & que celle-ci en eût joui en conséquence.

ARTICLE CXXIX.

En cette maniere, le puîné & les descendans de lui tiennent de l'ainé, & de ses hoirs, jusqu'à ce que le parentage vienne au sixieme dégré inclusivement.

LE *parentage.* Bérault & Godefroi mettent le mot de *parentage*, au lieu de celui de *parage* ; j'adopterois plus volon-

tiers le mot *parentage*, étant plus conforme
à l'ancien Coutumier, qui parle du dégré;
& d'ailleurs ce mot *parentage* se trouve dans
les anciens textes; & *parage* ne se trouve
qu'en Basnage, dans les nouveaux textes
de Coutume, & dans Pesnelle.

S'il y a plusieurs fiefs dans une succes- *Parage n'a*
sion, il n'y a point lieu au parage; il n'a *lieu s'il y a plu-*
seulement lieu que dans le cas de division *sieurs Fiefs.*
d'un seul fief entre filles.

ARTICLE CXXX.

Par les mains des ainés, paient les *Les puînés*
puînés les reliefs, aides & toutes re- *paient par les*
devances aux Chefs-Seigneurs, & *mains des ai-*
doivent lesdits puînés être interpellés *nés.*
par les ainés pour le paiement de leur
part desdits droits.

Etre interpellés. Par le défaut d'interpellation, ils peuvent se servir de la
Loi qui ne les oblige à payer que les trois
dernieres années. Ces interpellations se font
par le Prévôt, suivant l'article qui suit.

De leur part. L'ainée n'a point d'action *L'ainée n'a*
solidaire contre les puînées, chacune ne lui *pas d'action*
doit que sa part, quoique le Seigneur en *solidaire sur les*
chef ait son adresse sur la totalité du parage. *puînés.*

Les *reliefs* sont dûs au chef-Seigneur par
la mort de l'ainée, & les puînés doivent y
contribuer ainsi qu'aux *aides* & autres redevances.

ARTICLE CXXXI.

Les ainés paragers peuvent faire juftice fur les biens des puînés par les mains du Prévôt de leur Fief.

ARTICLE CXXXII.

Quand le lignage eft hors le fixieme dégré, les hoirs des puînés font tenus aux hoirs de l'ainé ou autres poffef-feurs du Fief qui échet à la part de l'ainé.

ARTICLE CXXXIII.

Le Fief fort de parage, & doit foi & hommage, quand il tombe en main d'autres qui ne font paragers ou def-cendans des paragers.

ARTICLE CXXXIV.

Treizieme n'eft dû pour la premiere vente que fait le parager de fon Fief, foit à un étrange, ou à celui à qui il pourroit écheoir à droit de fucceffion.

MAIS fi la vente d'un des paragers étoit clamée par un autre parager, & que celui-ci revendit la portion par lui clamée, il devroit treizieme pour cette feconde ven-

te, l'exemption n'étant accordée que pour
fa premiere vente.

Si un parager laiffe deux enfans, entre lefquels foit fait deux lots, le premier contenant le corps du fief, le fecond les terres & manoir; fi le fecond lot eft vendu, il doit treizieme, n'y ayant point de parage en roture, fuivant l'Arrêt du 13 Mars 1603, rapporté par Bérault.

Quid, en cas d'enfans de paragers?

ARTICLE CXXXV.

Et au cas que le Fief parager vendu à un étrange foit retiré à droit de lignage par aucun des defcendans des paragers, étant dans le fixieme dégré; en ce cas ledit Fief vendu retombe en tenure par parage.

Le Fief clamé par le parager, retombe en parage.

Parce que le retrait lignager remet les chofes en leur premier état.

ARTICLE CXXXVI.

Pareillement fi le vendeur rentre en poffeffion de fon héritage par clameur révocatoire, ou par relevement ou condition de rachat, il tiendra fon héritage par parage, comme il faifoit auparavant; mais s'il le rachete il le tiendra par hommage.

Différence du parager qui rentre dans le Fief, ou qui le rachete.

ARTICLE CXXXVII.

En cas de division de Fief, le droit de Colombier doit demeurer à l'un des héritiers, sans que les autres le puissent avoir, encore que chacune part prenne titre & qualité de Fief avec les autres droits appartenant à Fief noble par la Coutume : néanmoins si les paragers ont bâti un Colombier en leur portion de Fief, & joui d'icelui par quarante ans paisiblement, ils ne pourront être contraints de le démolir.

(Voyez *les articles* 160 *&* 521).

Le droit de Colombier étant un droit onéreux pour les Vassaux ; un Seigneur ne peut accorder le droit d'en construire un dans son fief sans se priver du sien. Le Roi ne peut même accorder la permission d'en élever un sous l'étendue d'un autre Seigneur, & sur un fief qui n'est point tenu immédiament de lui, ni sur une roture ; mais si le Roi érige des rotures en fief, il peut, par les Lettres d'Erection, attacher un droit de Colombier à ce fief.

Le droit de Colombier ne s'acquiert pas par prescription sur une roture, ni sur un bien de bourgage, article 20 du Réglement de 1666 : les Paragers seuls peuvent prescrire ce droit par 40 ans suivant cet article.

L'article 20 du Réglement contenant une disposition négative exclut toute possession ; il s'étend même au droit de voliere qui ne peut subsister sans titre. Arrêt du 14 Août 1726.

Basnage est d'avis que le Seigneur de Fief, qui a laissé tomber son Colombier, n'en est pas privé pour ne s'en être pas servi pendant quarante ans, les restes & vestiges du Colombier suffisant pour en conserver le droit; mais après un pareil laps de temps, on ne pourroit pas même avec des titres apparens rétablir un Colombier situé en franc-aleu ou en franc bourgage: Arrêt du 24 Mai 1623.

Il est défendu de tuer les pigeons de ceux qui ont droit de Colombier, Bérault rapporte un Arrêt du 11 Juillet 1555, qui condamne au fouet un nommé Jannin Moissant dit Loger pour vol de pigeons du Colombier de sa Paroisse; mais aussi on peut poursuivre ceux qui ont des pigeons pour faire boucher leurs Colombiers ou volieres, lorsqu'ils n'ont pas droit de Colombier.

Défense de tuer les pigeons.

ARTICLE CXXXVIII.

L'héritage tenu en bourgage, est exempt de payer relief, treizieme, & autres droits seigneuriaux & coutumiers, & n'est tenu le possesseur d'icelui que bailler simple déclaration, en laquelle il doit exprimer les rentes & redevances qui sont dues, s'il n'y a titre convenant, ou possession suffisante au contraire.

Privilege de l'héritage tenu en bourgage.

BASNAGE nous dit que les héritages tenus en bourgage, sont ceux qui gardent & paient les coutumes du Bourg sans devoirs, autres services, ni redevances; il faut ajouter aussi ceux que l'on est en possession de tenir de cette maniere; car c'est la

Ce que c'est que bourgage.

possession & l'usage qui reglent en pareil cas ; on en a la preuve dans la différence des usages locaux.

Usages locaux pour bourgage de Caen, Bayeux, Cerify, Isigny & Torigny, pour treizieme.

Par l'art. 3 des usages locaux de la Vicomté de Caen, le Seigneur ne peut demander que vingt deniers pour livre du prix de l'héritage vendu. *Idem* par l'article 5, des usages locaux de Bayeux, & par l'art. 6, les héritages de Torigny, Cerify & Isigny, sont exempts de treizieme.

Usage local de Domfront pour treizieme.

En la Vicomté de Domfront, les ventes se paient en bourgeoisie au treizieme, & à la campagne au sixieme, suivant l'usage local établi par l'Arrêt du 15 Décembre 1608.

Pour le partage des biens de bourgage. *Voyez* l'art. 270.

ARTICLE CXXXIX.

Héritage tenu en aumône.

Par aumône ou bienfait que fasse le Vassal de son bien à l'Eglise, les droits du Seigneur ne sont en rien diminués, soit en justice, rentes ou autres devoirs.

Ce que c'est que la tenure par aumône.

LA tenure par aumône se forme de deux manieres ; 1°. quand le Seigneur de Fief donne des héritages à l'Eglise, ou à d'autres gens de main-morte : en ce cas, il est présumé avoir remis ses droits de relief, treizieme & autres droits de cette qualité, les rentes mêmes seroient éteintes : il en est de même si le Seigneur vend ou donne son consentement à la vente.

2°. Lorsque le Vassal aumône son bien à l'Eglise, si l'Eglise ou corps de main-morte en a joui par 40 ans, elle est exempte des droits, & ne doit qu'une déclaration simple, suivant l'art. 141, ci-après.

ARTICLE CXL.

En ce cas, l'Eglise ou autre corps de main-morte, à qui est le don ou aumône fait, doit en tout pourvoir à l'indemnité du Seigneur, & lui bailler homme vivant, mourant & confisquant, pour faire payer les droits & devoirs qui lui sont dûs.

Indemnité pour bien d'aumône.

MAIN-*morte.* Par ces mots on entend le Clergé, les Corps de Ville, Confrairies, Hôpitaux, Maladreries, Colleges & toutes Communautés perpétuelles.

Main-morte, ce que c'est.

L'indemnité. Cette indemnité est réglée par l'art. 21, du Réglement de 1666, conçu en ces termes : *Gens de main-morte doivent non-seulement bailler au Seigneur homme vivant, mourant & confisquant, à cause de l'héritage non amorti, mais aussi payer pour l'indemnité le tiers-denier du Fief noble tombé en main-morte & le quart-denier de la roture.*

Ce que c'est qu'indemnité; en quoi consiste, quand est due.

Ces droits d'indemnité sont dûs pour fonds donnés à une Communauté pour la dot d'une fille ; mais les constitutions de cette espece, depuis la Déclaration du 20. Juillet 1762, ne peuvent être faites qu'en deniers, effets mobiliers ou en rentes, de la nature de celles qu'il est permis au Clergé d'acquérir par l'article 18 de l'Edit du mois d'Août 1749.

Basnage est du sentiment que les Seigneurs n'ont point lieu de demander de droit d'indemnité pour les biens allodiaux, puisqu'ils ne peuvent rien réclamer sur ces biens ; mais il dit qu'il faut que les gens de main-morte obtiennent des Lettres d'amortissement du

Roi qui a , ainsi que l'Etat , intérêt à ce que les biens de franc-aleu ne tombent pas en main-morte.

Homme vivant, mourant & confisquant. *Homme vivant , &c.* Afin que par sa mort ou par son crime , le Seigneur ait ouverture à ses droits , soit de confiscation ou autres , la Profession de Religion de l'*homme mourant, vivant & confisquant* , donne ouverture aux droits du Seigneur.

Si le changement de bien de main-morte à main-morte , doit indemnité. Si les gens de main-morte vendent ou transportent l'héritage à d'autres gens de main-morte , ceux-ci doivent de nouveau indemnité & donner *homme vivant* , *&c. Secùs.* Si l'héritage passoit & étoit transféré à une Maison du même Ordre, il ne seroit point dû de droit d'indemnité. Arrêt du Parlement de Paris , sur les Conclusions de M. Bignon , rendu le 20 Avril 1651.

Quid , si le bien rentre en main Laïque ? Mais si l'héritage passe de main-morte en main laïque, pour lors il rentre en commerce , & le treizieme , lods & ventes sont dûs de l'aliénation qu'en ont fait les gens de main-morte , suivant l'Arrêt du 13 Mai 1631, rapporté par Basnage.

On ne doit pas saisir pour indemnité , mais seulement faire sommation. Le Seigneur pour le paiement du droit d'indemnité , ne doit pas saisir , mais il doit faire sommation aux gens de main-morte , de mettre l'héritage hors leurs mains , dans un temps , si mieux n'aiment payer les droits dûs par la Coutume , les gens de main-morte ayant cette option , suivant l'Arrêt du 11 Août 1656 , rapporté *ibidem.*

Gens de main - morte peuvent revendre les fonds non amortis , sans formalité. Il n'est point nécessaire que les gens de main-morte observent les formalités requises par les Ordonnances , pour revendre le fonds dont ils ne veulent point payer les droits d'indemnité & amortissement, parce qu'ils ne sont point réputés posséder ce fonds comme bien Ecclésiastique , qu'ils n'aient payé les droits

d'indemnité & amortissement. C'est la décision de l'Arrêt du 19 Avril 1649.

Les gens de main-morte doivent les droits
d'indemnité pour les biens qui leur sont donnés entre-vifs. Arrêts des 9 Décembre 1655
& 7 Juin 1660 ; mais s'ils sont légués par
testament, cette charge tombe sur les héritiers du testateur.

Est dû in-
demnité pour
les fonds don-
nés à gens de
main-morte.

Le paiement de l'indemnité affranchit les
gens de main-morte de tous les droits casuels,
à la réserve de la commise & confiscation ;
mais quant aux droits réels, comme redevances annuelles, corvées, prévôté, bannalité de
four & moulin, ces charges réelles ne s'éteignent point, comme il fut jugé par Arrêt
du 14 Août 1659.

L'indemnité
n'affranchit
point les rede-
vances annuel-
les, &c.

* * *

ARTICLE CXLI.

Néanmoins si l'Eglise a possédé Fief
ou héritage par 40 ans en exemption
de bailler homme vivant, mourant &
confisquant, ou de pourvoir à l'indemnité du Seigneur, elle tiendra delà en
avant le Fief ou héritage en pure aumône, & ne sera tenue que bailler
simple déclaration au Seigneur.

Exemption
des gens de
main-morte
acquise par 40
ans ; mais cet-
te prescription
n'a lieu contre
le Roi.

(Voyez *l'article* 521).

Cet article ne préjudicie point le droit du
Roi, qui ne l'a pas approuvé : M. l'Avocat-Général Vauquelin, ayant fait ses protes-
tations lors de la rédaction de la nouvelle
Coutume. Voyez le Procès-verbal de la Coutume réformée.

La déclaration que doivent les Ecclésiastiques doit être simple, & ils peuvent y employer qu'ils ne sont point sujets à comparoir aux gages-pleiges, ni de payer reliefs, treizieme ni autres droits, suivant l'Arrêt du 15 Février 1516.

Quand cou-rent les 40 ans. Mais le Seigneur a quarante ans pour obliger les gens de main-morte à vuider leurs mains, pourvu qu'il ne les ait point reconnus pour Vassaux ou qu'il n'ait point fait d'acte qui soit approbatif de leurs contrats.

Ce temps accordé au Seigneur court du jour que les gens de main-morte ont commencé de posséder, ou du décès de l'homme vivant, mourant, &c.

ARTICLE CXLII.

Celui qui a fait don à l'Eglise de son héritage, n'y peut réclamer autre chose que ce qu'il a expressément réservé : néanmoins s'il lui a fait don de patronage sans réservation, les droits honoraires dûs aux Patrons lui demeurent entiers, & à ses hoirs ou ayans cause au Fief ou glebe auquel étoit annexé ledit patronage.

COMME cet article regarde les droits de patronages & honorifiques, je l'ai ci-devant discuté sur le titre 5, de patronage où je renvoie, page 114.

ARTICLE CXLIII.

Tout homme condamné à mort par Justice, banni du Royaume ou condamné aux Galeres à perpépuité, confisque le Fief & son héritage, au profit de son Seigneur, aux charges de droit, qui font payer les rentes seigneuriales, foncieres & hypotheques, même les dettes mobiliaires, discussion faite préalablement des meubles.

Condamna-tion à mort, &c. confisque l'héritage.

(Voyez *l'article* 201).

Condamné à mort par Justice. Soit Justice Royale, soit Haute-Justice, soit Justice Militaire, la condamnation à mort emporte confiscation.

Soit que la condamnation soit en Justice Royale, Haute-Justice, ou au Conseil de guerre.

Banni du Royaume. Un bannissement d'une Province à l'autre n'emporte donc pas confiscation ; ce n'est, dit Basnage, qu'un éloignement du lieu de sa naissance & non un retranchement absolu de la République, une rélégation : les Cours peuvent cependant y ajouter, ce qui est rare, la peine de la confiscation ; il en est de même du bannissement à temps, qui n'excede pas neuf années.

Si le bannissement acquiert la confiscation.

Les Hauts-Justiciers peuvent bannir à temps & hors du Royaume, ainsi que hors la Province. Arrêté de la Grand'Chambre de Rouen du 22 Décembre 1611 ; mais il n'est pas du pouvoir des Hauts-Justiciers d'appliquer l'amende, *consulatur* de la Grand'Chambre arrêté sur le Livre rouge de la Tournelle le 16 Janvier 1630. Ils ne peuvent également ordonner la confiscation que quand le banniſſement eſt perpétuel & hors du Royaume. Arrêt du 25 Mars 1630.

On ne prononce plus à l'accuſé, à l'Audience ni en la Chambre du Conſeil, la Sentence de condamnation ; le Greffier, après l'avoir communiquée au Procureur du Roi, doit la lire dans la Conciergerie au condamné, faire mention de la lecture dans la groſſe & de l'appel de la Sentence, ſi l'accuſé l'a interjetté. Arrêt du 3 Mars 1775.

On condamne aux Galeres à perpétuité. Comme la condamnation aux Galeres peut être à temps ou à perpétuité, on ſuit les mêmes regles pour la confiſcation que celles qu'on ſuit pour le banniſſement.

Confiſque le Fief. S'entend dans l'étendue de la Province où le jugement eſt rendu, car il ne ſe fait point d'extention de Coutume à Coutume pour la confiſcation. Charondas en ſes réponſes. Liv. 9, rep. 51.

Il peut arriver que la confiſcation n'ait pas ſon effet, quoique la condamnation pénale ſubſiſte. *v. g.*, ſi un homme meurt après l'Arrêt confirmatif de la Sentence de mort, ſa condamnation pénale ſubſiſte ; mais ſa mort ayant prévenu l'exécution, la confiſcation n'a point de lieu : voyez un Arrêt notable, rendu en Grand'Chambre à Rouen le 10 Février 1632. Il faut excepter les crimes de leze-Majeſté divine & humaine, qui ne s'éteignent point par la mort. Lorſque des Juges ſont partagés de ſentimens ſur un jugement criminel, il ne ſe fait point de partage. *Mitior ſententia ſequenda eſt.* C'eſt-à-dire, qu'il faut ſuivre le parti des Juges qui opinent à la peine la plus douce ou à décharge ; c'eſt la déciſion de l'Arrêt du 27 Mars 1634, mais s'il étoit queſtion de ſçavoir ſi une affaire doit être ſuivie au civil ou au criminel, que partie des Juges fût d'avis de pourfuivre au criminel , & partie de pourfuivre par action civile , comme c'eft là un point de compétence, il y a lieu au partage. Arrêt du 18 Août 1631. Il s'agiffoit dans le fait de l'Arrêt , de décider fi pour des fouftractions prétendues, un héritier pouvoit être pourfuivi extraordinairement par fon cohéritier.

La condamnation par contumace n'emporte confifcation que quand elle eft exécutée. Arrêt du 12 Février 1660. Bafnage. Si le condamné décede dans les cinq ans de la contumace , il eft capable de tous effets civils. Auffi-tôt que le condamné par contumace fe conftitue prifonnier, la contumace eft éteinte *ipfo facto*, fans jugement qui l'ait mis au néant. Journal des Audiences, L. 2 , chap. 112 ; mais fi un condamné par contumace ne fe préfente point pour purger en les cinq ans la contumace , quoiqu'il fe foit écoulé vingt ans depuis le crime commis , il ne peut hériter de fon pere décédé pendant ce temps. Arrêt du 23 Juin 1690. Bafnage.

> Des condamnations par contumace , fi elles emportent confifcation.

Le même Auteur rapporte un Arrêt du 21 Juillet 1635 , qui juge qu'un condamné par Sentence, dont il étoit appellant, avoit pu renoncer à la fucceffion de fon pere , qui lui étoit échue *pendente appellatione* pour la faire paffer à fes enfans , au préjudice du Seigneur.

> Si l'Accufé décede pendant l'appel.

La Jurifprudence eft que l'on retarde l'exécution & prononciation de l'Arrêt de mort , prononcé contre une femme qui fe trouve enceinte.

> Femme groffe.

Les biens avancés par un pere à fon fils ne tombent point fous le cas de la confifcation pour le crime du fils , cet avancement n'étant fait qu'en faveur de la poftérité du pere , il peut le réclamer. Arrêt du 20 Juil-

> Si les biens avancés tombent en confifcation.

let 1647 ; mais par Arrêt du 17 Juillet 1646, rapporté par Basnage, sous l'art. 244, on a débouté la sœur du condamné de sa demande, en distraction d'un héritage avancé par leur pere, & dont le condamné avoit hérité de son frere à qui l'avancement avoit été fait.

Pere peut déshériter son enfant pour prévenir la confiscation.

Un pere voyant son fils prévenu de crime, peut disposer de son bien en faveur d'un de ses autres héritiers ; ce n'est pas une fraude, mais plutôt une prudence pour conserver ses biens en sa famille ; Basnage en rapporte un Arrêt.

Si la grace & rémission remet la confiscation.

Le Roi est le maître en France de remettre le crime & la peine du condamné, même après l'Arrêt définitif ; mais si le condamné avoit été long-temps sans obtenir sa grace, & que le Seigneur confiscataire eût disposé de tout ou partie des biens confisqués, en ce cas le condamné reprend les choses dans l'état qu'elles sont, sans pouvoir révoquer les aliénations faites par le Seigneur ; mais une simple remise du crime ou un rappel simple des Galeres ne révoquent point la confiscation.

La rémission, pour être remise en bonne renommée, ne met pas le coupable en état de posséder un Office.

Quoique le noté d'infamie ait obtenu des Lettres pour être restitué en sa bonne renommée, il ne peut cependant demander à posséder un Office, l'infamie de droit reste toujours & le rend incapable. *Indulgentia Principis quos liberat notat.* Arrêt du 9 Juillet 1636.

Lettres de Rappel n'ont lieu pour bannissement à temps.

Les Lettres de Rappel pour un bannissement à temps n'ont point lieu. Ordonnance d'Orléans. Arrêts des 10 Janvier 1636 & 10 Juillet audit an.

Un sieur de Nolent tua un homme, la veuve de l'homicidé dressa sa plainte, & ses couches étant proches, elle demanda une provision alimentaire : le Juge lui accorda 198 livres de provision. Le sieur de Nolent obtint des Lettres

de Rémillion, la veuve s'oppofa à l'entérinement ; fur l'oppofition la Cour lui accorda les
dépens pour valoir d'intérêts, & condamna le
fieur Nolent en 50 liv. d'aumône pour prier
Dieu pour le défunt. Le fieur Nolent paya feulement les dépens, mais il ne paya point la
provifion de 198 liv. Vingt-neuf ans après la
Sentence de provifion, la veuve forma la demande de la provifion, le Juge des lieux l'en
débouta ; elle en appella à la Cour, Fallaize,
fon Avocat, repréfentoit qu'il falloit diftinguer la provifion d'avec les intérêts ; que la
Cour n'étoit faifie que de l'entérinement des
Lettres de Rémillion, & non de l'appel de
la Sentence de provifion alimentaire de 198 liv.
& que par conféquent cette Sentence avoit fon
exécution pendant trente années. Genfe,
pour le fieur de Nolent, foutenoit au contraire que non-feulement le crime fe prefcri-
voit par vingt ans, mais aulli que par ce
laps de temps les provifions & intérêts fe
prefcrivoient avec le crime : il s'appuyoit fur
le fentiment de *Papon, Chenu, Louet, Bril-*
lon, Lacombe, & il s'aidoit des Arrêts rapportés par Bafnage fous cet article ; la Cour
fur les Conclufions de M. de Belbeuf, mit
l'appellation au néant, par Arrêt rendu en
Tournelle le 24 Mars 1753 : j'étois préfent
lors de l'Arrêt ; on voulut faire diftinction des
provifions alimentaires d'avec les intérêts &
provifions accordées pour pourfuivre un procès criminel, mais la Cour n'adopta point
cette diftinction.

Autre chofe feroit fi la Sentence ou Arrêt
de condamnation à mort avoit été exécutée
par effigie ; parce qu'alors, il eft de Jurifprudence au Parlement, qu'une condamnation
exécutée par effigie, ne fe prefcrit que par
trente ans. Arrêts des 21 Septembre 1624

Le crime,
les intérêts &
provifions fe
prefcrivent par
20 ans.

Secùs, fi la
Sentence ou
Arrêt ont été
exécutés par
effigie.

& 6 Août 1625 ; mais Basnage rapporte un Arrêt qui juge que la preuve par témoins, qu'une condamnation a été exécutée par effigie, n'est pas admissible ; l'Arrêt en date du 30 Mars 1662. Lacombe, 3 partie, chap. 1, sect. 3.

On ne peut faire preuve de l'effigie, la prise de corps n'interrompt pas la prescription.

Les diligences tendant à la poursuite du coupable, n'interrompent pas la prescription du crime ; par exemple une exécution de prise de corps n'empêche pas la prescription du crime. Arrêt du 8 Juin 1660.

Donation par un condamné, quid ?

Une donation est faite par un condamné : trente ans se passent ; il étoit condamné en des intérêts envers les hériiers de l'homicidé, qui avoient fait perquisition au domicile du condamné : la donation fut jugée valable, ayant acquis sa validité par la prescription du crime. *Voyez* Louet L. C. n°. 47.

Si celui qui a été battu survit 40 jours, il n'y a plus lieu à la peine de mort.

Puisque je parle ici de la prescription, combien faut-il que celui qui a été outragé vive de temps, afin que celui qui a commis les outrages ne soit pas puni de mort. L'art. 620 de la Coutume de Bretagne dit : *Que si aucun a été outragé, & après l'outrage & blessure, il vit plus de quarante jours, & après quarante jours il décede, celui qui l'a outragé & blessé ne sera puni de mort, mais autrement à l'arbitrage du Juge.* Voyez les Arrêts de Boniface, tome 2, part. 3, liv. 1, ch. 19, & Lacombe.

Exception.

Sur quoi il y a deux observations à faire. La premiere est, que si cet outrage est précédé de guet-à-pens, assassinat, complot ou attentat prémédité, alors la prescription n'a pas lieu par quarante jours, suivant l'art. 632, de la même Coutume. Art. 4, tit. 16 de l'Ordonnance de 1670.

La seconde observation est que, si l'excédé

furvit de 40 jours, ce temps n'exempte pas le coupable de payer des intérêts aux héritiers du défunt.

Un criminel peut vendre fon bien, depuis qu'il a commis fon crime, pourvu que ce foit avant fa condamnation ; & pourvu auffi que l'aliénation foit fincere & de bonne foi ; qu'il n'y ait point de fraude ni connivence entre l'acquéreur & le criminel, & que l'acquéreur n'ait point connu le crime par la faifie & annotation de fes biens. Les conjectures de fraude font l'aliénation de la totalité des biens, fi elle eft faite au proche parent du criminel ; fi après l'aliénation, le criminel demeure en poffeffion, & fi on a pratiqué des moyens pour rendre l'aliénation fecrete & cachée.

Si un criminel peut vendre fon bien.

La remife faite par le Seigneur d'une confifcation aux enfans du condamné, a lieu au préjudice des dettes qu'il a contractées depuis fa condamnation. Arrêt du 15 Décembre 1616.

Remife du Seigneur en faveur des enfans, a lieu au prejudice des dettes contractées par le condamné, depuis la condamnation.

Aux charges de Droit. Les charges de Droit auxquelles le Seigneur confifcataire eft tenu, font de payer les rentes feigneuriales, foncieres & hypotheques ; même les dettes mobiliaires ; mais comme le Roi a les meubles, on difcute préalablement les meubles pour en payer les dettes mobiliaires & les rentes hypotheques ; parce que le Roi a les rentes hypotheques du confifqué, fuivant que Bafnage attefte avoir été jugé au fujet des batards ; mais le Seigneur peut quitter les biens confifqués, s'ils lui font à charge, en payant les rentes échues pendant fa jouiffance, fans être tenu des dettes mobiliaires antérieures de fa jouiffance. Art. 22, 23 & 24 du Réglement de 1666.

Le Seigneur eft tenu aux dettes du Confifcataire; mais il peut quitter les biens confifqués.

ARTICLE CXLIV.

Le Roi a les biens des condamnés pour crime de leze-Majefté.

Au Roi feul appartient les confifcations des condamnés pour crime de leze-Majefté, encore que leurs héritages ne foient immédiatement tenus de lui.

Mais il, les doit mettre hors fa main dans l'an.

EN cas de confifcation, au profit du Roi, s'il ne s'en fait point remife aux héritiers; le Roi doit mettre les biens confifqués hors de fes mains dans l'an & jour, lorfque les héritages relevent d'autres Seigneurs particuliers, fuivant l'Ordonnance de Philippe - le - Bel. Art. 3 & 4, ou en payer l'indemnité.

ARTICLE CXLV.

Fruits & meubles du condamné à mort font au Roi.

Les fruits des immeubles de celui qui eft condamné par Juftice Royale, appartiennent au Roi, pour la premiere année, exempts de toutes dettes, autres que les rentes feigneuriales & foncieres, dues pour ladite année : & outre, il a les meubles du condamné, les dettes préalablement payées.

Mais les frais du procès font pris fur les fruits & meubles.

SUIVANT l'art. 25 du Réglement de 1666. *La partie civile ayant fait les frais de l'inftruction du procès du condamné par Juftice Royale, en fera remboursée fur les meubles & fruits de la premiere année du revenu, & le furplus defdits meubles & fruits appartiendra au Roi, fans préjudice de l'hypotheque des créanciers fur lefdits meubles.*

Bafnage

Basnage rapporte un Arrêt du 5 Octobre 1626, qui refuse la taxe des témoins enten- dus dans un procès, où le Roi étoit seule par- tie ; mais indépendamment de cet Arrêt, l'usage établi par des Edits postérieurs est qu'on accorde la taxe aux témoins, qui est payée par le Receveur du Domaine. *(Témoins se paient sur le Domaine.)*

Les intérêts civils se paient avant l'amen- de, les intérêts étant censés dûs par rapport au Receveur de l'amende, du jour du délit, & l'amende seulement du jour de la condam- nation. *(Intérêts se paient avant l'amende.)*

Les fruits de la premiere année, ont été adjugés au préjudice de la dot qui fut réputée mise au nombre des rentes constituées par Arrêt rendu le 30 Janvier 1635, contre la demoiselle de Croixmare, femme du sieur Tiquerville, condamné par contumace, pour avoir tué sa mere. *(Les fruits adjugés au préjudice de la dot.)*

Les dettes préalablement payées. Si les meu- bles ne sont pas suffisans, les dettes se pren- nent au marc la livre sur les héritages ; par conséquent, il est prudent à ceux qui ont les meubles d'en faire faire inventaire. *(Si les meubles ne sont suffisans, les dettes sont prises sur les immeubles.)*

<hr>

ARTICLE CXLVI.

Aux Seigneurs féodaux, appartien- nent les héritages de leurs Vassaux après leurs décès, a droit de déshé- rence & ligne éteinte, aux charges de droit, s'il ne s'y présente hoirs habiles à succéder dans le septieme dégré in- clusivement. *(En cas de déshérence, le Seigneur hérite.)*

Les héritiers d'une ligne ne peuvent suc- céder aux biens procédans de l'autre li- gne, ainsi si la ligne paternelle vient à s'é- *(Le double lien ni la loi, undè vir & uxor, n'ont) point lieu en Normandie.*

teindre, les parens maternels sont inhabiles à couvrir la ligne défaillante, nous rejettons aussi le titre *Undè vir & uxor.* La femme ni le mari ne peuvent succéder aux biens l'un de l'autre ; ils ne peuvent réclamer que les droits qui leur sont déférés par la Coutume : Arrêt rendu entre le sieur de Croismare, Lasson & autres.

Celui qui n'a point d'héritier ne peut pas donner en sus de celui qui en a.

La Coutume ne s'étoit point nettement expliquée sur la question de sçavoir si celui qui n'avoit point d'héritiers pouvoit transmettre son bien par donation à un étranger ; l'art. 94 du Réglement de 1666 a interprété la loi. *Celui qui n'a point d'héritiers,* y est-il dit, *ne peut donner par testament ni entre-vifs au-delà de ce que pourroit donner celui qui auroit des héritiers.*

Il faut prouver la parenté.

Septieme dégré inclusivement. Si l'on suit l'Arrêt du 12 Janvier 1617, rapporté par Basnage, pour être habile à succéder, il n'est pas nécessaire de prouver individuellement le dégré ; il suffit d'avoir été appellé comme parent aux actes les plus intéressans du fait du défunt, comme à l'aliénation de quelques-uns de ses héritages, pour l'autoriser s'il est mineur ; & s'il s'agit de la succession d'une fille, d'avoir été présent à son contrat de mariage, & d'avoir, en la même qualité de parent, consenti au don mobil qu'elle auroit fait à son mari.

Les biens ne retournent au Seigneur, qu'aux charges des dettes, comme il est expliqué sous l'article précédent, & sous l'article 143.

En déshérence, acquêt devenu propre, est pour le Seigneur.

Par Arrêt rendu à Rouen le 26 Juillet 1753, il a été jugé que l'acquêt devenu propre en la personne de l'héritier, appartient au Roi ou aux Seigneurs, au défaut de parens du côté & ligne, dont il provient.

ARTICLE CXLVII.

Pareillement les héritages ayant appartenu aux batards, reviennent aux Seigneurs en pure propriété après leur décès, aux charges de droit, comme dit est, si lesdits batards n'ont été légitimés par octroi du Prince entériné, appellés ceux qui y doivent être appellés, ou qu'ils n'aient enfans procréés en loyal mariage.

Le batard ne peut disposer de son héritage, non plus que les descendans de ce batard, en faveur des descendans du pere naturel du batard, au préjudice du Seigneur. Arrêt du 8 Février 1658, rapporté par Basnage sous l'art. 146. V. l'art. 276 de la Coutume.

Si le batard peut disposer en faveur du pere naturel.

Les rentes hypotheques & meubles du batard, décédé sans enfans légitimes, appartiennent au Roi & non au Seigneur. Arrêt du 6 Juin 1553. Autre du 12 Février 1609, rapporté par Bérault. Il en est de même des héritages en franc-aleu.

Meubles, rentes & immeubles de franc-aleu, vont au Roi.

Si le batard avoit disposé de ses meubles, aux termes de l'art. 416, & de ses immeubles, aux termes de l'art. 276, la part dont il auroit légalement disposé, resteroit aux acquéreurs donataires ou légataires. V. l'article 94 du Réglement de 1666.

Quid, si le batard a fait donation ?

Si lesdits batards n'ont été légitimés par octroi du Prince. C'est-à-dire, par lettres du Prince, qu'on fait entériner du consentement du pere naturel & de ses présomptifs héritiers, ainfi que de tous autres qui auroient intérêts lors de l'ouverture de fa fucceffion, fans ce confentement, le légitimé n'auroit pas droit de fuccéder. V. mon Traité des Fiefs, pages 349, 350 & 351. Il y a encore une autre forme de légitimer les batards, qui eft celle du mariage fubféquent. V. le même Traité, *loco citato.*

ARTICLE CXLVIII.

Droit d'aubaine.

Les héritages & biens, tant meubles qu'immeubles, des Aubains & Etrangers, appartiennent au Roi après leur mort, aux charges de droit, comme dit eft, encore qu'ils foient tenus d'autres Seigneurs, s'ils n'ont été naturalifés, & qu'ils aient des héritiers légitimes regnicoles.

Maximes concernant les aubains & leurs héritiers.

Il ne faut pas comprendre fous le nom d'*Aubain* un étranger qui ne viendroit en France que pour commercer & voyager; fi cet homme décede pendant fon féjour, il ne donne pas ouverture au droit d'aubaine; mais pour établir le droit d'aubaine, il faut que l'Etranger foit venu demeurer en France, y ait fixé fon domicile, le fiege de fa fortune, qu'il y décede & qu'il y ait laiffé des biens.

Pour fuccéder en France, il faut être ou naturel François, ou naturalifé, & y demeurer actuellement.

Un Etranger naturalifé par lettres du Prince, peut difpofer de fes biens par teftament; fes parens nés dans le Royaume ou natu-

ralifés, lui fuccedent, & il peut leur fuccéder.

C'eft une maxime générale en France, que
les enfans nés dans le Royaume d'un Etranger non naturalifé, fuccedent à leur pere.
Louet, lettre A. Som. 16. C'eft ce qui a été
décidé par deux Arrêts des 21 Août 1670 &
29 Septembre 1677. Par ce dernier Arrêt, il
fut dit que, quoiqu'il n'y eût qu'un enfant né
dans le Royaume, les autres nés hors le Royaume, fuccéderoient avec lui, en venant réfider
en France.

Un Etranger non naturalifé peut difpofer de
fes biens par donations entre-vifs, & non par
teftament : Arrêt du 20 Décembre 1667, rapporté par Bafnage : le même Auteur rapporte un
Arrêt, par lequel on confirma la donation teftamentaire d'un Anglois, faite en faveur de fon
frere, qui vint réclamer fa fucceffion ; mais
cet Arrêt avoit pour motif les concordats des
Rois de France & d'Angleterre, qui portoient
des réferves, & permettoient aux Marchands
Anglois, & à leurs facteurs, de difpofer de
leurs meubles & effets mobiliers ; en conféquence, tous les effets mobiliers furent adjugés au frere & les immeubles au Roi.

Une fille époufe un Anglois, & va réfider en
Angleterre, elle y eut deux filles ; fon oncle
décede en France, un de fes parens François
fe faifit de la fucceffion : cette femme retourne
avec fes enfans en France, & réclame la fucceffion de fon oncle, qui lui fut adjugée aux
conditions de réfider en France, par Arrêt du
19 Juin 1652. J'ai vu rendre pareil Arrêt au
Parlement de Rouen, le 3 Février 1752,
pour un nommé Duparc, qui avoit paffé en
Angleterre, s'y étoit marié, & y avoit réfidé
long-temps ; la fucceffion lui fut adjugée au
préjudice de fes fœurs, aux conditions qu'il

résideroit en France, qu'il n'aliéneroit point ses immeubles, ni la totalité de ses meubles, sinon à charge de remplacement.

Le Roi succede à l'Etranger naturalisé, mourant sans héritiers regnicoles, au préjudice des Seigneurs, qui prétendroient la succession à titre de déshérence. Arrêt de 1633 & du 13 Février 1644. Il n'en est pas ainsi de la succession des enfans de l'Etranger naturalisé, lorsqu'ils décedent sans postérité, c'est le cas de la déshérence, & les héritages qu'ils ont laissé appartiennent au Seigneur du Fief dont ils sont mouvans.

Les lettres de naturalité ne se présument pas, il faut en justifier ; car quoique le Roi ait conféré à un Etranger quelqu'Office, Bénéfice, Charge ou Gouvernement d'une Ville, cet Etranger n'est pas censé naturalisé pour transmettre sa succession à ses enfans. Arrêt rapporté par Pelcus. Actions Forenses, livre 7.

Par Arrêt du 13 Mai 1752, que j'ai vu rendre en la Tournelle, un Etranger fut obligé de donner caution, *Judicatum solvi*, avant que de donner une plainte contre un François, qu'il prétendoit l'avoir volé.

Un Réglement du 18 Décembre 1630, exige de ceux qui ne sont pas nés à Rouen, & qui veulent y acquérir le droit de Bourgeoisie, de faire inscrire leurs noms en l'Hôtel commun de la Ville, de faire preuve de 300 livres de revenu à Rouen ou sous le Bailliage, & d'y résider pendant douze années.

ARTICLE CXLIX.

Les meubles de ceux qui se font occis ou fait mourir d'eux-mêmes, appartiennent au Roi, privativement aux Seigneurs, s'ils n'ont titre ou possession valable au contraire : néanmoins si par force de maladie, frénésie ou autre accident, ils étoient cause de leur mort, leurs meubles demeurent aux héritiers aussi-bien que les immeubles.

Homicide de soi-même, à qui leur succession.

L A Coutume ne parle que des meubles de l'homicide de soi-même, qui appartiennent au Roi, les dettes préalablement payées ; Arrêt du 22 Juin 1602. Quant aux immeubles, Bérault rapporte un Arrêt du 15 Mars 1616, qui a confisqué les héritages en pareil cas, au profit du Seigneur dont ils relevoient.

La femme de l'homicide de soi-même n'est pas privée de ses droits, suivant l'art. 333 de la Coutume.

J'ai observé dans mon Traité des Fiefs, page 394, les formes requises & nécessaires pour faire le procès au cadavre du suicide.

ARTICLE CL.

Les parens doivent être soignéux de faire mettre en sûre garde ceux qui font troublés d'entendement, pour éviter qu'ils ne faſſent dommage à aucun.

Crime commis par un fol, eſt-il puniſſable ?

Un fol qui commettroit un crime, n'en feroit pas puni, à moins que ce ne fût un de ces crimes contre lefquels la nature, le droit des gens & le fang réclament. On trouve dans Bérault deux Arrêts qui ont condamné deux fols parricides à une priſon perpétuelle, ayant les fers aux pieds & aux mains, nourris au pain & à l'eau, & le bien de l'un confifqué au bénéfice des quatre Ordres Mendians, en punition de l'atrocité du crime.

ARTICLE CLI.

Et où il n'y auroit parens, les voifins feront tenus de dénoncer en Juftice, & cependant les garder : & à faute de le faire, les uns & les autres feront tenus civilement aux dommages & intérêts qui en pourroient avenir.

ARTICLE CLII.

Le Duché doit pour relief trois cens trente-trois écus un tiers.

Relief du Duché.

(*C'est-à-dire*, 100 *liv.*)

RELIEF est ce qu'on appelle *Rachat* dans les autres Coutumes, c'est une certaine somme qui se paie par le nouveau Vassal, pour relever son Fief. Ce droit est dû par la mort & mutation du Vassal ; mais il faut une mutation effective & une translation de propriété : par cette raison la douairiere en est déchargée.

Relief n'est dû que pour Fief, & non pour roture.

ARTICLE CLIII.

Les Marquisats doivent pour relief cent soixante-six écus un tiers.

Relief de Marquisat.

(*C'est-à-dire*, 500 *liv.*)

ARTICLE CLIV.

Les Comtés, quatre - vingt - trois écus un tiers.

Relief du Comté.

(*C'est-à-dire*, 250 *liv.*)

ARTICLE CLV.

Relief de Baronnie.

Les Baronnies doivent de relief trente-trois écus un tiers.

(*C'est-à-dire*, 100 *liv.*)

ARTICLE CLVI.

Relief de plein Fief de Haubert.

Le plein-Fief de Haubert cinq écus, & les membres d'icelui jusqu'au huitieme de l'équipollent, s'il n'y a titre, possession ou convenant, par lequel il soit dû plus grand ou moindre relief.

(*C'est-à-dire*, 15 *liv.*)

(*Voyez ce que j'ai dit des Fiefs de Haubert en mon Traité des Fiefs, page* 18.)

ARTICLE CLVII.

Relief d'Office & Fief en l'air.

Dignités ou Offices tenus en Fief sans fonds ou glebes, doivent hommage & non relief.

(*Voyez ci-après les art.* 167 *&* 171).

Relief de Sergenterie noble.

TELS que sont les Sergenteries nobles qui n'ont point de glebe, & qu'on nomme *Fief en l'air.*

ARTICLE CLVIII.

Les terres roturieres & autres ténemens au-deſſous du huitieme de Fief de Haubert, doivent de relief, douze deniers par acre, s'il n'y a titre, poſſeſſion ſuffiſante ou convenant, par lequel ſoit dû plus grand ou moindre relief.

ARTICLE CLIX.

Le manoir, maiſon, maſure, avec la cour & jardin, doit de relief trois ſols, pourvu qu'il ne contienne plus d'une acre : & s'il contient moins, il doit pareillement trois ſols, & en ce cas, il acquitte la premiere acre, s'il n'y a titre, poſſeſſion ſuffiſante ou convenant, par lequel ſoit dû plus grand ou moindre relief.

Relief de maſure.

ARTICLE CLX.

Avec le corps des Fiefs nobles, ſont relevés par même moyen toutes les dépendances d'iceux : comme ſont garennes, moulins, colombiers & autres appartenances de Fiefs.

Relief de moulins, colombiers & garennes, ſe fait avec le Fief.

(Voyez les articles 137 & 210 de la Coutume, ſous leſquels il eſt fait des obſervations relatives aux Colombiers, Garennes, & Moulins.)

I. vj

N E concluez pas de cet article, que les possesseurs de fief jouissent indistinctement des droits de colombier, de garenne & de moulin ; quoique ces droits soient féodaux , ils ne font pas annexés à tous les fiefs.

ARTICLE CLXI.

Relief de moulin à part. Néanmoins s'il y a moulin tenu à part & sans Fief , il est relevé par un écu.

B A S N A G E dit que les colombiers & garennes tenus à part sans Fief , ne doivent point de relief ; mais qu'il est d'usage moderne d'exiger des francs-Fiefs pour les colombiers, quoique bâtis sur une roture.

ARTICLE CLXII.

Relief de terres incultes. Les terrees non cultivées anciennement nommées gaignables , sauvages ou sauvées de la mer , doivent de relief six deniers pour acre au Seigneur duquel elles font tenues.

ARTICLE CLXIII.

Relief quand est dû. Par mort ou mutation du Vassal , relief est dû & hommage nouveau.

P A R *mort* naturelle ou civile , cet article souffre une exception par l'art. 173 ci-après.

ARTICLE CLXIV.

Tous Fiefs qui doivent relief, doivent aide de relief, avenant la mort du Seigneur immédiat : & cet aide est dû aux hoirs des Seigneurs, par les Vassaux, pour leur aider à relever leurs Fiefs, vers les Chefs-Seigneurs.

Demi-relief.

Aᴠᴇɴᴀɴᴛ *la mort* & non en cas de vente, ainsi qu'il est expliqué par l'article 167, ci-après.

Comme ce droit n'est dû que pour aider le Seigneur à relever son Fief, il s'ensuit qu'il n'est point dû d'aide de relief au Roi, puisqu'il ne releve de personne : c'est ce qui a été décidé par Arrêt du 22 Février 1648, rapporté par Basnage.

N'est dû au Roi.

Ce droit d'*aide de relief* consiste en la moitié du relief. Par Arrêt du 24 Juillet 1618, les Paroisses de Passais, l'Epinai, Vaucé, Saint-Marc, Lebois, Saint-Fraimbault & Mantilly, dépendantes de Domfront, ont été déchargées du droit de demi-relief envers le Roi.

Arrêt pour Mantilly, &c.

ARTICLE CLXV.

Profeſſion de Religion donne ouverture au relief.

Les héritiers de celui qui a fait proſeſſion de Religion, doivent relief & hommage au Seigneur, duquel le Fief eſt tenu, & leur eſt dû aide de relief par leurs Vaſſaux, laquelle aide de relief eſt acquittée par demi-relief.

ARTICLE CLXVI.

Du Droit d'Aide - Chevels.

Les aides-chevels ne ſont dûs qu'au chef-Seigneur, & s'appelle chef-Seigneur, celui ſeulement qui poſſede par foi & hommage, & qui à cauſe dudit Fief tombe en garde.

N'eſt dû pour roture, colombier, moulin.

CE droit n'eſt pas dû pour des moulins, colombiers & rotures. Arrêt rendu à Rouen, au bénéfice du Syndic des Etats de la Province de Normandie, contre le Marquis de Souvray, le 7 Février 1648, que Bérault rapporte tout au long à la fin de ſon Commentaire, quatrieme édition. Pareil Arrêt rendu le 26 Août 1653, contre les Seigneurs féodaux.

ARTICLE CLXVII.

Relief n'eſt dû pour vente, échange & donation.

Les Vaſſaux ne ſont tenus payer aide de relief, quand le Fief eſt vendu, échangé ou donné, encore que ce ſoit par avancement de ſucceſſion, fait au préſomptif héritier du donateur.

(Voyez *ci-devant l'article* 164.)

ARTICLE CLXVIII.

Il y a trois fortes d'aides-chevels, l'un quand l'ainé fils du Seigneur eft fait Chevalier, & s'appelle aide de Chevalerie.

Aide de Chevalerie.

CE droit n'eft exigible que dans le cas où le Seigneur feroit fait Chevalier du Saint Efprit, & il n'a lieu pour la Chevalerie de Saint Lazare ou de Malte.

Quand a lieu.

ARTICLE CLXIX.

L'autre quand fon ainée fille eft mariée, & s'appelle aide de mariage.

Aide de mariage.

ARTICLE CLXX.

Le troifieme pour racheter le corps de fon Seigneur de prifon, quand il eft pris en guerre, faifant le fervice qu'il doit au Roi, à caufe de fon Fief, & eft appellé aide de rançon.

Aide de rançon.

AUJOURD'HUI que le Roi a établi des troupes réglées, & que les Seigneurs ne font point le fervice à leurs frais, comme au temps de l'arriere-ban, ce droit ne fe preferit plus ; il ne peut être exercé que dans les cas de prifon occafionnés par le fervice du Fief.

ARTICLE CLXXI.

Si le Fief eſt vendu à prix d'argent, le treizieme du prix eſt dû au Seigneur de qui il eſt tenu, & eſt dû relief outre le treizieme.

(Voyez *ci-devant l'article* 157.)

Bourgage ne doit treizieme. Le treizieme eſt donc dû de droit coutumier, excepté en bourgage, où il ne s'exerce point, s'il n'y a titre au contraire, parce que comme dit l'ancien Coutumier, chap. *de Tenure par bourgage : les conditions & les qualités des héritages en bourgage ſont qu'ils ſe peuvent vendre comme les meubles ſans le conſentement des Seigneurs.*

Il réſulte que le treizieme eſt quelquefois dû en bourgage, ſelon les titres du Seigneur ou la *poſſeſſion ;* dans des cantons de la Province on paie auſſi plus ou moins que le treizieme, ſuivant les uſages locaux.

De Caen. Par l'article 3 des uſages locaux de la Vicomté de Caen, *le Seigneur de Fief ne peut demander que 20 deniers pour livre de l'héritage vendu pour tout treizieme & relief ; & ayant reçu leſdits 20 deniers, ſe prive de pouvoir retirer à droit féodal ledit héritage vendu, ſoit noble ou roturier.*

De Bayeux. Il y a pareille diſpoſition dans l'art. 5 des uſages locaux de la Vicomté de Bayeux. De même par l'article 2 des uſages locaux de la **De Falaiſe.** Vicomté de Falaiſe.

Il y a un uſage local ſingulier pour la

Vicomté de Vernon , celui qui a la plus ancienne rente créée pour fieffe de fonds ,
comme Seigneur féodal , a droit de ventes
& treizieme , à raison de dix huit deniers
pour livre sur l'héritage affecté à sa rente ,
quand il est vendu & aliéné par contrat volontaire ou judiciaire : & outre il a le droit
de retirer ledit héritage affecté à sadite rente
par puissance de Fief & Seigneurie : & si
l'héritage est trouvé franc de rente , le trei-
zième & ventes appartiennent au Roi ; &
néanmoins peut en l'aliénant ou fieffant retenir une rente : à ce moyen , le Roi a les
ventes & treizieme de cette aliénation ; mais
si les héritages sont vendus par la suite , les
ventes & treizieme n'appartiennent plus au
Roi , mais plutôt au Rentier foncier.

Hors les usages particuliers établis par
titres , les treiziemes se paient en cette province suivant la Loi générale prescrite par
l'article 174.

Ce droit est imprescriptible , & l'exemption ne peut s'en prouver que par titre.

Il n'est point dû pour les rentes constituées , qui ne sont même pas sujettes à clameur , art. 115 du Réglement de 1666.

Treizieme n'est dû de fieffe pure & simple à rente irracquittable ; mais si la fieffe est
faite moyennant une rente rachetable , il est
dû treizieme.

Sed quid , si la fieffe est faite par rente
partie irracquittable & partie rachetable , la
fieffe sera-t-elle sujette en total au treizieme ?
Basnage rapporte plusieurs Arrêts qui ont décidé sous les articles 172 & 173 que le treizieme n'étoit dû que du capital de la rente
rachetable. Par Arrêt de Réglement du 28 Juillet 1766 , il a été jugé que d'une fieffe faite
par une rente irracquittable & à prix d'ar-

gent , le treizieme n'eft dû qu'à raifon de la fomme débourfée.

Pour toutes les queftions qui concernent les treiziemes , je les ai traitées au long & en détail en mon Traité des Fiefs , chap. 10, , fect. 2, §. 6 , page 240 , auquel je renvoie : depuis la page 249 jufqu'à la 302me. Je rapporterai feulement ici quelques Arrêts rendus au Parlement de Rouen fur cette matiere.

Treizieme eft dû du contrat de réméré. Treizieme eft dû d'un contrat de vente à faculté de réméré , quoique le vendeur fe foit fait remettre l'effet du contrat avant la demande du treizieme. Arrêt du 14 Juillet 1722.

Fonds pour remploi de la mere , exempt de treizieme. Treizieme n'eft point dû des fonds cédés par des enfans à leur mere pour la remplir de fa dot conftituée fur les biens de fon mari & autres reprifes matrimoniales. Arrêt du 6 Mars 1761. Arrêt de Grand'Chambre du 21 Décembre 1765 , regiftré en tous les Bailliages & Sieges du reffort du Parlement de Normandie ; mais la ceffion de la propriété d'un fonds , au lieu du douaire , eft fujette au treizieme. Arrêt du 6 Août 1766.

Vendeur doit le treizieme. C'eft le vendeur qui doit le treizieme de la vente des fonds qu'il met hors de fa main. Berthaume en fon Recueil en rapporte deux Arrêts des 4 Juin 1695 & 17 Mai 1686.

Le 13 Mars 1756 , contrat de vente fait d'une terre par 40000 livres ; il eft lecturé le 22 Mai fuivant. Action en clameur par trois lignagers le 17 Mars 1757. Tranfaction entre l'acquéreur & les lignagers clamans , par laquelle l'acquéreur s'oblige de leur payer 32500 liv. par forme d'indemnité , dans Noël lors prochain , avec les intérêts , à compter du 23 Mai , c'eft-à-dire , le lendemain du temps fatal , moyennant quoi les lignagers renoncent à exercer aucun droit de clameur, se réservant seulement à l'exercer en cas de clameur par d'autres lignagers.

Le 22 Mai 1757, dernier jour ouvert au retrait, nouvelle clameur de la part d'un quatrieme lignager : nouvelle transaction avec lui, par laquelle, au moyen d'une somme de 7240 livres, il déclare aussi renoncer à sa clameur : tous ces lignagers auroient concouru ensemble si leurs actions avoient été poursuivies.

Le 4 Avril 1760, près de trois ans après le temps fatal expiré, un cinquieme lignager clame pour retirer tout, & autant que les premiers lignagers, comme propriétaires en conséquence des clameurs lignageres qu'ils avoient intentées, en avoient ou étoient censés en avoir vendu au premier acquéreur.

Sur cette nouvelle action, le Seigneur intervint pour demander le treizieme des 79740 livres, à quoi montoit le prix du premier contrat & les sommes payées aux quatre premiers lignagers, parce que cependant dans le cas ou le cinquieme clamant seroit évincé, il lui seroit accordé le treizieme des 32500 livres que l'acquéreur leur avoit payé pour acquérir la propriété incommutable du fonds. L'acquéreur se défendoit de l'une & l'autre demande, fondé sur ce que suivant l'article 467, le contrat de transaction n'est clamable, si le tenant n'est dépossédé, & que les sommes qu'il a payées ne l'ont point été pour faire une acquisition, mais pour empêcher qu'on ne le dépossédât de celle qu'il avoit faite.

Par Arrêt du 24 Février 1763, le lignager & le Seigneur ont été déboutés.

ARTICLE CLXXII.

D'échange fait d'héritage contre héritage, n'eſt dû treizieme, s'il n'y a eu argent baillé de part ou d'autre, auquel cas eſt dû treizieme de l'argent & de l'eſtimation du Fief baillé avec l'argent, encore que l'héritage ſoit de plus grande valeur que l'argent, & ſera dû le treizieme au Seigneur dont eſt tenu le Fief baillé, ſans ſolde.

(Voyez *les art.* 461 *&* 464 *ci-après*).

La clameur révocatoire n'a point lieu aux contrats d'échange. Arrêt du 12 Février 1658, rapporté par Baſnage. Voyez mon Traité des Fiefs, page 297.

ARTICLE CLXXIII.

Le treizieme du prix de la terre roturiere vendue, eſt dû au Seigneur & n'en eſt dû relief, ſinon en cas de ſucceſſion.

Bois quand doit treizieme. Par terre ou héritage roturiers, on entend les immeubles réels, tels que le bois qui fait partie du fonds & les rentes foncieres irracquittables.

Le bois de haute-fûtaie, c'eſt-à-dire, qui

excede d'âge 40 ans , doit treizieme par la Jurisprudence générale de cette Province ; mais lorsque l'acquéreur revend ce bois, il n'est point dû treizieme de la seconde vente, suivant les Arrêts rapportés par Basnage sous cet article & sous l'article 463. Voyez Bérault, article 463.

ARTICLE CLXXIV.

Treizieme se paie au prix de vingt deniers pour livre, s'il n'y a titre , possession suffisante , ou convenant au contraire.

(*C'est-à-dire , cinq sols par écu , & huit livres six sols huit deniers pour cent.*)

Le Roi, par Arrêt du Conseil du 26 Mai 1771 , a révoqué les privileges d'exemption de treizieme dans ses mouvances ; mais par autre du 16 Juin de la même année , il fait sur le treizieme différentes remises, dont on s'instruit par la lecture de l'Arrêt , pourvu que le treizieme soit acquitté dans les trois mois du jour du contrat de vente , mais le retrayant est obligé de payer au Receveur du Domaine le montant de la remise faite à l'acquéreur.

ARTICLE CLXXV.

En toutes ainesses, les puînés sont tenus bailler à l'ainé écroë ou déclaration signée d'eux, de ce qu'ils tiennent sous lui, afin que l'ainé puisse bailler écroë entiere de l'ainesse au Seigneur, laquelle tous les puînés doivent avouer & signer chacun pour son regard.

Le Seigneur peut s'adresser aux puînés avant que d'attaquer l'ainé.

C'EST une opinion assez commune que le Seigneur peut forcer les tenans d'une masure à choisir un ainé entr'eux ; cette élection est plus commode aux cotenans qu'au Seigneur, car il a sur eux la solidité ; dans les lieux où l'ainesse est d'usage, le Seigneur a la liberté d'agir contre un des puînés pour le paiement de la totalité des rentes & redevances de Fief, sans avoir préalablement attaqué l'ainé. Cette doctrine est conforme à l'article 473 de la Coutume du Maine.

ARTICLE CLXXVI.

Si l'un des puînés renonce à sa part, elle revient à l'ainé & non au Seigneur.

Puîné qui renonce, doit payer les droits seigneuriaux du passé.

PAR cet article, les Vassaux sont autorisés de renoncer aux fonds qu'ils possedent dans une ainesse, & à ce moyen ils sont déchargés des redevances à cause des fonds pour l'avenir ; car quant aux arrérages antérieurs à leur renonciation, ils sont obligés de les payer.

Il faut aussi faire différence de la renonciation du puîné d'avec le désaveu qu'il feroit, de posséder des fonds dépendans du Seigneur ; car en cas de désaveu, les fonds reviennent au Seigneur, à moins que l'ainé ne se charge de prouver qu'ils font partie de l'ainesse.

Différence de la renonciation & du désaveu.

ARTICLE CLXXVII.

Le Seigneur féodal peut retirer le Fief tenu & mouvant de lui, s'il est vendu par le Vassal, en payant le prix & loyaux-coûts, & par ce moyen, le Fief retiré est uni au Fief duquel il étoit tenu.

NON-SEULEMENT par cet article, mais par le 452 de notre Coutume, le Seigneur féodal peut user de retrait ; mais il y a cette différence entre le retrait féodal & le retrait lignager, que le lignager peut être forcé de retirer tout ce qui est de son estoc & ligne, sans être forcé de clamer le surplus suivant l'art. 113 du Réglement de 1666, & que par l'art. 114 du même Réglement, le Seigneur ne peut être forcé de retirer que ce qui dépend du Fief, au nom duquel il clame, sans pouvoir être forcé de clamer les héritages relevans des autres Fiefs qui sont en sa main.

Différence de la clameur lignagere & du retrait féodal.

Par l'article 116 dudit Réglement, la clameur lignagere & le retrait féodal sont inccessibles.

Retrait féodal incessible.

ARTICLE CLXXVIII.

Pareillement il peut retirer la roture
vendue en son Fief, en payant le prix
& loyaux-coûts : & par ce moyen,
ladite terre est réunie au Fief, & les
rentes & charges dues à cause d'icelles
éteintes.

(Voyez *l'article* 202 , *l'article* 568
& l'article 200).

Rente de Fieffe acquise par le débiteur n'est clamable quoique la Fieffe le soit.

Par l'art. 28 du Réglement 1666 , il est dit que *rente fonciere vendue à celui qui en est redevable, ne peut étre clamée à droit lignager ni féodal ;* mais comme par la Déclaration du 10 Janvier 1725 , il est statué que les rentes de fieffe étant amorties sous 30 ans , la fieffe est clamable : on a fait la difficulté de sçavoir si la rente de fieffe passant en la main du fieffataire dans trente ans , cette rente seroit aussi clamable ; mais la question a été décidée par Arrêt du 24 Août 1756 , qui juge qu'en pareil cas les fonds fieffés sont clamables & non la rente , & que l'art. 28 dudit Réglement subsiste sans aucune altération.

Retrait féodale de même nature que le Fief, les femmes n'y prennent que le même droit.

Le retrait féodal est un moyen de réincorporer à la manse seigneuriale le fonds qui en avoit été éclipsé, de même que la confiscation, l'échéance par batardise, par déshérence , &c. aussi cet article dit qu'au moyen du retrait , la roture est réunie au fief : elle en revêt toutes les qualités intrinseques & extrinseques , suivant notre jurisprudence , comme je l'ai déjà observé.

Le

Le Seigneur qui a acquis une roture à faculté de réméré, & qui a retiré à droit féodal la faculté de réméré vendue par son vendeur, ne réunit pas pour cela la roture à son Fief, suivant un Arrêt du 18 Février 1669, cité par Basnage art. 337.

Le même Auteur rapporte un Arrêt du 13 Juillet 1628, qui dispose que le Seigneur peut retirer & rembourser au denier 20 les rentes foncieres dues par l'héritage qu'il a retiré à droit féodal; mais depuis, la question s'étant présentée au Parlement, est intervenu Arrêt le 4 Juillet 1753, rendu pour Réglement, qui dispose que la faculté portée par l'art. 201 de la Coutume, de rembourser les rentes foncieres, n'a pas lieu dans le cas du retrait féodal, & qu'un Seigneur qui retire à droit féodal un fonds sujet à une rente fonciere, ne peut amortir cette rente.

Le fonds passant au Seigneur par retrait féodal, les rentes qui lui étoient dues sur ce fonds sont éteintes. Quand une fois la rente féodale est éteinte par confusion, elle ne peut revivre sans une nouvelle stipulation à quelque titre que la confusion se soit faite. Un pere avoit fieffé un moulin dépendant de son fief, à charge de franche-moute pour sa maison & Seigneurie : depuis, ce Seigneur achete ce moulin. Après la mort du Seigneur son fils ainé prit le Fief & laissa le moulin à ses puînés, & l'ainé ayant prétendu franche-moute au moulin des puînés, par Arrêt du 28 Juin 1631, il en fut débouté, par la raison que l'ancien droit de franche-moute étoit éteint par l'acquisition que le pere avoit fait de ce moulin, suivant cette regle de Droit, *res sua nemini servit.* Par autre Arrêt du 26 Fé-

Tome I. K

vrier 1681 , il a été jugé que les rentes dues par un héritage roturier étoient éteintes *ipso facto* , lorſque cet héritage avoit été acquis par le Seigneur du fief, ſans pouvoir revivre dans la ſuite ſans une nouvelle charge, quoique le fief & la roture fuſſent poſſédés par différentes perſonnes. Pareil Arrêt du 30 Mai 1688.

Le Roi, Engagiſtes & gens de main-morte ne peuvent clamer féodalement.

Le Roi, les Engagiſtes, les Eccléſiaſtiques, à cauſe des fiefs attachés à leur bénéfice , & autres Gens de main-morte , ne peuvent clamer féodalement par un uſage reçu en cette Province.

ARTICLE CLXXIX.

Et quant aux autres charges communes entre les tenans , les autres en demeurent déchargés , à la raiſon de ce qui en étoit dû pour la terre réunie , excepté le ſervice de Prévôté.

Prévôté.
Si les puînés ſont ſolidaires envers le Seigneur qui a réuni le chef de l'aineſſe.

PRÉVÔTÉ. Voyez l'article 185.
C'eſt-à-dire, que lorſqu'il y a d'autres terres obligées , conjointement avec la terre retirée par le Seigneur, elles ne ſe trovent pas déchargées de la totalité des rentes, mais ſeulement à proportion de la terre retirée ; ſi le Seigneur réunit le chef de l'aineſſe , il ne peut exiger le reſtant des rentes ſur les puînés par indivis ; s'il veut conſerver la ſolidité, il faut qu'il remette l'aineſſe. Arrêt du 19 Décembre 1625.

Excepté le ſervice de Prévôté , duquel le Seigneur eſt déchargé pour la part réunie, ſi ce n'eſt que ce fût une Prévôté fieffée , dont le Seigneur fît réunir les fonds ; car en ce cas il devroit faire faire ce service à ses frais.

ARTICLE CLXXX.

Mais si le Seigneur achete terres de rotures tenues de lui, il est tenu faire le service de Prévôté dû par ladite terre, jusqu'à ce qu'elle soit réunie au Fief.

Sı le Seigneur aliénoit ces terres chargées du service de Prévôté, sans exprimer cette servitude, l'acquéreur en seroit exempt. Arrêt du 12 Mai 1626, rapporté par Bérault.

Si le Seigneur doit le service de Prévôté des fonds qu'il met en sa main.

ARTICLE CLXXXI.

Il peut aussi retirer la rente fonciere due à cause du fonds tenu de son Fief, vendue par le Vassal, laquelle en ce faisant, sera unie à son Fief, & néanmoins sera toujours fonciere.

(Voyez *l'art.* 501 *de la Coutume,* & 28 *du Réglement de* 1666, & *l'Arrêt que j'ai rapporté sous l'art.* 178).

Le Seigneur peut clamer la rente fonciere.

Sera *toujours fonciere* à l'effet que le Seigneur en pourra demander 29 années à la différence des rentes seigneuriales,

K ij

dont il n'en peut demander que trois, s'il
eſt Bas-Juſticier.

ARTICLE CLXXXII.

Le Seigneur ayant reçu le treizieme
d'héritage, vendu par ſon Vaſſal, peut
néanmoins le retirer, en rendant le
treizieme ; mais s'il a reçu le relief ou
la foi & hommage, il ne le peut plus
retirer d'autant qu'il la reconnu à homme, & eu pour agréable, toutefois
ſi l'acheteur s'eſt chargé du treizieme,
& le Seigneur la reçu de lui, par ſa
main ou ſigné l'endos du contrat de
vendition, il n'eſt plus reçu à la clameur.

Le Seigneur qui reçoit le treizieme eſt privé du retrait féodal.

Eᴛ *le Seigneur l'a reçu de lui, &c.* La
demande du Seigneur & l'offre du vaſſal
de payer le treizieme, ne ſeroient donc pas
ſuffiſantes pour exclure le Seigneur du retrait ;
il faut que le Seigneur ait touché le treizieme, & ait quittancé le contrat de ſa main
pour être exclus. Arrêt du 23 Juin 1684
rapporté par Baſnage.

Cependant s'il eſt queſtion de fonds décrétés, le Seigneur qui a reçu le treizieme, peut clamer, parce qu'en fait de décret le treizieme eſt payé ſur le prix de l'adjudication.

Quid ? ſi ſon receveur ou fermier l'a re-çu, & l'uſu-fruitier & douairiere.

Si le Receveur, en vertu d'une procuration générale, ou le Fermier du Seigneur,
ont reçu le treizieme, & ſigné la quittance
du contrat, le Seigneur n'eſt pas privé en
ce cas du retrait féodal en rendant le treizie-

me. Il en feroit de même fi l'ufufruitier ou la douairiere l'avoient reçu ; mais le mari qui a reçu le treizieme , exclut la femme du retrait féodal ; il eft l'adminiftrateur de fes biens , & peut prendre à fon profit les droits féodaux. Il en eft de même du Tuteur à l'égard du Mineur , fauf le recours du Mineur contre fon Tuteur.

Quid? fi le mari le reçoit.

ARTICLE CLXXXIII.

Si le Seigneur achete l'héritage de fon Vaffal, qui foit retiré par un lignager, il doit être payé de fon relief & treizieme , outre le prix & loyaux-coûts.

MAIS fi le Seigneur avoit acquis l'héritage à faculté de rachat ou réméré , & que le Vaffal rentrât dans fon fonds à titre de retrait conventionnel dans le temps fatal , le Seigneur ne pourroit en ce cas exiger de treizieme , fuivant l'Arrêt du 4 Juillet 1539, rapporté par Bérault.

Cas où le Seigneur n'a pas de treizieme pour le réméré.

ARTICLE CLXXXIV.

Pareillement , fi l'ayant retiré par puiffance de Fief , il en eft évincé par le lignager, le retrayant eft tenu lui payer les droits de relief, & treizieme.

DE *relief.* En cas de vente d'un fief noble , parce que la roture ne doit que treizieme & non relief.

ARTICLE CLXXXV.

Le Seigneur féodal, outre ses plaids ordinaires, peut tenir en son Fief un gage-plege par chacun an, auquel tous les hommes & tenans du Fief sont tenus de comparoir en personne, ou par Procureur spécialement fondé, pour faire élection du Prévôt, & pour reconnoître les rentes & redevances par eux dues, & déclarer en particulier les héritages pour raison desquels elles sont dues, ensemble si depuis les derniers aveux baillés, ils ont acheté & vendu aucuns héritages tenus de ladite Seigneurie, par quel prix, de qui ils les ont achetés & à qui ils les ont vendus, & pardevant quels Tabellions le contrat aura été passé.

(Voyez *les articles* 28 & 465).

La différence qu'il y a entre *plaids* & *gages pleges*, c'est que les plaids se tiennent de quinzaine en quinzaine, auxquels plaids il ne s'agit que de choses réelles, dont aux termes de l'art. 39 de la Cout., nul n'est tenu de répondre que de quinzaine en quinzaine, au lieu que dans les gages-pleges il n'est question que de choses mobiliaires, comme du paiement des arrérages des rentes & treiziemes.

Prévôt. Le Seigneur peut aussi obliger au gage-plege les Vassaux d'élire un Prévôt : or nous distinguons trois sortes de Prévôtés, la Prévôté tournoyante , qui est celle qui se fait par les tenans à leur tour ; ce service n'est qu'annal , & ne consiste qu'à faire des saisies & arrêts , la publication des plaids & gages - pleges , & toutes assignations , à la requête du Seigneur pour le service du fief. 2°. La Prévôté fieffée , lorsque le Seigneur a fieffé certains héritages aux charges de faire ce service , faute de quoi le Seigneur pourra établir un Prévôt aux dépens du Fieffataire. Enfin la Prévôté receveuse , qui outre les expéditions & exploits est tenue de recueillir les rentes & en faire les deniers bons au Seigneur. La jurisprudence des Arrêts est que ce droit ne peut être exigé par les Seigneurs , à moins que les Vassaux n'y soient obligés par leurs aveux ; mais ce droit étant établi par titres , il est imprescriptible. Arrêts des 12 Mars 1636 & 6 Mai 1678. *Basnage.*

<table><tr><td></td><td>Ce droit doit être établi par titre.</td></tr></table>

<table><tr><td></td><td>Est imprescriptible.</td></tr></table>

Ceux qui n'ont point de masures ne sont point assujettis à ce droit. Arrêts du 26 Février 1545 & 19 Janvier 1672 : *secùs* , dans les Bailliages de Caen & Cotentin , où le Vassal , qui par son aveu est obligé à ce service , doit l'acquitter , quoiqu'il ne soit pas masurier. *Ibidem & Bérault.*

<table><tr><td></td><td>Ceux qui n'ont point de maisons en sont exempts.</td></tr></table>

Arrêt du 17 Juillet 1693 , qui juge que la Prévôté de Pirou est receveuse ; que les Vassaux nommeront chaque année un Prévôt solvable pour recevoir les rentes du Seigneur , suivant le rôle que le Seigneur lui communiquera & mettra aux mains , parce qu'en cas que quelques rentes fussent contredites , le Seigneur sera obligé d'y défendre , que les Prévôts rendront compte trois mois après l'année de leur gestion. En cas de dissipation des deniers de la part du Prévôt , ou de négligence de faire la recette , les hommes font tenus d'indiquer biens-meubles exploitables fur le Prévôt ; & au défaut d'indication , le Seigneur de Pyrou aura recours contre douze des plus folvables de fes hommes & tenans , qui en pourfui-vront la récompenfe , pour être faite la ré-partition , à raifon de ce que chacun des tenans eft redevable des rentes : cet Arrêt décide encore plufieurs autres queftions qui font traitées dans l'analyfe de ce chapitre.

Ceux qui tiennent noblement ne font point fujets au fervice de Prévôté , & ceux qui le doivent , peuvent mettre un autre en leur place pour faire le fervice. Arrêt du 8 Février 1624.

En payant le dixieme du re-venu annuel on en eft quitte.

Le Vaffal peut fe décharger de la faifance de la Prévôté même receveufe , en payant au Seigneur le dixieme du revenu annuel des ren-tes & redevances , dont le Prévôt Receveur doit faire la recette , art. 29 du Réglement de 1666. Arrêt du 19 Janvier 1672. Cette regle a lieu à l'égard des Prévôtés de toute efpece.

ARTICLE CLXXXVI.

Le gage-plege doit être tenu par le Sénéchal du Fief , en la préfence du Greffier Tabellion , Notaire ou autre perfonne publique , avant le 15 de Juil-let , pour le plus tard ; & doivent tous les aveux & actes , tant des plaids que de gages-pleges , être fignés du Sénéchal & du Greffier , ou autre perfonne publi-que , ayant été commis à faire le Greffe.

A vant le 15 de Juillet , afin que les Vaffaux qui font occupés à leur récolte n'en foient pas diftraits.

ARTICLE CLXXXVII.

Où les hommes & tenans seront dé-
faillans de comparoir aux gages - pleiges, ils seront mis en amende, qui
ne pourra excéder la somme de cinq
sols, pour le défaut de chacune tête,
laquelle amende sera taxée par le Sénéchal, selon la qualité & quantité
desdits héritages tenus par le Vassal.
Et outre ladite amende, pourra le
Sénéchal saisir les fruits de l'héritage
& iceux, bannir pour le paiement des
rentes & redevances dues, sans préjudice de l'amende des plaids, qui est
de dix-huit sols un denier.

(Voyez *les art.* 33 & 112).

SELON *la qualité & quantité des héritages,*
&c. c'est-à-dire, que l'amende la plus forte
est de cinq sols, & qu'elle ne peut être ex-
cédée ; mais que le Sénéchal peut la diminuer en cas que le Vassal eut peu d'héritages.

ARTICLE CLXXXVIII.

Où les hommes & tenans ne seront
resséans du Fief, ils sont tenus de bailler plege resséant dudit Fief, de payer
lesdites rentes & redevances pour ladite année.

AFIN que le Seigneur ait où adresser ses
saisies aux fins d'être payé de ses droits,
cette caution de resséantise doit être signée

K v

fur les Regiftres du Greffier pour plus grande authenticité, parce qu'alors elle eft réputée caution judiciaire.

ARTICLE CLXXXIX.

La proclamation du gage-plege, doit être faite publiquement à jour de Dimanche, iffue de la Grand'Meffe Paroiffiale, par le Prévôt de la Seigneurie, quinze jours avant le terme d'icelui, & doit contenir ladite proclamation le jour, lieu & heure de la féance.

COMME la Coutume ne fixe pas le jour, lieu & heure où le Seigneur tiendra fon gage-plege, il eft jufte qu'il avertiffe fes Vaffaux, & que la proclamation renferme le jour, lieu & heure de la féance.

Il dépend du Seigneur de tenir fes plaids dans la maifon qu'il lui plaira de fes Vaffaux, pourvu que ce foit dans l'étendue de fon fief; mais cependant fi le Seigneur en adoptoit une feule, & qu'il voulût charger fon Vaffal de cette fervitude, le Vaffal pourroit s'en faire décharger devant le Juge Royal, & faire ordonner qu'il ne fupporteroit cette féance de Jurifdiction qu'à fon tour & rang. Arrêt du 10 Décembre 1603.

ARTICLE CXC.

Le Sénéchal & Greffier doivent être personnes approuvées en Justice & domiciliées sur le Fief, ou bien à trois lieux près d'icelui.

IL ne faut pas confondre les Officiers des Hautes-Justices dont j'ai parlé sous l'art. 13, avec le Sénéchal du Bas-Justicier, le Sénéchal peut être destitué *ad nutum* hors deux cas ; le premier lorsqu'il est nommé pour récompense de service ; le second si l'on vouloit le destituer pour cause infamante ; car alors il est en droit de soutenir son honneur. Nos Auteurs rapportent un ancien Réglement, qui dit qu'un Procureur en la Cour peut exercer cet Office de Sénéchal ; mais je ne croirois pas qu'un Procureur de Jurisdiction Royale inférieure eût ce droit ; c'est l'opinion de Godefroi, l'usage est cependant contraire.

ARTICLE CXCI.

Les plaids & gages-pleges doivent être proclamés & tenus, & les écroës baillés sous le nom du Seigneur propriétaire, & de l'usufruitier conjointement. Pourra aussi le propriétaire avoir homme en son nom aux plaids & gages-pleges pour la conservation de ses droits.

(Voyez *les articles* 109 *&* 203).

K vj

De la forme des plaids & gages - pleges par l'usufruitier, au nom du Propriétaire.

BÉRAULT rapporte un Arrêt du 22 Février 1572 , qui ordonne que l'usufruitier fera tenir les plaids & gages-pleges , & commettra le Sénéchal. Mais ils doivent être tenus aux noms du propriétaire & de l'usufruitier ; le propriétaire a la liberté d'assister aux plaids ou gages-pleges , ou d'y avoir un Procureur pour conserver ses intérêts. Arrêt du 17 Juin 1536 *ibidem.* La douairiere n'a point de Jurisdiction séparée du propriétaire , & elle ne peut recevoir la foi & hommage , mais seulement les reliefs & treiziemes. *Idem* des Engagistes. Bacquet , Droits de Justice , chap. 12 , n°. 14 & 15.

ARTICLE CXCII.

Les aveux & dénombremens, écroës & déclarations doivent être présentés aux Seigneurs par les propriétaires, en leur nom, encore que l'usufruit appartienne à d'autres personnes.

(Voyez *les articles* 109 *&* 203).

ARTICLE CXCIII.

Les acheteurs sont tenus faire foi & hommage, bailler aveux & faire payer tous droits seigneuriaux , encore que par le contrat il y ait condition de rachat.

(Voyez *l'article* 109).

Voyez l'Arrêt que j'ai rapporté fous l'art. 171 du 14 Juillet 1722.

ARTICLE CXCIV.

Tout Seigneur de Fief a droit de Varech, à caufe de fon Fief, tant qu'il s'étend fur la rive de la mer, comme femblablement des chofes gaives.

Varech.

Je parlerai de ce droit au chapitre de Varech.

ARTICLE CXCV.

Les terres d'alluvion accroiffent aux propriétaires des héritages contigus, à la charge de les bailler par aveu au Seigneur du Fief, & en payer les droits feigneuriaux, comme des autres terres adjacentes, s'il n'y a titre, poffeffion, ou convenant au contraire.

Alluvion à qui appartient.

ARTICLE CXCVI.

Quand le frere ainé est âgé, la garde de tous les Fiefs de la succession finit, combien que tous les puînés soient encore en bas âge ; & fait ledit ainé la foi & hommage de tous les Fiefs, & en paie les reliefs pour tous ; & néanmoins après les partages faits, les puînés sont tenus faire la foi & hommage chacun pour son regard, sans qu'ils soient tenus payer autre relief.

Je parlerai de cet article au chapitre des Gardes.

ARTICLE CXCVII.

Si tous les enfans auxquels appartient le Fief, sont mineurs & en tutele, le Seigneur féodal est tenu de donner souffrance à leurs tuteurs, jusqu'à ce qu'ils, ou l'un d'eux, soit en âge pour faire la foi & hommage, en baillant déclaration par le tuteur des Fiefs & charges d'iceux, ensemble les noms & âges desdits mineurs, & payant par chacun an les rentes qui sont dues au Seigneur, à cause desdites terres, sinon au cas que le Seigneur tienne les héritages en fa main, & faffe les fruits fiens : pour faire laquelle foi & hommage le fils eft réputé âgé à vingt-un an accompli, s'il eft en la garde du Roi, & vingt ans accomplis, s'il eft à la garde des autres Seigneurs.

La furféance que le Seigneur eft obligé de donner à l'enfant mineur, poffeffeur de fief, ne concerne que la foi & hommage, aveux & dénombremens ; elle ne fufpend pas le paiement des droits utiles. *Ha inducia folam fidelitatem fpectant, & non remorantur actionem jurium utilium.*

Ce qu'opere la fouffrance.

<hr/>

ARTICLE CXCVIII.

Le Seigneur féodal doit auffi donner fouffrance au tuteur pour les terres roturieres appartenant aux mineurs, jufqu'à ce qu'ils, ou l'un d'eux foit en âge pour préfenter aveu, en baillant par le tuteur déclaration defdits héritages & charges d'iceux, avec les noms & âges des mineurs, & payant les rentes, pour lequel aveu baillé le fils ainé eft réputé âgé à vingt ans accomplis.

Le Seigneur doit fouffrance au mineur.

Si par la déclaration du Tuteur les Mineurs fe trouvent lézés, ils ont la faculté de s'en relever, fans qu'ils puiffent être préjudiciés par le fait de leur Tuteur.

Mineurs ne peuvent être préjudiciés par le tuteur envers le Seigneur de Fief.

Bafnage ne croit même pas qu'il foit befoin qu'ils prennent des lettres de reftitution, & qu'ils peuvent réclamer après la trente-cinquieme année de leur âge.

ARTICLE CXCIX.

Foi & hommage par le mari au Seigneur du Fief de la femme. Homme époufant femme à qui appartient Fief noble, eft tenu faire foi & hommage au Seigneur, & ne doit payer aucun relief, pourvu que la femme l'ait une fois payé.

Si la femme n'a pas avant le mariage fait la foi & hommage, c'eft un devoir du mari ; mais quoique la femme ait fait hommage, le mari doit le faire parce qu'à caufe de la puiffance maritale, il eft en quelque forte réputé un nouvel homme à cet égard. Coutume de Bretag., art. 351, Chauni 80, Senlis 167, Lorraine tit. 5, 9, Tours 144, Lodunois titr. 14, 20, Poitou 116, 144, 145, 146, Saintonge 38. Néanmoins fi le mari étoit abfent, la femme feroit reçue à rendre aveu & faire foi & hommage du fief qui lui feroit échu conftant le mariage. D'Argentré fous l'art. 339 de l'ancienne Coutume de Bretagne.

ARTICLE CC.

Les acquisitions que fait le Seigneur, en son Fief noble, des terres tenues de sondit Fief, sont toujours réputées acquêts de son vivant, s'il ne les a retirées à droit de sa Seigneurie ; mais si son successeur les a possédées comme Domaine non fieffé par 40 ans, elles sont censées réunies au corps du Fief, encore qu'il n'y ait point de réunion expresse.

VOYEZ l'art. 178, où j'ai expliqué la réunion qui se fait par le retrait féodal.

L'art. 30 du Réglement de 1666, porte que *l'héritage noble ou roturier acquis par le Seigneur, n'est pas réuni au fief duquel il releve, s'il n'est retiré ou échu à droit féodal, ou après le temps porté par l'art. 100 de la Coutume.*

Moyens de réunion au Fief par acquisition.

Les acquisitions, &c. Par ces termes on doit entendre toutes sortes d'acquisitions, soit à prix d'argent ou par échange, qui n'operent de réunion que par une possession quadragénaire dans la personne du successeur de l'acquéreur. Arrêt du 14 Août 1668. Autre Arrêt du 6 Février 1691.

Question de sçavoir si cet article, n'ayant pour objet que les terres roturieres, s'étend aux fiefs. L'article 30 du Réglement de 1666 la décide, il y est dit que *l'héritage noble ou roturier acquis par le Seigneur n'est pas réuni au fief duquel il releve, s'il n'est retiré ou échu à droit féodal.*

ou *après le temps porté par l'art.* 200. Mais
fi le Seigneur acquéroit un fief qui ne relevât point du fien, pour lors cette réunion
ne peut jamais avoir lieu , parce que la
condition requife par la Coutume manque abfolument. Arrêt du 29 Janvier
1674.

Un homme a un fief, il époufe une
femme qui a une terre relevante de fon
fief ; les mariés vivent long-temps enfemble,
laiffent un fils qui poffede feul le fief & la
terre plus de cinquante ans. Il décede &
laiffe quatre fils ; l'ainé déclare prendre le
fief & la terre , qu'il prétend réunie aux
termes de cet article par Arrêt du 21 Juin
1605 , le frere ainé fut jugé non-recevable d'autant qu'il ne fe fait point de réunion d'héritages provenans de diverfes fouches.

On ne peut unir à un fief relevant du Roi
un autre fief qui n'en releve point. Arrêt
des 8 Février 1753 & 18 Mars 1755. Il en
eft de même lorfque deux fiefs relevent de
deux Seigneurs particuliers.

ARTICLE CCI.

Le Fief re-
tou   Sei
gn   à la
cha   es ren-
tes ,   c.

Le Fief retourne au Seigneur , à la
charge tant des rentes foncieres &
hypotheques , que dettes mobiles dues
par le Vaffal , difcuffion préalablement faite de fes meubles , lefquelles
rentes foncieres , il pourra racquitter
au prix du denier vingt , excepté celles
dues à l'Eglife , dont elle aura joui
paifiblement par 40 ans , fi elles ne

font racquittables , fuivant l'Edit du Roi , ou qu'autre prix fut mis par le contrat.

A L A charge tant des rentes , &c. Mais le Seigneur n'eft tenu qu'hypothécairement des dettes mobiliaires du Vaffal , & ne peut être attaqué perfonnellement , fuivant l'article 24 du Réglement de 1666 , qui difpofe que *le Seigneur n'eft point tenu perfonnellement de payer les dettes mobiliaires qui étoient dues par le Vaffal lorfqu'il eft entré en jouiffance , fans préjudice de l'hypotheque des créanciers.*

Dont il n'eft tenu qu'hypothécairement.

ARTICLE CCII.

Les héritages , tant nobles que roturiers , retirés par l'ufufruitier , font réunis au corps du Fief , & peut le propriétaire après l'ufufruit fini , en demander la jouiffance en rembourfant les héritiers de l'ufufruitier , de ce qu'il aura débourfé.

Ufufruitier peut clamer féodalement.
Doit être rembourfé.

P A R l'art. 108 du Réglement de 1666 , il eft dit : *que l'héritage réuni par retrait féodal au fief qui tenoit nature de propre , eft cenfé propre.*

Il faut diftinguer les héritages retirés féodalement par l'ufufruitier , de ceux qu'il acquiert fous le fief qu'il poffede à ce titre. Le propriétaire peut bien rembourfer aux héritiers de l'ufufruitier les héritages clamés , mais il ne peut les forcer de lui abandonner ceux que leur auteur a acquis dans le fief.

Quand le Seigneur rembourse les héritages retirés par l'usufruitier, il doit en payer le treizieme aux héritiers de l'usufruitier auquel ce treizieme appartenoit.

Le propriétaire ne peut être forcé de rembourser les frais du retrait qu'après l'usufruit fini. Arrêt du 29 Mai 1612. Bérault.

Le même Auteur dit que les héritiers de l'usufruitier ne peuvent disposer de l'héritage clamé, sans le consentement du propriétaire : cependant si ce dernier refusoit de rembourser, les héritages clamés leur restant à titre de propriété, ils les tiendront du fief aux mêmes charges qu'avant le retrait, & ces héritiers seront libres d'en disposer.

ARTICLE CCIII.

Et quant aux choses venues par confiscation & droit de ligne éteinte, ou autres droits de réversion, l'usufruitier en jouira sa vie durant, & seront les hoirs tenus en laisser la jouissance au propriétaire, en remboursant ce qui aura été payé pour l'acquit & décharge du fonds.

L A Coutume ne détermine point le temps dans lequel se fera ce remboursement ; mais son intention n'étant pas de laisser les droits des héritiers de l'usufruitier toujours incertains, il semble qu'après un délai raisonnaole, ils peuvent interpeller le propriétaire de s'expliquer.

ARTICLE CCIV.

Le Vaffal fe peut éjouir des terres, rentes & autres appartenances de fon Fief, fans payer treizieme à fon Seigneur féodal, jufqu'à démiffion de foi & hommage excluſivement, pourvu qu'il demeure affez pour fatisfaire aux rentes & redevances dues au Seigneur.

BASNAGE dit que c'eft une maxime certaine en cette Province, que le Seigneur peut vendre par un premier contrat le domaine non fieffé, & le fief par un fecond, que pour lors il n'eft dû des lods & ventes que du dernier contrat, & que cette maxime a lieu, quoiqu'il paroiffe que les deux contractans n'aient eu d'autres vues que celles d'altérer les droits de treizieme : il rapporte même des Arrêts conformes à fon opinion ; mais cette Jurifprudence a changé, & par une Déclaration du Roi du 23 Juin 1731, il eft ordonné que lorfque la propriété du fief & celle du domaine utile & non fieffé, paffent en la même main dans l'efpace de dix ans, à compter du jour de la premiere des aliénations féparées, il fera au choix des Seigneurs dont la terre fera mouvante de la retirer féodalement en entier, ou d'en percevoir les droits de treizieme, comme fi le tout eût été aliéné par un même acte. *Voyez* cette Déclaration que j'ai rapportée dans mon *Traité des Fiefs*, page 258.

Treizieme dû en cas de vente du Fief & du Domaine non fieffé par acte féparé.

Fiefs de dignité ne se peuvent démembrer.

Il faut excepter de la regle de cet article les fiefs de dignité, mouvans de la Couronne, comme Duchés, Marquisats & Comtés, qui comme indivisibles, ne peuvent être aliénés qu'en totalité ; cependant il résulte d'un Arrêt du 27 Août 1743, que le propriétaire d'une Baronnie peut céder le droit de patronage avec une portion du domaine utile d'un des fiefs qui la composent, sans déshonorer la Baronnie.

Seigneur ne peut aliéner les Vassaux nobles.

Il n'est pas permis à un Seigneur d'aliéner les Vassaux qui tiennent de lui noblement, & consentir qu'ils relevent d'autres Seigneurs que de lui : il a même été jugé que le Roi ne pouvoit démembrer les fiefs relevans de son domaine pour les faire relever d'autres Seigneurs. Arrêt du 21 Août 1673 pour le fief de Folleville-le-Sens ; le Seigneur ne peut céder que la tenure roturiere.

Le Vassal peut tirer de la marne sur son fonds.

Pareillement un Seigneur ne peut empêcher son Vassal de tirer de la pierre, de la marne, ou autres choses de son fonds : cela a été jugé le 14 Février 1648 contre un Seigneur qui vouloit empêcher son Vassal de tirer de la marne sur le fonds qui étoit de sa censive, pour la transporter sur un fonds qui n'en étoit pas.

ARTICLE CCV.

Le Vassal doit pleiger son Seigneur, pour délivrer ses namps, jusqu'à la concurrence d'une année de la rente qu'il lui doit.

PAR l'art. 210 de l'Ordonnance de 1629, les Seigneurs ne peuvent faire obliger leurs Vassaux à les cautionner : ces cautionnemens sont nuls, à moins que les Vassaux ne soient leurs Fermiers, auquel cas ils peuvent s'obliger jusqu'à la concurrence du prix du bail. *Vassal n'est tenu & ne peut cautionner son Seigneur.*

Le Seigneur ne peut contraindre son Vassal de lui vendre son héritage pour sa commodité. Cette vente forcée n'a lieu que pour l'intérêt public. *Le Vassal ne doit la commodité du Seigneur.*

ARTICLE CCVI.

Le Seigneur peut détourner l'eau courante en sa terre, pourvu que les deux rives soient assises en son Fief, & qu'au sortir d'icelui il les remette en leurs cours ordinaires, & que le tout se fasse sans dommage d'autrui.

PAR Arrêt du 15 Juillet 1755, il a été jugé que le Seigneur propriétaire des deux rives d'une petite rivière, qui coule dans son fief, peut, au préjudice des propriétaires des moulins qui sont au-dessous, *Arrêt pour irrigation des prairies.*

faire conftruire un batardeau dans la riviere, afin de l'arrêter pour l'irrigation de fes prairies, à condition néanmoins qu'il ne s'en fervira que depuis le Samedi à foleil couchant, jufqu'au Dimanche à pareille heure.

Les rivieres navigables appartiennent au Roi, & aucun Seigneur ne peut y avoir des droits que par fa permiffion.

Quant aux fervitudes des eaux, j'en parlerai fous l'art. 607.

Un homme eft propriétaire de deux moulins bannaux, qui ne tournent qu'au moyen d'un ruiffeau dont les deux rives font affifes dans le fief du Seigneur voifin. La Cour dans cette efpece condamna le Seigneur de faire curer ce ruiffeau une fois par an au mois d'Avril ou de Mai, & permit, s'il y manquoit, au propriétaire des moulins de l'y contraindre, trois jours après l'avoir averti. Il fut en outre ordonné que les vafes refteroient fur le bord de l'eau, fi mieux n'aimoit le Seigneur permettre au propriétaire des deux moulins de les enlever. L'Arrêt eft du 8 Avril 1701.

Riviere navigable.

ARTICLE CCVII.

Ceux qui ont de nouveaux étangs, foffés ou éclufes, ne peuvent détenir les eaux des fleuves & rivieres, qu'ils ne courent continuellement pour la commodité de ceux qui font au-deffous, à peine de répondre de tous dommages & intérêts.

Nouveaux *étangs*, c'eft-à-dire, ceux qui étoient faits depuis quarante ans, au temps de la réformation de la Coutume.

L'ufage

L'usage de cette Province est qu'on peut accommoder son fonds comme on veut, & que par conséquent on peut y faire, sans la permission du Seigneur, fossés ou étangs, pourvu qu'on n'apporte point de dommage à autrui.

ARTICLE CCVIII.

Et ceux qui ont d'ancienneté fosses ou écluses, ne peuvent retenir l'eau, sinon depuis Soleil levant jusqu'au Soleil couchant.

ARTICLE CCIX.

Roteurs ne peuvent être faits en eau courante, & si aucun veut détourner eau pour en faire, il doit vuider l'eau dudit roteur, en sorte que l'eau d'icelui roteur, ne puisse retourner au cours de la riviere.

Bérault rapporte un Arrêt du 4 Avril 1532, qui fait défenses de faire roteurs sur les rivieres, nonobstant toute possession. Depuis la Cour a rendu Arrêt en Grand'-Chambre le 14 Décembre 1719, qui fait défenses de mettre aucuns lins ni chanvres dans les rivieres, fossés courans & mares publiques, ni d'y jetter aucunes ordures ni immondices, à peine de cinquante livres d'amende & de confiscation des lins & chanvres.

ARTICLE CCX.

Nul ne peut faire conſtruire de nouveau pêcherie ou moulin , ſi les deux rives de la riviere ne ſont aſſiſes en ſon Fief.

De ceux qui peuvent avoir des moulins.

L E moulin n'eſt point inhérent au fief, quoiqu'il ſoit un droit féodal , puiſqu'on peut le poſſéder ſans fief , art. 161 de la Coutume : cependant un roturier qui auroit les deux rives d'une riviere dans ſa roture , ne peut conſtruire de moulin , ce droit eſt réſervé au Seigneur qui en a la mouvance.

Des droits de bannalité & verte-moute.

Il faut encore que pour établir un moulin on ne cauſe pas de dommage à autrui ; ſi le moulin qu'on veut établir faiſoit tort à ceux d'au deſſus , en faiſant regorger l'eau , ou à ceux d'au-deſſous , en faiſant trop de retenue ; pour lors on en reviendroit à un nivellement de la hauteur d'eau , & en cas de préjudice notable , les voiſins ſeroient reçus à s'oppoſer.

Non-ſeulement il faut être Seigneur des deux rives , mais il faut être propriétaire de la riviere ; car ſi elle appartenoit à un autre , ce ſeroit un obſtacle à la conſtruction.

La bannalité des moulins eſt une ſervitude impoſée ſur les Vaſſaux , qui les oblige à faire moudre au moulin du Seigneur les grains qu'ils conſument chez eux , tant ceux qu'ils recueillent ſur le fief , que ceux qu'ils achetent au marché. Arrêt du 17 Janvier 1541. Autre du 26 Avril 1663. Autre du 17 Juillet 1665.

La bannalité étant une servitude, il faut un titre pour l'exiger, une possession centenaire & immémoriale ne suffit pas ; mais quand la plus grande partie des Vassaux y est assujettie, elle entraîne l'obligation du reste, à moins qu'il n'y ait titre d'exemption, *major pars cateras obligat. L. major 19. §. municip. mornac.*

Les Nobles qui ne possedent pas de fief, le Curé même de la Paroisse qui n'a pas un titre d'exemption, sont sujets à la bannalité.

Un Meûnier peut arrêter sur l'étendue de la bannalité le grain des Meûniers qui viennent chasser sur son fief & district. Arrêt de Dijon en 1628. Il peut même arrêter les contrevenans à la bannalité, sans être obligé de se servir du ministere d'Huissiers ou Sergens. Arrêt du 24 Janvier 1765.

Les moulins à vent n'ont point de bannalité.

Le droit de verte-moute est un droit que le Seigneur exige du Vassal qui possede & laboure des terres sises sous la bannalité de son moulin, & qui en enleve les fruits pour les engranger ailleurs que sous le fief.

Mais le droit de bannalité n'emporte point celui de verte-moute ; il faut un titre spécial & constitutif du droit de verte moute. Arrêt du 23 Juillet 1736.

Droits & sujétions des meûniers.

Le meûnier a la seiziéme partie des grains qu'il fait moudre, art. 388 de la Coutume de Bretagne. Son moulin à cet effet doit être pourvu de banquarts & mesures de cuivre, & le Vassal a une action contre le Meûnier & le propriétaire pour faire mettre le moulin en regle. Arrêts de 1650, 1692, 25 Mai 1753.

Le Meûnier ne doit garder le grain que

vingt-quatre heures dans son moulin , & le rendre moulu en ce temps. Arrêt du 20 Mai 1689.

Sur les moulins , bannalité , verte-moute, obligations & droits des Meûniers. Voyez mon *Traité des Fiefs* , page 153 & suiv. où j'ai traité tous ces objets.

ARTICLE CCXI.

Tréfor trouvé aux Terres du Domaine du Roi , appartient au Roi , & s'il est trouvé ailleurs , il appartient au Seigneur de Fief , soit Laique ou Ecclésiastique.

Tréfor trouvé sur le Fief de la femme , appartient au mari.

Si le fief sur lequel le tréfor est trouvé appartient à une femme mariée , il revient au bénéfice de son mari , comme un meuble.

Tout argent trouvé n'est pas tréfor ; Tronçon nous apprend qu'un homme ayant caché de l'argent dans sa maison , la vend : l'acquéreur , en démolissant la maison , trouve l'argent , les héritiers du vendeur le réclament , & il leur fut adjugé par Arrêt. Tronçon , art. 57.

ARTICLE CCXII.

Néanmoins s'il est trouvé dans la Nef ou Cimetiere de l'Eglise , il appartient à la Fabrique , & s'il est trouvé dans le Chœur de l'Eglife, il appartient à celui qui doit entretenir le Chœur ou Chancel.

Les gros Décimateurs doivent rédifier le chœur, & en outre contribuer à la rédification de la nef à proportion & à caufe des dîmes & autres biens qu'ils poffedent en la Paroiffe.

Arrêt du Parlement de Rouen du 7 Juin 1652, qui juge que les propriétaires des maifons de Saint-Eloi de Rouen contribueroient des trois quarts à la réparation du Presbytere, & les locataires de l'autre quart. Pareil Arrêt pour la paroiffe de Maromme.

L'Edit de 1695, art. 22, ordonne que les habitans des Paroiffes donneront un logement convenable aux Curés. Il s'étoit à cet égard gliffé un abus, qui affujettiffoit les habitans à l'entretien & réfection des groffes réparations de tous les logemens des Presbyteres ; mais aujourd'hui l'on ne comprend fous ces termes de *logement convenable* que le logement néceffaire au Curé ; il réfulte d'une lettre écrite par M. d'Ormeffon à MM. les Commiffaires départis, que les Paroiffiens font feulement tenus de fournir aux Curés un logement convenable, fans comprendre les granges, preffoirs, & étables, excepté une écurie quand la Paroiffe eft d'une certaine étendue à obliger le Curé d'avoir un cheval pour vifiter fes Paroiffiens.

TITRE X.

DES GARDES.

LA garde - noble eſt une appartenance aſuelle du fief, en vertu de laquelle le Seigneur jouit des fiefs appartenant à ſon Vaſſal mineur.

ARTICLE CCXIII.

Des gardes.

Les enfans mineurs d'ans, après la mort de leur pere, mere, ou autre leur prédéceſſeur, tombent en la garde du Seigneur, duquel eſt tenu par foi & hommage le Fief noble à eux échu, ſoit Fief de Haubert, ou membre de Haubert, juſqu'à un huitieme.

Si les Eccléſiaſtiques ont ce droit.

BASNAGE préſente, ſous l'art. 178 & ſous cet article, comme problématique, la queſtion de ſçavoir ſi les Eccléſiaſtiques doivent jouir du droit de garde - noble : on a les plus fortes raiſons de le leur refuſer.

Puînés paragers en ſont exempts.

Comme il n'y a que ceux qui font foi & hommage qui tombent en garde, les paragers n'étant point obligés à la foi & hommage, ne tombent point en garde ; il n'y a que l'ainé qui fait foi & hommage dont la part tombe en garde.

ARTICLE CCXIV.

Il y a garde-noble royale, & garde-noble seigneuriale.

LES Mineurs possédans colombier, moulin & autres droitures féodales, séparées du fief noble, ne tombent point à raison d'icelles en garde-noble royale ni seigneuriale, art. 31 du Réglement de 1666.

Deux sortes de garde.

ARTICLE CCXV.

La garde-noble royale est, quand elle échet pour raison du Fief noble tenu nuement & immédiatement de lui, & a le Roi par privilege spécial, que non-seulement il fait les fruits siens des Fiefs nobles immédiatement tenus de lui, & pour raison desquels on tombe en sa garde ; mais aussi il a la garde, & fait les fruits siens de tous les autres Fiefs nobles, rotures, rentes & revenus tenus d'autres Seigneurs que lui, médiatement ou immédiatement : à la charge toutefois de tenir en état les édifices, manoirs, bois, prés, jardins, étangs & pêcheries, payer les arrérages des rentes seigneuriales, foncieres & hypotheques qui échéent pendant la garde, & de nourrir & entretenir bien & duement les enfans

felon leur qualité , âge , facultés &
famille ; & font ceux auxquels le Roi
fait don defdites gardes , fujets auxdi-
tes Charges , & d'en rendre compte
au profit des mineurs.

Par l'art. 32 du Réglement de 1666 ,
il eft dit : *Que la jouiffance de la garde-*
noble Royale ou Seigneuriale ne commence
que du jour que celui qui la prétend en a
fait la demande en Juftice, où le donataire
préfente les lettres du don qu'il en a obtenu ,
pour être enregiftrées , lefquelles lettres fe-
ront fans effet , fi l'impétrant n'obtient fur
icelles un Arrêt d'enregiftrement.

Par l'art. 33 dudit Réglement, il eft dit :
Que les meubles du Mineur ne tombent point
en garde , foit Royale ou Seigneuriale.

Par l'art. 34 dudit Réglement, il eft dit :
Que celui qui a la garde-noble Royale , eft
comptable des fruits des immeubles du Mi-
deur, au profit duquel il doit payer ce qui
en reftera après les charges acquittées , aux-
quelles charges il n'eft obligé que jufqu'à la
valeur du revenu du Mineur.

Par l'art. 35 il eft dit : *Qu'il eft exempt*
des intérêts pupillaires , à raifon de quoi
il ne peut demander aucune chofe pour fes
vacations , mais feulement fes voyages &
féjour hors de la maifon.

L'art. 36 porte : *Que le don ou remife de*
la garde Royale faite à la mere , quoiqu'elle
ne foit pas Tutrice, ou au Tuteur depuis
fon élection , eft réputée faite au Mineur ,
au profit duquel ils font obligés de tenir compte
des intérêts pupillaires : ce qui a auffi lieu,
fi lors de ladite élection , le Tuteur ne s'eft
réfervé à jouir de la garde qui lui étoit acquife
avant la tutele.

L'opinion commune eſt que les rentes hypotheques tombent en la garde-noble Royale.

Lorſque le Roi remet ſon droit de garde-
noble, les plus proches parens ſont préférés. Le Roi remit la garde-noble d'un Mineur a ſa mere ; pendant la minorité tom-
ba un arriere-fief en garde au profit du
Mineur, la mere en fit remiſe ; ſon fils,
devenu majeur, réclama contre la remiſe
faite par ſa mere, attendu que cette remiſe ne pouvoit avoir lieu que pendant
ſa minorité, & qu'à ſa majorité il rentroit
dans ſon droit, ſa Tutrice n'ayant pu le
préjudicier ; il en fut débouté par Arrêt du
5 Mai 1643. Si ç'eût été un Tuteur particulier, l'Arrêt n'eût pas été rendu de la
ſorte : la qualité de la mere détermina cet
Arrêt, comme nous l'atteſte Baſnage.

La garde-noble Royale n'attire point les
fiefs de diverſes ſucceſſions, ſuivant un Arrêt du 18 Juillet 1617 rapporté par Bérault.

ARTICLE CCXVI.

Le Seigneur féodal a ſeulement la
garde des Fiefs nobles qui ſont tenus
de lui immédiatement & non des autres Fiefs & biens appartenans auxdits
mineurs tenus d'autres Seigneurs, ſoit
en Fief ou en roture.

Il faut excepter le cas du droit de viduité
du mari, qui lui appartient ſur les fiefs
de ſa femme au préjudice du Seigneur, ſuivant l'art. 383.

Si le Seigneur trouvoit que la garde noble
lui fût onéreuſe, il peut la quitter & aban-

Mari préféré au Seigneur pour l'uſufruit.

donner ; mais il doit payer les arrérages des rentes , & autres charges annuelles échues pendant sa jouissance , quoiqu'elles excédent le revenu.

Si le Seigneur peut être destitué de la garde. Un Seigneur qui abuseroit de la garde , & chercheroit à détruire les droits des Mineurs par esprit de nuire, pourroit être destitué de la garde-noble ; mais la contestation ou demande qu'il feroit de droits qu'ils penseroit lui être dûs légitimement , n'est pas un motif de destitution. Arrêt du 8 Mai 1640. Autre Arrêt du 16 Décembre 1667, rapporté par Basnage. *Voyez* art. 220.

ARTICLE CCXVII.

Les biens appartenans à sous-âges , soit en Fief ou roture , lesquels ne tombent en garde, sont régis & gouvernés par leurs tuteurs , à la charge de leur en rendre compte quand ils seront en âge.

Si tous les Fiefs tombent en garde. BASNAGE pose pour principe que tous les fiefs en Normandie tombent en la garde du Seigneur dont ils sont tenus par foi & hommage , le principe est vrai ; & quoiqu'en parage la part seule de l'ainé tombe en garde, c'est une exception introduite par la Jurisprudence , car régulierement l'ainé parager couvre tout le fief. La conséquence que tire cet Auteur paroît naturelle ; il faut donc entendre par cet article les fiefs qui relevent des gens de main-morte qui possedent par aumône , & non par foi & hommage.

ARTICLE CCXVIII.

Le Seigneur fait les fruits de la garde
fiens, & n'eft tenu à la nourriture &
entretenement des perfonnes des fous-
âges s'ils ont échettes ou autres biens
roturiers : mais ou les tuteurs & parens mettroient tous les héritages &
biens defdits fous-âges entre les mains
du Seigneur gardain, en ce cas, il
eft tenu les nourrir & entretenir felon
leur qualité, & la valeur de leurs
biens, contribuer au mariage des filles,
conferver le Fief en fon intégrité, &
outre de payer les arrérages des rentes
foncieres, hypothécaires & autres
charges réelles.

Par lart. 37 du Réglement de 1666,
il eft dit : *Que celui qui a la garde feigneu-*
riale fait les fruits fiens, & n'eft point obligé
d'en payer le reliquat.

Le Seigneur n'a que la garde des fiefs
nobles, & n'a point la garde de la perfonne
des Mineurs qui reftent en la garde du Tuteur. Arrêt du 19 Mars 1666.

Le Seigneur
n'a pas la gar-
de des mi-
neurs.

ARTICLE CCXIX.

Et s'il y a plufieurs Seigneurs ayant
la garde-noble, à caufe de divers Fiefs
appartenants auxdits mineurs, ils feront tenus contribuer à la nourriture,
L vj

entretenement & inſtruction d'iceux, chacun pour ſa cotte-part de leurs Fiefs & au marc la livre.

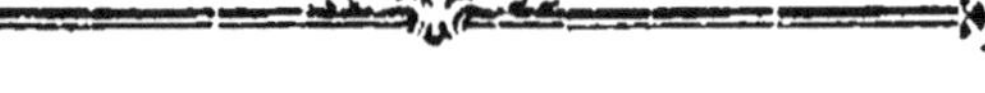

ARTICLE CCXX.

Et où leſdits Seigneurs ne feroient leur devoir, tant de la nourriture, entretenement, que de l'inſtruction deſdits ſous-âges, les tuteurs ou parens ſe pourront pourvoir en Juſtice pour les y contraindre.

(Voyez *ce que j'ai dit ſous l'article* 217).

ARTICLE CCXXI.

Le Seigneur ayant la garde eſt ſujet de tenir en droit état ancien, les édifices, manoirs, bois, prés, les jardins, les étangs, les moulins & pêcheries, & les autres choſes, ſans qu'il puiſſe vendre ou arracher les bois, ni remuer les maiſons ; & s'il fait le contraire, il en doit perdre la garde & amender le dommage.

C ET article prouve que le Seigneur qui jouit de la garde eſt ſujet aux réparations d'un uſufruitier.

ARTICLE CCXXII.

Pendant que le mineur d'ans eſt en garde, ſi ceux qui tiennent Fief noble de lui, tombent en garde, la garde en appartient au Seigneur gardain dudit mineur ; & où ledit mineur ſeroit en la garde du Roi, il a pareil droit à l'arriere-garde que les autres Seigneurs & non plus : & toutes fois & quantes que le mineur ſortira de garde, il aura délivrance non-ſeulement de ſon Fief, mais auſſi du Fief qui eſt en ſa garde.

Arriere-garde.

ARTICLE CCXXIII.

La garde-noble finit après que le mineur a vingt ans accomplis ; & s'il eſt en la garde du Roi, après vingt-un ans accomplis.

L'ART. 38 du Réglement de 1666 diſpoſe que toutes perſonnes nées en Normandie, ſoit mâle ou femelle, eſt cenſée majeure à vingt ans accomplis, & peut après ledit âge vendre & hypothéquer ſes biens, meubles & immeubles, ſans eſperance de reſtitution, ſinon pour les cauſes pour leſquelles les majeurs peuvent être reſtitués.

L'art. 39 porte que celui qui a contracté avant l'âge de vingt ans accomplis, peut en obtenir relevement dans la trente-cinquieme année de ſon âge.

Par l'art. 40 du même Réglement, il étoit dit que les filles ne pouvoient obtenir de lettres de bénéfice d'âge. Par les Arrêts du Conseil Privé du Roi des 14 Août & 3 Septembre 1719, il a été ordonné que dans la Chancellerie de Rouen on expédieroit des lettres de bénéfice d'âge ou émancipations aux garçons à l'âge de seize ans, & aux filles à l'âge de quatorze ans accomplis ; les Lettres-Patentes ont été regiſtrées au Parlement le 5 Décembre 1719 ; mais l'émancipation ne préjudice point au droit de garde du Seigneur.

L'âge pour la majorité dans bien des affaires, se regle par la Loi du lieu de la naiſſance ; mais quoiqu'au Maine une perſonne ne soit âgée qu'à vingt-cinq ans, cependant elle ſort de garde pour les fiefs ſitués en Normandie, parce que la Coutume ne dit pas que la garde finit à la majorité, mais qu'elle finit à vingt ans, ou vingt-un ans accomplis.

❖

ARTICLE CCXXIV.

Et néanmoins il demeure toujours en garde juſqu'à ce qu'il ait obtenu du Roi Lettres-Patentes de main-levée, & icelles fait expédier ; & pour les gardes des autres Seigneurs, il ſuffit leur ſignifier le paſſé-âge.

LES lettres de main-levée doivent être entérinées en la Chambre des Comptes ; ſouvent on néglige ces formalités à cauſe de la modicité de la finance ; mais la garde royale ſubſiſte toujours.

ARTICLE CCXXV.

Celui qui fort de garde ne doit aucun relief de fon Fief à fon Seigneur gardain, d'autant que les fruits iffus de la garde lui doivent être comptés au lieu de relief ; & fi la garde étoit au Roi, il n'eft pareillement dû relief des Fiefs qui font tenus des autres Seigneurs, encore qu'ils n'aient eu la garde defdits Fiefs.

ARTICLE CCXXVI.

Ceux qui fortent de garde ont relief de leurs hommes, & tous autres droits feigneuriaux qui leur font dûs, tout ainfi que s'ils n'euffent point été en garde.

ARTICLE CCXXVII.

La garde d'une fille finit après l'âge de vingt ans accomplis, ou plutôt fi elle eft mariée par le confeil & licence de fon Seigneur.

(*Voyez ce que j'ai dit fous l'art.* 223 *&* 230).

P*AR le confeil & licence de fon Seigneur.* De là il s'enfuit qu'il eft néceffaire à la fille de requérir le confentement du

Seigneur, pour avoir la délivrance de son fief ; mais s'il s'y oppose, elle peut se marier du consentement de ses parens, & elle n'en aura pas moins main-levée de son fief. Il faut cependant appeller le Seigneur en Justice, & que la fille s'y fasse autoriser à se marier. *Voyez* article 231.

ARTICLE CCXXVIII.

La fille aussi doit être mariée par le consentement de ses parens & amis, selon ce que la noblesse de son lignage & valeur de son Fief le requiert, & au mariage lui doit être rendu le Fief qui a été en garde.

Tuteur & parens ne doivent prendre argent pour marier la mineure.

BÉRAULT rapporte un Arrêt du 25 Janvier 1588, qui condamne un Tuteur & des parens à une amende, pour avoir exigé des cédules & promesses d'argent pour le mariage d'une Mineure.

Dispense de trois bans abusive.

La dispense de trois bans, quand il s'agit du mariage des Mineurs, est abusive si elle n'est demandée par la famille : Arrêt du 13 Mars 1614.

Seigneurs ne doivent marier fille à leurs sujets.

Les Seigneurs ne doivent s'ingérer de marier les filles de leurs Vassaux à leurs sujets. Arrêt du mois d'Août 1556.

Voyez ce que je dirai des mariages sous l'art. 369.

ARTICLE CCXXIX.

Fille étant âgée de vingt ans, encore

qu'elle ne foit mariée, fort hors de garde.

ARTICLE CCXXX.

Si fille étant hors de garde fe marie à un qui ne foit âgé de vingt ans, fon Fief tombe en garde tant que l'homme foit âgé.

Car *maritus eft caput uxoris.*

ARTICLE CCXXXI.

Si le Seigneur, étant requis, contredit le mariage, ou refufe de donner fon confeil & licence, il peut être appellé en Juftice pour en dire les caufes, & après la permiffion de Juftice, la fille aura délivrance de fon Fief : & fi le Seigneur n'eft préfent, il fuffira de demander le congé à fon Sénéchal ou Bailli.

Si la fille eft en la garde du Roi, il faut avoir la permiffion du Procureur du Roi.

ARTICLE CCXXXII.

Femme mariée ne retombe en garde, encore que fon mari meurt avant qu'elle ait atteint l'âge de vingt ans , parce toutefois qu'elle ne peut contracter de son immeuble sans décret de Justice & consentement de ses parens.

Ni en tutele. ELLE ne retombe point aussi en tutele après la mort de son mari , quoique mineure ; on lui donne seulement un conducteur , comme à une émancipée , ainsi jugé par Arrêt du 19 Février 1729.

Veuve mineure d'ans ne peut se marier sans le consentement de ses parens. La veuve au-dessousde vingt ans , ne peut se marier sans le consentement de sa mere & de ses parens. Arrêt du 13 Décembre 1613.

ARTICLE CCXXXIII.

La fille n'étant en garde , peut être mariée par ses tuteurs & parens , sans qu'ils soient tenus de demander congé ou licence du Seigneur , duquel ses héritages sont tenus.

ARTICLE CCXXXIV.

La fille ainée mariée , ou ayant accompli l'âge de vingt ans , ne tire pas ses sœurs puînées hors de garde , jusqu'à ce qu'elles soient mariées ou parvenues à l'âge de vingt ans , sauf toutefois à la fille ainée à demander son partage aux tuteurs de ses sœurs, qui lui sera baillé par l'avis des parens ; & en ce cas elle aura délivrance du Fief & héritages étant en son lot.

TITRE XI.

DES SUCCESSIONS EN PROPRE.

Il n'eſt point de titre plus important que celui qui traite des fucceſſions, & qui exige une étude plus particuliere que celle qui concerne la diſtribution des biens propres dans les familles ; auſſi, en fuivant le projet d'un Commentaire fuccinct & abrégé, je ferai mon poſſible pour ne rien omettre de ce qui peut contribuer à l'éclairciſſement de ce titre, & à en rendre l'application facile.

ARTICLE CCXXXV.

La mort faiſit le vif fans aucun miniſtere de fait, & doit le plus prochain habile à fuccéder, étant majeur, déclarer en Juſtice dans les quarante jours, après la fucceſſion échue, s'il entend y renoncer ; autrement, s'il a recueilli aucune choſe, ou fait acte qu'il ne puiſſe fans nom & qualité d'héritier, il fera tenu & obligé à toutes les dettes : & où l'héritier feroit mineur, le tuteur doit renoncer ou accepter dans ledit temps en la forme que deſſus, par l'avis des parens.

Le mort faiſit le vif, &c. c'eſt-à-dire, que la Coutume donne de plein droit la faiſine de la fucceſſion du défunt à fon

Un héritier préfomptif n'eſt réputé

héritier s'il n'en a fait acte. plus proche parent, plus habile à lui succéder, soit héritier simple ou par bénéfice d'inventaire en ligne directe ou collatérale.

Par l'art. 43 du Réglement de 1666, *l'héritier présomptif, encore qu'il n'ait pas renoncé à la succession, n'est pas censé héritier, s'il n'en a fait acte ou pris la qualité ;* & en résultance de ce principe, j'ai vu juger au Parlement de Rouen, qu'un fils n'étoit pas obligé de justifier d'une renonciation à un créancier de son pere, pour s'exempter de le payer, & qu'il lui suffisoit de dire qu'il s'abstenoit : il n'y a que dans le cas où le fils veut réclamer son tiers-coutumier & les biens de sa mere, qu'il est obligé d'apparoître de renonciation, la renonciation étant le titre de sa demande en pareil cas. Arrêt du 10 Mars 1752, plaidant Gense & Hebert.

Si un posthume peut exclure celui qui étoit le plus habile à succéder au temps de la succession échue. La Jurisprudence des Arrêts est qu'on admet une personne qui n'est ni née ni conçue lors de l'échéance de la succession, à réclamer cette succession au préjudice de ceux qui étoient les plus habiles à recueillir cette succession, mais qui ont négligé leur droit & laissé la succession jacente, jusqu'au temps que le posthume est devenu plus habile qu'eux à succéder au défunt. Basnage en rapporte plusieurs Arrêts ; mais si les héritiers existans lors de l'échéance de la succession avoient fait acte d'héritier, le posthume en seroit exclu.

Epece en pareil cas. Il échoit une succession collatérale à un homme marié ; il y renonce & la prend au nom de ses enfans : dans la suite il passe à de secondes noces, & il a des enfans d'un second lit, jugé que la succession ayant été appréhendée avant le second mariage, les enfans

la fecond lit ne peuvent y rien réclamer ;
Arrêt du Parlement du 15 Mars 1762.

Lorſque l'héritier préfomptif s'eſt abſtenu
de la fucceſſion à lui échue, & qu'un autre
plus éloigné s'en eſt mis en poſſeſſion, l'héritier préfomptif qui l'évince dans la fuite, ne peut dépoſſéder les acquéreurs qui
ont traité fous la foi de la poſſeſſion du parent plus éloigné, ainſi jugé par Arrêt
du 19 Juin 1739.

Si l'héritier préfomptif peut dépoſſé-der les acqué-reurs de celui qui a pris la fucceſſion à fon préjudice.

Quoique l'héritier préfomptif foit abſent,
il n'en eſt pas moins faifi de la fucceſſion ;
mais fi fon abfence eſt longue, fes préfomp-
tifs héritiers doivent en ce cas préfenter
leur Requête au Juge, pour être autoriſés
de jouir de la fucceſſion, & le Juge doit
les y autoriſer en donnant par eux caution
de rapporter les fruits en cas de retour ; &
en cas d'abfence on n'attend point le temps
de cent ans pour réputer un homme mort ;
on admet toujours les héritiers, après un
certain temps, à partager la fucceſſion &
les biens de l'abfent, en prenant les fûretés
convenables.

Héritier ab-fent. Quid?

Quant au temps depuis lequel un abfent
eſt réputé mort, la Jurifprudence du Palais
eſt qu'un homme eſt réputé mort du jour
qu'il a ceſſé de paroître, & qu'on a ceſſé
d'avoir de fes nouvelles : cela eſt fondé fur
deux Arrêts, l'un rendu le 13 Août 1736,
qui juge qu'un abfent eſt réputé mort après
quarante ans & du jour de fon abfence,
dès qu'on n'en a eu aucune nouvelle depuis ; & en conféquence cet Arrêt décharge
les neveux de l'abfent de la preuve de fa
mort, & on leur accorde leur tiers-coutumier fur les biens qui auroient pu appartenir à l'abfent, & qui étoient aux mains de
leur pere marié depuis le départ de fon frere.

Abfent répu-té mort du jour qu'il a difparu & qu'on a ceſſé d'en avoir nou-velle.

C'est à celui qui a intérêt de prouver la vie de l'absent à le prouver.

Autre Arrêt du 10 Août 1762. Une femme vend son bien comme veuve, ses héritiers attaquent le contrat, prétendant qu'alors son mari n'étoit pas mort, & qu'elle n'avoit pu contracter. Le mari étoit absent dès 1699 ; la vente avoit été faite en 1726, & le contrat ne fut attaqué qu'en 1756. Le mari avoit quarante-trois ans lorsqu'il s'absenta ; il auroit eu soixante-dix ans s'il eût vécu lors du contrat de 1726, & cent ans lors de l'action : point de nouvelles du mari depuis son absence ; question de sçavoir si en 1726 le mari étoit réputé mort, par cela seul qu'il avoit disparu ; si c'étoit à l'acquéreur à prouver qu'il étoit mort ou à l'héritier à prouver qu'il étoit vivant. Par l'Arrêt on a confirmé le contrat ; ainsi on a jugé que l'absent étoit réputé mort du jour de son absence ; par conséquent que c'étoit à l'héritier qui avoit intérêt à la vie à le prouver.

Présentation de bénéfice en cas d'absence du Patron.

J'ai vu rendre Arrêt au Parlement de Rouen sur le fait qui suit. Le sieur D..... décéda, & laissa pour son héritier présomptif le sieur de Fontenay, son frere cadet, premier puiné en pays de Caux. Le sieur de Fontenay étoit alors aux Indes ; sur la nouvelle qu'il eut de la mort de son frere, il envoya une procuration à N. pour se porter en son nom héritier par bénéfice d'inventaire. On lui manda que le Curé de Valtot, dont feu son frere étoit présentateur, étoit prêt de mourir ; en conséquence il envoya une procuration pour nommer au cas de vacance le sieur N. La Cure ayant vaqué, le sujet desiré par le sieur de Fontenay fut nommé ; mais on lui refusa un *visa* à l'Archevêché de Rouen. Pendant ce temps le sieur de la Flotte, jeune frere du

ſieur de Fontenay , ſe porta héritier pur &
ſimple , & à ce titre nomma le ſieur Greſel
à la Cure en queſtion. On manda cette nouvelle au ſieur de Fontenay , qui envoya une
ſeconde procuration pour ſe porter en ſon
nom héritier pur & ſimple , & pour nommer au lieu du ſieur de N. refuſé à l'Archevêché , le ſieur Buſnel Prêtre. L'Abbé
Greſel s'oppoſa à la priſe de poſſeſſion du
ſieur Abbé Buſnel ; l'affaire fut portée aux
Requêtes du Palais , où on adjugea le Bénéfice au ſieur Greſel , dont le ſieur Buſnel
appella à la Cour. Perchel , ſon Avocat ,
repréſenta que le ſieur de la Flotte n'avoit
pris la qualité d'héritier pur & ſimple , que
pour enlever à ſon frere abſent le droit de
préſenter ; mais que pareille démarche n'é-
toit pas réfléchie ; il faut un temps requis
& néceſſaire pour l'héritier préſomptif avant
que de l'exclure de la ſucceſſion ; que dans
l'eſpece il y avoit un litige , & que ſi le
ſieur de Fontenay n'avoit pas pris plutôt la
qualité d'héritier pur & ſimple , c'eſt qu'il
étoit abſent , & qu'il ignoroit la démarche
de ſon frere ; que l'Ordonnance accorde des
délais pour l'abſent ; que la ſucceſſion n'a-
voit pu être enlevée au ſieur de Fontenay ,
qui en avoit été ſaiſi , & qui ne l'a point
perdu de vue , ayant aux premieres nouvelles envoyé pouvoir d'accepter cette ſucceſſion , pourquoi il concluoit à la réformation de la Sentence. Fallaiſe , Avocat du
ſieur Greſel , diſoit que le ſieur de Fontenay étoit trop prévoyant d'avoir donné une
procuration pour nommer un ſujet à une
Cure qui n'étoit pas vacante lors de cette
procuration pour nommer l'Abbé N.... ; que
le ſieur de la Flotte voyant cet Abbé refuſé , avoit pris la ſucceſſion purement &

simplement; qu'il avoit dans l'instant exclu
son frere, & avoit acquis le droit de présenter; qu'alors le sieur de Fontenay, qui
n'avoit que la qualité d'héritier bénéficiaire,
n'avoit plus de droit; son pouvoir étoit dé-
truit par la qualité d'héritier pur & simple
de son frere; que la déclaration d'héritier
pur & simple du sieur de Fontenay étant
postérieure à la présentation du sieur de la
Flotte, n'avoit point d'effet rétroactif; il
eût fallu qu'elle eût précédé la présentation;
car dès l'instant que le sieur de la Flotte a
accepté la succession, tous les droits lui ont
été transmis; ils étoient réunis à sa qualité,
à l'exclusion du sieur de Fontenay; pour
quoi il concluoit à l'appellation au néant.
La cause solemnellement plaidée au grand
Rôle par Arrêt du 7 Juin 1752, prononcé
par M. de Pontcarré, la Cour mit l'appellation au néant, avec dépens.

Autre Arrêt du 3 Mars 1763. Un Patron
est absent; en partant il avoit donné une
procuration à sa femme, pour recevoir ses
biens & poursuivre ses débiteurs; le lendemain il avoit disparu, sans que depuis on en ait
eu aucune nouvelle. Au mois d'Octobre 1757
on avoit fait nommer un tuteur onéraire &
un curateur au fils mineur d'un premier mariage du Patron. Le 18 Janvier 1759, un Bénéfice-Cure à la nomination du Patron absent vient à vaquer. Le 21 du même mois,
la femme qui étoit séparée civilement d'avec
son mari, présenta à ce Bénéfice en vertu de
sa procuration; mais on ne la montra point
à l'Evêque. Le même jour l'Evêque donna une
collation au présenté par la femme, & après
avoir fait mention que la procuration ne lui
avoit point été représentée, il employa cette
clause, *etiam si collatio ad nos defectu suffi-*
cientis

*cientis præsentationis, & nominationis omninò
ac vice liberâ remaneat contulimus & donavimus.*

Le 19 Mars suivant, le fils, qui étoit encore en minorité, présenta un autre sujet, à qui l'Evêque donna également une collation conçue dans les mêmes termes que celle qu'il avoit donnée au présenté par la belle-mere du mineur : on prétendoit que le Patron ne pouvant être réputé mort, n'ayant pas dix ans d'absence, ni la femme ni le fils n'avoient eu le droit de présenter, que c'étoit l'Evêque qui avoit conféré librement ; que comme c'étoit le présenté par la femme qui avoit eu le premier sa collation, le Bénéfice lui appartenoit. Par l'Arrêt le présenté par le fils fut maintenu.

Pour revenir à ceux qui peuvent succéder, il n'est pas nécessaire qu'une personne soit née pour succéder ; il suffit qu'elle soit conçue, *concepti pro natis habentur.*

Concepti pro natis habentur.

Les étrangers, les batards, ceux qui ne sont point nés d'une conjonction légitime, les Religieux, &c. ne sont capables de recueillir aucune succession.

Il ne faut pas réputer pour étranger un François qui est allé résider en pays étranger : s'il revient en France pour y résider, on l'admet à succéder, par quelque laps de temps qu'il ait été absent. Outre les Arrêts que Basnage rapporte, il en a été rendu deux, le premier du 3 Février 1752, qui juge qu'un nommé Duparc, qui avoit passé en Angleterre & s'y étoit marié, étoit habile à recueillir une succession qui lui étoit échue en France, sans être obligé de prêter serment de fidélité, pourvu qu'il résidât en France avec sa famille ; mais l'Arrêt lui fait défenses de vendre ses immeubles & la totalité

Question pour les François qui vont résider en pays étranger ; peuvent-ils succéder en France ?

de ses meubles, sinon à charge de remplacement.

L'autre Arrêt, en date du 24 Juillet 1760, est dans une espece plus particuliere : un François Protestant envoie sa fille dès sa tendre jeunesse en Angleterre, delà en Hollande : elle s'y marie à un naturel Hollandois, contre la volonté de ses pere & mere. Par l'Arrêt elle fut admise à recueillir la succession de son pere & de sa mere, décédés en France, aux conditions qu'elle y résideroit irrévocablement, sans pouvoir aliéner les immeubles, & aux conditions de remplacer les meubles en fonds de terre. Et comme cette fille étoit pour lors malade, il lui fut enjoint de repasser en France si-tôt qu'elle auroit recouvré la santé. Il paroissoit par des lettres écrites avant la mort du pere, que l'intention de la fille & celle de son mari étoit de venir demeurer en France : il paroissoit aussi par des certificats de Médecins & Chirurgiens, que cette fille, mariée en Hollande, étoit hors d'état de passer en France, à cause de ses infirmités.

Des qualités requises pour succéder, des batards.

Quant aux batards & ceux qui ne sont point nés d'une conjonction légitime, il y a nombre d'Arrêts qui fixent la Jurisprudence à cet égard.

Ceux qui naissent de mariages tenus secrets, ne sont point admis à succéder ; & si celui qui a entretenu une concubine, l'épouse *in extremis*, la femme & les enfans ne participent pas aux effets civils du mariage, quoiqu'il soit déclaré valide quant au Sacrement ; on donne par commisération des pensions aux enfans & à la mere.

Exemples & questions sur la légitimité des enfans.

Godefroi de la Gouberdiere, Ecuyer, avoit entretenu Madeleine Ausoust sa servante, dont il avoit eu quatre enfans ; il passe avec elle un contrat de Mariage devant Notaires : en conſéquence ils obtiennent diſpenſe de trois bans à Bayeux du Vice Gérent, en l'abſence de l'Official, avec permiſſion au premier Prêtre de les marier. Le Curé de Vaucelle les marie, & lors de la célébration du Mariage, le pere reconnut ſes quatre enfans : il vécut ſix mois depuis. Après ſa mort ſon héritier ayant conteſté le Mariage, & appellé d'une Sentence qui accordoit une proviſion à la veuve, par Arrêt du 12 Mars 1671, on confirma la Sentence de proviſion, & ſur l'appel comme d'abus, il fut dit qu'il avoit été abuſivement diſpenſé des trois bans, la célébration du Mariage ſortiſſant néanmoins ſon effet, la femme condamnée en 100 livres d'amende envers le Roi, 100 liv. envers les pauvres de la Paroiſſe de Blagny.

Outre les Arrêts de Baſnage, il a été depuis rendu Arrêt le 22 Avril 1704, qui juge que des enfans ſortis d'un ſecond Mariage, contracté par un homme dans le temps que ſon premier Mariage ſubſiſtoit, étoient légitimes & admis à partager la ſucceſſion de leur pere, à cauſe de la bonne foi de leur mere, & cependant fait défenſes à leur mere de prendre la qualité de veuve. Pareil Arrêt du 23 Novembre 1582, rapporté par Bérault ſous l'art. 275.

Autre Arrêt du 18 Août 1760. Un homme étoit marié à Rouen, il avoit quitté ſa femme & en avoit épouſé une autre en pays étranger, pendant un premier Mariage ; il eut un enfant du ſecond Mariage qui fut déclaré légitime, la bonne foi de la ſeconde femme fut le motif de l'Arrêt.

Un homme marié eut habitation avec une femme libre, qui ignoroit la qualité de cet homme ; ils eurent un fils , & s'étant depuis mariés ils eurent poftérieurement une fille ; après la mort des pere & mere , la fille demanda à prouver que fon frere étoit illégitime , étant venu avant le fecond Mariage , & pendant le premier Mariage du pere , & qu'il ne pouvoit être réputé qu'adultérin. Arrêt du 17 Décembre 1628 , qui adjugea la fucceffion au frere fans préjudice des droits de fa fœur ; les faits de preuve de la fille étoient trop odieux pour en admettre la preuve.

Si le légitimé a le droit d'aineffe. Si le légitimé a le droit d'aineffe. *Voyez* ce que j'ai dit fous l'art 337.

Pater eft quem nuptiæ demonftrant. On tient pour maxime que..... *pater eft quem nuptiæ demonftrant.* Une femme ayant accouché deux mois après fon Mariage , déclara que l'enfant n'étoit point des œuvres de fon mari , mais bien d'un autre à qui elle le fit porter , & demanda à prouver que cet homme l'avoit forcée. Par Arrèt du 27 Janvier 1682 , en l'Audience de la Tournelle , cette femme fut déboutée de la preuve , & condamnée de fe charger de l'enfant.

Des empêchemens de mariage à caufe de parenté. Le droit Canonique , par des vues également fages & importantes au bon ordre de la fociété , a mis des empêchemens au mariage , à l'exemple des Loix civiles ; tels font ceux qui réfultent de la parenté ou alliance que l'on appelle affinité.

Un Mariage contracté avec une parente , fans difpenfe dans le dégré prohibé eft nul ; cependant il faut diftinguer fi les parties ont connoiffance de la parenté avant ou après le Mariage : fi les parties en ont connoiffance avant le Mariage , les conjoints font inceftueux , & méritent les peines impofées à ce crime , qui eft puni plus ou moins rigoureufement , fuivant le dégré de parenté. Les enfans , par conféquent , qui naiffent d'une conjonction fi criminelle font illégitimes.

Si au contraire la parenté n'eft découverte que depuis le Mariage , pour lors la bonne foi des parties les excufe ; au moyen de la difpenfe & de la réhabilitation , les enfans conçus avant font légitimés.

Bérault , fous l'art. 275 propofe cette queftion , fi le gendre peut époufer la veuve de fon beau-pere , belle-mere de fa femme , & il rapporte Arrêt qui déclare nul & abufif pareil Mariage. Bafnage rapporte la même efpece.

Si le gendre peut époufer la veuve de fon beau-pere.

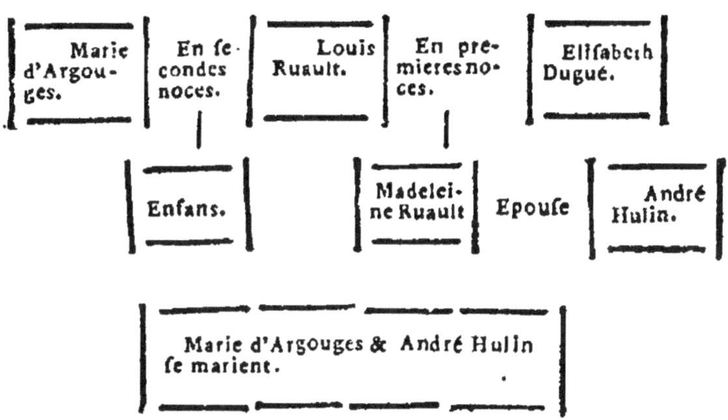

Queftion de fçavoir fi ce Mariage eft permis ; fuivant les regles Canoniques , Hulin & Marie d'Argouges peuvent s'époufer , parce que Marie d'Argouges & André Hulin ne fe touchent d'affinité qu'au fecond genre. Or , en France nous ne connoiffons que le premier genre d'affinité , fuivant le Concile de Latran. Autrefois on comptoit trois genres d'affinité. *Affinitas primi generis. Affinitas fecundi generis. Affinitas tertii generis ;* mais dès que l'on ne confidere plus que le premier genre d'affinité, on ne pouvoit pas l'oppofer à Hulin, & à Marie d'Argouges ; fi Louis Ruault s'étoit remarié avant la mort de la premiere femme de Hulin, Marie d'Argouges avoit été liée d'affinité au premier genre avec elle, *fed affinitas non parit affinitatem ;* & l'alliance avec la femme ne s'étend pas à fon mari.

La queftion fut agitée au Parlement ; Hulin craignant l'événement de fon procès, l'évoqua au Confeil ; il mourut pendant les pourfuites au Confeil : fa veuve s'accommoda, & les parties folliciterent un Arrêt qui déclara qu'il n'y avoit abus dans la célébration du Mariage le 9 Mai 1670. On voulut fe pourvoir contre cet Arrêt ; mais il fut confirmé par un autre de l'an 1676. L'honnêteté publique prohibe pareil Mariage.

Autre queftion. Un frere peut-il époufer la veuve de fon frere, jugé qu'il y a abus, par Arrêt du 27 Juin 1651, c'eft un incefte dont le Pape ne peut difpenfer.

Mais il n'en eft pas de même de la veuve de fon beau-frere, il eft permis de l'époufer. Arrêt du 27 Septembre 1678, cette veuve eft dans le fecond genre d'affinité. *Petrus duxit Martham, potes ducere relictam fratris Marthæ, Martha defuncta fublato fecundi generis affinitatis impedimento.*

Si les vieillards peuvent fe marier. L'âge avancé n'eft point une caufe d'empêchement au Mariage, comme il a été jugé par Arrêt du 5 Mars 1665.

Des impuiffans. L'impuiffance produit un empêchement dirimant du mariage ; cependant fi la femme a connu l'impuiffance du mari aupara-

vant le Mariage , elle ne peut en demander la diffolution , fuivant qu'il a été décidé par Arrêt du 26 Novembre 1657 ;
mais fi l'impuiffance étoit notoire & publique , un Curé pourroit refufer de marier les
parties , fuivant ce qui s'induit de l'Arrêt du
8 Janvier 1665 ; mais il ne faut pas induire
delà qu'un parent pût s'oppofer au Mariage
pour caufe d'impuiffance ; car par Arrêt du
15 Décembre 1655 , un neveu a été débouté
de fon oppofition formée au Mariage de fon
oncle , fous prétexte d'impuiffance.

Voici une efpece finguliere, rapportée par
Bérault. Thomas Cormier , Confeiller au
Préfidial d'Alençon , époufe Marie Jouffe-
lin , qui au bout de quatorze années de Mariage en fit prononcer la diffolution , fous
prétexte d'impuiffance. Thomas Cormier fe
marie depuis à Marthe Bifeul , dont il eut
trois filles & un fils. André Cormier , Vicomte de Domfront , neveu de Thomas ,
prétendit que ces enfans n'étoient pas légitimes , n'étant point ceux de fon oncle , puif-
qu'il avoit été déclaré impuiffant par Sentence , & que fon premier Mariage avoit été
déclaré nul , cependant le fecond Mariage fut
déclaré valable. Ce Thomas Cormier eft l'Auteur du *Codex Henrici* IV.

Si le mariage diffous fous prétexte d'impuiffance du mari , le mari peut fe marier à un autre.

Un fourd & muet peut contracter Mariage. Arrêt du Parlement de Paris du 18 Janvier 1658.

Sourd & muet.

Bafnage rapporte un Arrêt du 10 Août
1632 , qui déclare illégitime & incapable de
fuccéder un enfant né dix mois quatre jours
après l'inhumation de celui qu'on prétendoit
être fon pere , & prive la mere de fon douaire.
Voyez Bérault fous l'art. 275 , qui rapporte un exemple où le contraire femble être
jugé.

Enfant né dix mois quatre jours après la mort de celui qu'on réputoit fon pere.

M iv

Un homme époufe fa fervante le 10 Janvier 1649, fa femme étoit décédée le 15 Décembre 1648; fa fervante accoucha le 27 Mai en fuivant, quatre mois dix fept jours après fon Mariage, & cinq mois douze jours après la mort de la premiere femme; cet homme étant décédé, les parens & héritiers firent juger cet enfant adultérin, & la feconde femme fut chargée de fa nourriture par Arrêt du 7 Février 1651.

Mariage du fils fans le confentement du pere confirmé, & fes enfans admis à lui fuccéder.

Pierre Maquerel, Carreleur au Havre, avoit d'un premier Mariage un fils, qu'il s'étoit propofé de marier : cette alliance ne plut point au fils ; il prit le parti de l'armée en 1701, pour lors âgé de vingt-un ans. En 1704, il contracta Mariage avec la fille du Sergent de la Colonelle du Régiment de Louvigny. En 1709, il obtint congé pour venir voir fa famille ; arrivé au Havre chez fon pere, il y fut reçu & y refta jufqu'à l'expiration de fon congé : de retour à fa garnifon, il y décéda, la veuve donna avis du décès à fon pere. Elle vint au Havre enfuite avec fes enfans chez fon beau-pere, qui ne voulut les recevoir. Le 12 Août 1710, le pere paffa un acte par lequel il déclara déshériter fon fils, pour s'être marié fans fon confentement. En 1734, il fit un teftament par lequel il réalifa fon exhérédation ; après fon décès, queftion de fçavoir fi les enfans de Maquerel fils pouvoient hériter de leur grand-pere avec les enfans d'un fecond lit. Le Vicomte du Havre avoit adopté l'exhérédation, le Bailli avoit admis les enfans à fuccéder. L'affaire portée à la Cour par Arrêt du 10 Décembre 1735, on déclara l'appel comme d'abus de la célébration de mariage non-recevable, & l'on confirma la Sentence du Bailli avec dépens, Préfident M. de Colmoulins, & concluant M. Fouché pour l'abfence des Avocats-Généraux. Les motifs de cet Arrêt furent, l'égalité de fortune & de naiffance, la réception du fils chez fon pere, le filence du pere jufqu'à la mort de fon fils, l'exhérédation du pere dans le temps qu'il fçavoit que fon fils étoit mort, & enfin que des collatéraux n'avoient pu appeller comme d'abus.

Lorfqu'il paroît qu'un pere a confenti au mariage de fon fils, il ne peut l'attaquer par la voie de l'appel comme d'abus, fous prétexte qu'il n'a pas été célébré fuivant les loix obfervées en France, quand on y a gardé les loix du pays où le mariage s'eft fait : Arrêt pour la dame Petit-Ville.

Il faut néceffairement que les enfans de famille requierent le confentement de leurs pere, mere & tuteurs, avant que de fe marier; & quoique les enfans foient libres de contracter mariage à vingt-cinq ans pour les filles & à trente ans pour les garçons, cependant après cet âge ils ne peuvent contracter mariage fans avoir fait des fommations refpectueufes à leurs pere & mere à peine d'exhérédation : il eft vrai qu'après cette majorité le mariage n'eft pas nul faute du confentement du pere, mais le pere peut déshériter fes enfans s'ils n'ont pas requis fon confentement; c'eft fur ce principe que par Arrêt du 24 Février 1736, on a jugé qu'un fils veuf & âgé de foixante-trois ans étoit obligé de requérir le confentement de fon pere pour paffer à un fecond mariage.

Confentemens des pere & mere requis au mariage des enfans à 63 ans.

Ces fommations refpectueufes fe font par un Notaire accompagné de témoins décens; eu égard à la qualité des parties, le Notaire préfente par trois fois le projet du Contrat de mariage, & accorde acte de refus.

Sommations refpectueufes.

Quoique des enfans foient nés en légitime

Enfans des

condamnés
peuvent - ils
succéder ?

mariage , il y a des cas où ils ne succedent
pas à leurs pere & mere. Tels sont les enfans
des condamnés pour crime qui emportent
confiscation. Il en est de même quand les
enfans ne sont héritiers que par le crime de
leur pere , comme si le pere tuoit celui dont
il doit hériter ; il seroit en pareil cas in-
juste que les enfans profitassent du crime
de leur pere ; il est vrai que Bérault , sous
l'art. 238 , rapporte un Arrêt du 23 Février 1627, qui paroît contraire , mais la fille
qui réclamoit une part dans la succession de
son aïeul étoit née avant le crime commis
par son pere.

Quant aux condamnés à mort , si le condamné meurt dans les cinq ans accordés
pour purger la contumace , il n'est pas privé
de la succession qui lui est échue pendant la
condamnation , & ses héritiers peuvent se présenter pour justifier la mémoire du défunt ;
mais si la condamnation est contradictoire &
que le condamné appelle de la condamnation , & qu'elle soit confirmée , le condamné
n'a pu hériter depuis que la condamnation
a été prononcée , l'incapacité étant encou-
rue du jour du premier jugement ; mais s'il
décede pendant l'appel , la condamnation ne l'a pas rendu incapable , il est réputé mort *integri status.* Voyez ci - après
art. 277.

Actes qui
rendent héri-
tiers.

On fait acte , &c. Les actions qui caracté-
risent la qualité d'héritier sont exprimées par
d'Argentré , sous l'art. 514, gl. 2. *certus ac-
tus est debita hæreditaria exegisse , donasse ,
remisisse , solvisse , actiones hæreditarias inten-
disse , expressâ hæredis qualitate quidquam
egisse ;* néanmoins quelque déclaration d'héritier que l'on ait fait, on est admis à répudier
la succession *rebus integris.* Arrêt de l'année

1648. Bérault en rapporte auffi plufieurs Arrêts ; mais en ce cas, il faut compter de la fucceffion. Cet Auteur fous l'art. 394, rapporte un Arrêt qui décide qu'une femme ayant fait d'abord acte d'héritiere de fon mari, renoncé dans la fuite, & s'étant fait relever de la renonciation, fut admife à accepter la fucceffion ; cependant Bafnage rapporte deux Arrêts des années 1639 & 1644, qui jugent que lorfqu'on a accepté une fucceffion on ne peut plus y renoncer, & qu'on tient à rigueur de cette regle *hæres es, et fi nihil fit in hæreditate.* Mais lorfqu'il eft apparent que le préfomptif héritier a été trompé & qu'il fe trouve des dettes imprévues, il doit être reçu à renoncer à la fucceffion.

Si on peut renoncer après avoir accepté, & accepter après avoir renoncé.

Si un fils renonce, & qu'il fe faffe autorifer par Juftice de jouir de la fucceffion de fon pere fans attribution de qualité ; qu'il vende quelque chofe de la fucceffion fans prendre qualité d'héritier pour en payer les dettes, il ne fera pas réputé héritier. Arrêt du 18 Mars 1666, quoiqu'on alléguât qu'en donnant paffage à une pareille jouiffance on détruifoit le bénéfice d'inventaire. Mais fi un fils renonce, & qu'enfuite il jouiffe de fon propre mouvement des biens de la fucceffion du pere, fans s'être fait autorifer par Juftice, fa renonciation lui devient inutile, & il eft réputé héritier : c'eft ce qui a été décidé par Arrêt du 8 Août 1749, rendu au bénéfice de la veuve Coignard, contre l'Homer, Huiffier-Audiencier du Bailliage de Domfront.

Celui qui a renoncé & qui jouit fans autorité de juftice, fe rend héritier.

Un mineur qui après fa majorité a accepté la fucceffion, fans que fon tuteur lui ait rendu compte & qu'il ait eu connoiffance des forces de la fucceffion, peut fe relever de fon acceptation d'hérédité, ainfi jugé par Arrêt

Mineur non inftruit, peut prendre lettres de reftitution contre l'adition d'hérédité.

M vj

qui entérina ses lettres de restitution ; mais il doit tenir compte des biens de la succession. Arrêt du 17 Août 1607. Bérault.

Si le tuteur estimant la succession plus onéreuse qu'utile aux mineurs , y renonce après l'avoir administrée pendant plusieurs années , doit - il rapporter au profit des créanciers ce qu'il a dépensé pour leur nourriture & entretien ? Godefroi dit que la question dépend des circonstances ; il assujettit le tuteur au rapport , quand les mineurs ont d'autres biens pour subsister.

Héritier qui a négligé son droit , peut le réclamer vis-à-vis de son cohéritier , en remboursant sa part des frais.

La négligence du tuteur , ou son silence à recueillir une succession , n'équivaut point à une renonciation , le mineur peut l'accepter toutes fois & quantes , la renonciation expresse ne lui fait pas même un préjudice irrévocable. Un homme décede après avoir fait plusieurs actes de donation. Un de ses héritiers plaide & fait casser les actes de donation , l'autre héritier se présente à la Cour , & demande que l'Arrêt soit rendu commun avec lui ; il fut reçu en remboursant la moitié des frais faits par l'autre héritier. Arrêt du 20 Juillet 1671.

Deux sœurs renoncent , une troisieme prend la succession par bénéfice d'inventaire ; les deux autres présentent leur requête pour être admises à prendre part au bénéfice d'inventaire ; elles laissent périmer leur action : huit ans après elles demandent à participer au bénéfice d'inventaire , elles y furent reçues en remboursant leur part des frais & avances.

Dettes d'une succession , comment se paient.

Les héritiers sont obligés solidairement aux dettes de la succession envers les créanciers ; mais les héritiers de même ligne ou de même sorte de bien , paient chacun leur part des dettes *pro modo emolumenti :* chaque sorte de bien doit porter ſes dettes ; les dettes mobiles ſe prennent ſur les meubles, & à leur défaut ſur les acquêts, & enſuite ſur les propres.

Les héritiers aux meubles & aux propres & acquêts doivent tous contribuer aux frais de pourſuite du procès pour la vindicte de la mort du défunt. Arrêt du 8 Avril 1631.

La preuve par témoins eſt inadmiſſible en matiere d'état ſans commencement de preuve par écrit. Arrêt du 26 Janvier 1754.

On ne peut en Normandie inſtituer un hé-ritier, ni ſubſtituer à la part que la Coutume donne aux héritiers. Article 54 du Réglement de 1666, ſans préjudice des diſpoſitions pour le pays de Caux.

Héritiers aux propres & aux meubles, paient les frais de la vindicte du défunt.

Preuve en matiere d'Etat.

Inſtitution & ſubſtitution, défendus en Normandie.

ARTICLE CCXXXVI.

La ſucceſſion directe eſt, quand l'héritage deſcend en droite ligne, comme de pere aux enfans, & d'autres aſcendans en même ligne.

LA ſucceſſion des enfans morts ſans poſté-rité, qui eſt dévolue aux pere & mere ou autres aſcendans, eſt auſſi une ſucceſſion di-recte.

ARTICLE CCXXXVII.

Le fils ainé, ſoit noble ou roturier, eſt ſaiſi de la ſucceſſion du pere & de la mere après leur décès, pour en faire part à ſes puînés, & fait les fruits siens jusqu'à ce que partage soit demandé par ses freres , s'ils sont majeurs lors de la succession échue ; & s'ils sont mineurs, l'ainé est tenu leur rendre compte des fruits depuis le jour de la succession échue , encore que partage ne lui ait été demandé , parce que par la Coutume il est Tuteur naturel de ses freres & sœurs.

(Voyez *les articles* 351 *&* 529 *ci-après*).

Ainé à la saisine de l'avancement fait à ses freres.

Est saisi, &c. Par Arrêt du 3 Mai 1754, en conformité des articles 237 , 238 , 239 & 240 , il a été jugé que l'ainé ou le fils de l'ainé , a la saisine du bien dont le puîné a été avancé en succession , jusques après les partages faits.

Cette saisine a lieu tant pour les successions de pere & mere & directes , que pour les successions collatérales ; mais l'ainé ne fait les fruits siens que des successions échues en ligne directe.

Imbécillité du puîné n'empêche l'ainé de faire les fruits siens.

Basnage rapporte un Arrêt , qui juge que l'imbécillité d'un puîné n'empêche point la prérogative de l'ainé qui a droit de jouir jusqu'à la demande en partage ; ce puîné ayant été mis en curatelle, la Cour jugea par le même Arrêt que l'enfant de l'ainé ne devoit compte que du jour seulement de la curatelle. Cet Arrêt est du 21 Mars 1673.

Quand l'absence du puîné oblige l'ainé de compter des fruits.

L'absence du puîné , quand elle est volontaire , ne fait aucun obstacle aux droits de l'ainé ; mais quand l'absence est nécessaire & que le puîné est au service du Roi , alors l'ainé doit compter des fruits de la part de l'absent ; c'est la décision de l'Arrêt du 5 Mars 1676.

Pour faire cesser la jouissance de l'ainé & l'obliger de rendre compte à ses puînés, il leur suffit d'une sommation de venir à partage.

Il ne peut y avoir de question sur les fruits de la succession du pere qui écheoit après la saint Jean, ces fruits étant amobiliés, ils appartiennent à la succession mobiliaire, & doivent être partagés comme les autres meubles.

Cette prérogative donnée à l'ainé, n'a point lieu entre les filles héritieres ; car l'ainée n'a pas le droit de faire les fruits siens, cette grace n'est accordée qu'en faveur des mâles.

L'ainé a encore d'autres avantages, il a le droit d'opter un Fief en chacune des successions paternelles & maternelles, suivant les articles 337, 338 & suivans. Il peut par préciput conserver pour lui le chef ménage, cour & jardin de la succession. Article 356. Il a la saisine des lettres & écritures de la succession. Art. 351. Les puînés lui doivent honneur & révérence. Il a le choix dans les successions également partables entre freres. Il a les tableaux des ancêtres. Entre gens de robe il a les manuscrits & livres notés de la main du pere, comme productions d'esprit qui ne tombent point en partage.

De deux freres jumeaux, celui qui est sorti le premier du ventre de la mere a le droit d'ainesse. Dumoulin sous l'art. 13 de Paris. Lebrun traité des successions. L. 2, chap. 3, sect. 1, quest. 3, parce que celui-là est l'ainé, qui est né le premier ; mais dans le cas d'incertitude sur la priorité de naissance, ce qui est très-rare, les lots doivent se tirer au sort : c'est le sentiment de Dumoulin.

Le droit de primogéniture appartient aux enfans nés avant le mariage & légitimés *per*

ſubſequens matrimonium , pourvu qu'ils ſoient a.
légitimés avant les enfans nés en légitime
mariage , cette légitimation n'ayant point
d'effet rétroactif : ainſi que je l'ai remarqué
dans mon Traité des Fiefs, page 349 & ſuivans.

***

ARTICLE CCXXXVIII.

Le fils de l'aîné ſaiſi de la ſucceſſion de l'aïeul.

Pareillement le fils du fils ainé eſt ſaiſi de la ſucceſſion de ſon aïeul & de ſon aïeule , à la repréſentation de ſon pere , pour en faire part à ſes oncles , & fait les fruits ſiens, juſqu'à ce que ſes oncles lui demandent partage , & doivent les lots être faits par le dernier des oncles , le choix demeurant audit fils ainé.

(Voyez *l'article* 308).

***

ARTICLE CCXXXIX.

Au défaut de l'aîné , le ſecond fils eſt ſaiſi de la ſucceſſion.

S'il n'y a enfans de l'ainé vivant , lorſque la ſucceſſion échet, en ce cas , le ſecond fils tient ſa place , & a les droits d'ainé , ainſi ſubſécutivement des autres.

Si l'ainé renonce , les prérogatives d'aineſſe paſſent au ſecond fils , qui accepte la ſucceſſion.

ARTICLE CCXL.

Encore qu'il n'y eût qu'une fille de l'ainé, elle a par représentation de son pere en ligne directe, pareil droit de prérogative d'ainesse que son pere eût eu : & en ligne collatérale aussi, pour le regard de la succession ancienne.

La fille de l'ainé est saisie de la succession & a les mêmes prérogatives.

(Voyez *l'article* 308).

ARTICLE CCXLI.

Pere, mere, aïeul & aïeule ou autre ascendant, tant qu'il y a aucun descendu de lui vivant, ne peut succéder à l'un de ses enfans.

(Voyez *l'article* 325.)

DE la Bessliere avoit quatre filles & un fils. En mariant l'ainée à Boisivon, il lui donna 5000 livres, en mariant la seconde il lui promit 18000 livres; après la mort de son fils, il donna à sa troisieme fille, qui fut mariée à M. Dubouillon, Conseiller en la Cour, 3000 liv. de rente rachetable par 40000 liv.; deux des filles mariées moururent sans enfans; Boisivon demanda à son beau-pere les dots qu'il avoit promises aux filles décédées, dont Boisivon se prétendit héritier : on lui accorda l'effet de sa demande par Arrêt du 14 Août 1657.

Les enfans excluent les pere & mere dans la succession de leurs freres & sœurs.

En effet, tant qu'il y a des descendans, la succession ne remonte point, un frere utérin

exclut même le pere du défunt, suivant un
Arrêt du 17 Décembre 1649, rapporté par
Basnage ; mais dans l'espece de cet Arrêt,
il s'agissoit d'une succession collatérale aux
meubles & acquêts.

ARTICLE CCXLII.

Les peres ex-
cluent les on-
cles, & les on-
cles excluent
l'aïeul &
l'aïeule.

Les pere, mere excluent les oncles
& tantes en la succession de leurs enfans, & les oncles & tantes excluent
l'aïeul & l'aïeule en la succession de
leurs neveux & nieces, ainsi des autres.

ARTICLE CCXLIII.

Les oncles & tantes excluent les
cousins en la succession de leurs neveux & nieces.

Il faut joindre à cet art. le quarante-qua-
trieme du Réglement de 1666, qui dispose
que *les oncles & tantes excluent leurs enfans,
& leur sont préférés en la succession aux propres de leurs neveux, cousins de leursdits enfans ; mais ils sont appellés concurremment
à ladite succession avec leurs neveux, enfans
de leurs freres & sœurs.*

ARTICLE CCXLIV.

Si le pere ou mere, aïeul ou aïeule,
ou autre ascendant, reconnoît l'un

de ses enfans pour son héritier en faveur de mariage, & fait promesse de
garder son héritage, il ne pourra aliéner ni hypothéquer ledit héritage en
tout ou partie, ni les bois de haute-
fûtaie étant dessus, au préjudice de
celui au profit duquel il aura fait ladite disposition, & de ses enfans, pourvu que ladite promesse soit portée par
écrit, & insinuée dans le temps de
l'Ordonnance, sinon en cas de nécessité, de maladie ou de prison.

(Voyez *sous l'article* 260.)

Pᴀʀ l'art. 43 du Réglement de 1666, il
est dit : *Que la promesse faite par les
pere, mere ou autre ascendant, de garder sa
succession à l'un de ses enfans, a aussi son effet
pour les parts qui doivent revenir aux autres
enfans.*

L'avancement d'un enfant a effet pour les autres.

Nous reconnoissons en Normandie trois
sortes de dispositions en faveur du présomptif
héritier. 1°. La reconnoissance d'héritier.
2°. La promesse de lui garder la succession.
3°. L'avancement actuel de la succession.

Trois sortes de dispositions en faveur du présomptif héritier.

La reconnoissance d'héritier n'est d'aucun
avantage à l'héritier présomptif, & n'ajoute
rien à sa qualité. La seconde lui assure la succession pour l'avenir ; mais il n'en acquiert
pas la propriété, car si l'héritier présomptif
vient à mourir avant celui qui a fait la promesse, elle devient caduque, sans que ses
créanciers ou héritiers, autres que ses enfans,
puissent y avoir aucun droit. Arrêt du 3 Juin
1654. Autre du 10 Juillet 1636.

Quoique la promesse de garder succession
ne donne au fils aucun droit d'engager le bien

Si l'on peut engager la suc-

<table>
<tr><td>ceffion promife garder.</td><td>du pere, il a été jugé par Arrêt du 10 Février 1656, que le fils mort avant le pere avoit pu dans cette efpece hypothéquer le bien paternel, pour fournir des alimens à fon pere & à fa famille en temps de pefte.</td></tr>
<tr><td>Point de reftitution pour avancement.</td><td>L'avancement actuel de fucceffion a d'autres effets ; l'héritier préfomptif devient propriétaire par l'avancement, il peut difpofer de la chofe ; ces avancemens font fi favorables, qu'une mere s'étant contentée d'une fomme pour tous droits, elle a été déboutée de fes lettres de reftitution : cette mere s'étoit remariée. L'Arrêt eft du premier Février 1667.</td></tr>
<tr><td>La prohibition portée dans l'avancement, empêche de l'hypothéquer & empêche le décret.</td><td>Au moyen de l'avancement de fucceffion du pere fait au fils, le fils peut l'hypothéquer, à moins que le pere n'ait ftipulé une prohibition d'aliéner ou d'engager les biens avancés ; une fimple ftipulation de la part du pere de retour des biens avancés en cas de décès de fon fils, fans enfans, n'eft pas fuffifante, il faut en outre une prohibition de la part du pere faite au fils d'aliéner ou hypothéquer ; & lorfque le pere a fait cette prohibition, on ne peut faifir les biens avancés par le pere pour les faire décréter, fuivant l'Arrêt du 12 Juillet 1668. Il fe trouve cependant fur ce point de Jurifprudence des opinions diverfes, car qu'elle feroit l'utilité de la claufe de retour, fi elle pouvoit être éludée ?</td></tr>
<tr><td>Efpece particuliere d'un avancement.</td><td>Un pere fait un avancement d'une rente de 600 liv. à fon fils, les biens du pere furent décrétés par des créanciers poftérieurs, le fils demanda que fa rente de 600 liv. lui fût délivrée en fonds, les créanciers s'y oppoferent, difant que le pere n'ayant point ftipulé la qualité de fa rente, elle étoit réputée rente conftituée : ce qui fut jugé de la forte par Arrêt du 9 Mars 1669.</td></tr>
</table>

Le fils à qui le pere a fait un avancement
ne peut, en renonçant à fa fucceffion, fe tenir à fon don, il faut qu'il rapporte au profit
de tous les enfans.

Les freres, & autres parens, peuvent faire
avancement de fucceffion, & c'eft une Jurifprudence univerfelle qu'ils ne peuvent le révoquer lorfqu'ils ont réfervé les fonds fuffifans
pour leur condition.

On ne peut révoquer l'avancement fans befoin.

Il faut excepter le cas d'ingratitude, qui
révoque de plein droit toutes les donations
& avancemens, fur la plainte du donateur.
Arrêt du 10 Décembre 1610.

Ingratitude révoque.

Bérault propofe cette queftion, fi au préjudice de la promeffe faite par le pere à fes
enfans de garder fa fucceffion, la veuve du
pere remarié depuis la promeffe aura douaire comme fi elle n'avoit pas été faite. Il
donne des raifons de part & d'autres fans la
réfoudre ; Pefnelle qui lui en fait reprife,
eftime que la femme doit avoir fon douaire
fur les biens promis garder ; mais il fe trouve
un Arrêt dans Bérault fous l'art. 258, qui a
débouté la mere du douaire fur la part des filles
en l'efpece fuivante : un pere qui avoit quatre
filles, en marie trois, & leur fait des donations
confidérables ; il fe remarie, & il a un fils de
ce mariage ; après fa mort la veuve en qualité
de tutrice agit pour faire révoquer les donations
comme exceffives, & demande fon douaire fur
les objets donnés ; par Arrêt du 2 Mars 1610
le tiers fut adjugé aux filles, & la Cour n'accorda douaire à la veuve que fur la part d'une
quatrieme fille, mariée depuis les fecon-
des noces du pere ; préjugé que quand la
feconde femme auroit douaire fur une fucceffion promife garder, elle ne l'auroit pas
fur un bien particulier avancé avant fon mariage. L'avancement ou promeffe de garder

Si la veuve a douaire fur les biens promis garder avant fon mariage.

La promeffe de garder fuc-

cession n'a point d'effet pour les meubles.

succession n'a point d'effet sur les meubles dont le pere peut disposer. Arrêt du 30 Mars 1519. Le pere ne peut recevoir le rembours des rentes par lui avancées, ou promises garder, qu'en donnant caution de les rendre après l'usufruit.

Fille n'a point part à l'avancement fait à ses freres.

Par Arrêt du 14 Août 1738, il a été jugé qu'une fille n'a point d'action contre ses freres du vivant de ses pere & mere, pour leur demander part dans l'avancement de succession qui leur a été faite. En résultance de l'art. 95, du Réglement de 1666.

ARTICLE CCXLV.

Paterna Paternis, Materna Maternis.

Les héritages venus du côté paternel, retournent toujours par succession aux parens paternels, comme aussi font ceux du côté maternel aux maternels, sans que les biens d'un côté puissent succéder à l'autre, en quelque dégré qu'ils soient parens, ains plutôt les Seigneurs desquels les biens sont tenus & mouvans, y succedent.

Voyez ce que j'ai dit sous les articles 146 & 183, sous l'article 246.

On succede en propre en Normandie jusqu'au septieme dégré & représentation y a lieu pour partager par souches.

L'art. 41 du Réglement de 1666, porte : *qu'on succede en Normandie jusqu'au septieme dégré inclusivement.*

L'art. 42 dudit Réglement porte que : *En succession au propre, représentation a lieu jusques & compris ledit dégré, auquel cas la succession est partagée par souche & non par tête, même en ligne collatérale, soit que les héritiers foient en pareil dégré , ou en dégrés inégaux.*

L'art. 106 dudit Réglement, décide que : *A faute de parens de la ligne de laquelle font venus les héritages dans le feptieme dégré foit paternels ou maternels , ils retournent au fifc ou Seigneur féodal , au préjudice du mari & de la femme.*

Faute de pa-rens de la li-gne , le Sei-gneur ou filc fuccedent.

Le titre *undè vir & uxor* n'a point lieu en Normandie. *Voyez* ce que j'ai dit fur l'art. 143, & les Arrêts que j'y ai rapportés.

Cette maxime que les propres d'une li-gne à une autre ne fe confondent point , fouffre exception à l'égard de la dot, elle ne peut plus être répétée fur les biens du mari après deux dégrés de fucceffion , mais pour opérer cette confufion , il faut encore deux dégrés de génération, Arrêt du 8 Août 1732, ainfi fi la fœur fuccede à fon frere , héritier de fa mere , cela n'opere qu'un dégré , & la dot ne fera confondue que dans la fucceffion des enfans de la fœur.

Quand il fe fait confufion de dot.

E x e m p l e.

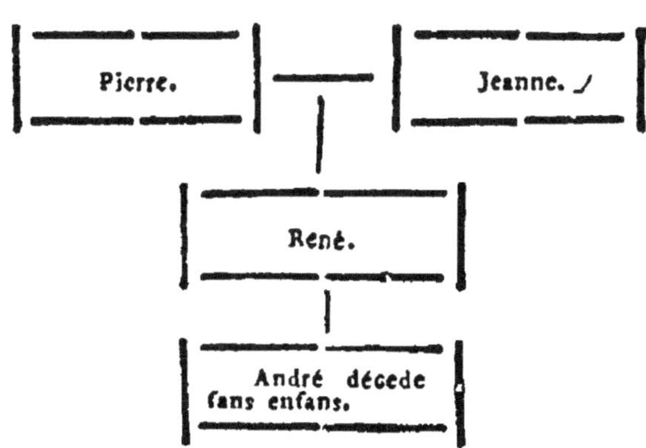

A *Jeanne* fuccede *René ;* voilà le premier dégré de fucceffion ; à René fuccede *André,* qui décede fans enfans. Les héritiers mater-

nels-paternels d'André ne peuvent plus réclamer la dot : elle eſt confondue.

Mais ſi les deniers de rente de la dot ont
été employés en achat d'héritage ou conſtitu-
tion de rente, avec déclaration que les deniers
proviennent de la dot de la femme, ces biens
ſont des remplacemens ſpéciaux du bien de la
femme, & doivent retourner à ſes héritiers
de ſon eſtoc & ligne, ſuivant la diſpoſition
de l'art. 105 du Réglement de 1666.

La dot contribue à l'aliénation des propres ſur leſquels elle eſt conſignée.

Baſnage rapporte un Arrêt du 26 Mai 1659,
qui juge que lorſque le fils, héritier du pere,
aliene des propres de ſon pere ſur leſquels
la dot de ſa mere eſt conſignée, cette dot
doit diminuer à proportion : & du nombre
des propres on doit, je penſe, y comprendre
les bois de haute-fûtaie, qui ſont ſujets
à remploi, & dont la vente diminue la valeur des fonds.

Depuis les Arrêts de Baſnage, au ſujet
de la ſubrogation des héritages paternels aux
héritages maternels, eſt intervenu Arrêt le
21 Février 1759, qui juge que quand dans
un partage entre cohéritiers, il écheoit dans
le lot de l'un, des biens paternels pour le
remplir de ſa part dans les biens maternels,
cette portion ne devient pas pour cela un
propre maternel, elle conſerve ſa qualité de
propre paternel, *& vice verſâ.*

Remplois de biens dotaux mobiliers, jugés acquêts.

Par un Arrêt de Réglement du 29 Janvier
1721, il a été jugé que de la totalité des biens
de la femme, la partie qui lui ſera provenue
des meubles à elle échus de la ſucceſſion de
ſon pere ou parens collatéraux ſera réputée
& cenſée acquêt ; cet Arrêt change la Juriſprudence de Baſnage ſous cet article ; mais
il eſt conforme aux Arrêts qu'il cite ſous
l'art 247.

ARTICLE

ARTICLE CCXLVI.

Ce qui ſe doit entendre non-ſeulement des biens qui deſcendent des
autres parens paternels & maternels,
pourvu que les biens fuſſent propres
en la perſonne de la ſucceſſion duquel eſt queſtion.

Biens du côté paternel & maternel.

PAR l'art. 102 du Réglement de 1666,
il eſt dit que : *Tous biens ſont réputés
propres, s'il n'eſt juſtifié qu'ils ſoient acquêts.*

Biens réputés propres & paternels, s'il n'eſt juſtifié du contraire.

Par le 103, il eſt ſtatué que : *Tous biens
ſont réputés paternels s'il n'eſt juſtifié qu'ils
ſoient maternels.*

Par Arrêt du 30 Juillet 1753, il a été jugé
que l'acquêt, devenu propre en la perſonne
de l'héritier, appartient au Roi ou aux Seigneurs, au défaut de parens du côté de la ligne dont il provient, cet Arrêt eſt fondé ſur
les articles 146, 244 & 246 de la Coutume.

Acquêts devenus propres, vont au Seigneur faute d'héritiers de la ligne.

ARTICLE CCXLVII.

Les biens ſont faits propres à la
perſonne de celui qui le premier les
poſſede à droit ſucceſſif.

Biens, quand ſont faits propres.

(Voyez *les art.* 334, 483 & 511).

PAR l'art. 46 du Réglement de 1666, il
eſt dit que : *Tous biens immeubles échus
par ſucceſſion, ſont réputés propres, ſans qu'il*

On ne diſtingue point en Normandie les biens pro-

Tome I.   N

y ait distinction de propres anciens & naissans.
Cette maxime est contraire aux autres Coutumes, qui la plupart admettent la distinction
des propres anciens & naissans.

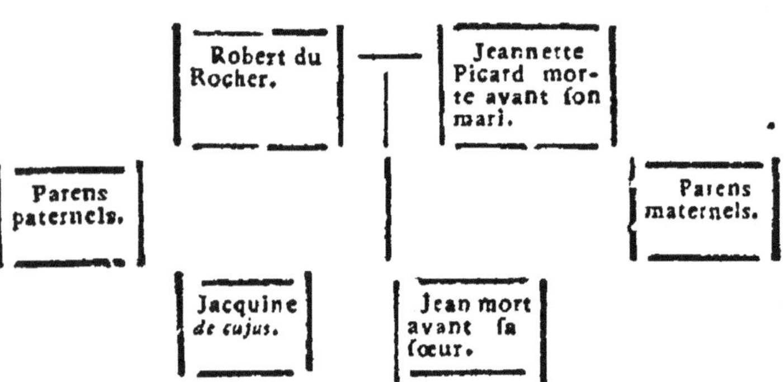

Plusieurs
questions sur le
partage des ac-
quêts devenus
propres, & à
qui ils appar-
tiennent.

Robert du Rocher & Jeanne Picard firent des acquêts pendant leur mariage, la
femme mourut avant le mari, son fils lui
succéda, & après lui Jacquine sa sœur, laquelle étant décédée, les parens paternels
prétendirent la portion de conquêts que Jean
avoit eue au droit de sa mere, les parens maternels la réclamerent comme étant du côté
maternel. La Cour adjugea la succession aux
parens maternels, en sorte que ce qui étoit
acquêt en la personne de la mere fut réputé
propre au fils pour retourner au côté maternel.
Arrêt du 13 Février 1517.

Nicolas Caillot & Madeleine de Bethencourt sa femme, firent des acquêts en bourgeoisie, dont moitié par conséquent appartenoit à Madeleine de Bethencourt, cette femme pendant son veuvage fit encore des acquêts ; après sa mort Nicolas Caillot, Prêtre, son fils lui succéda, & étant décédé, la
Cour adjugea à Mathieu de Bethencourt la
part des conquêts faits par sa sœur & son mari, & tous ceux qu'elle fit en son veuvage, ensemble les meubles & acquêts de Caillot, Prêtre, au préjudice d'Etienne Caillot. Arrêt du
dernier Juin 1587.

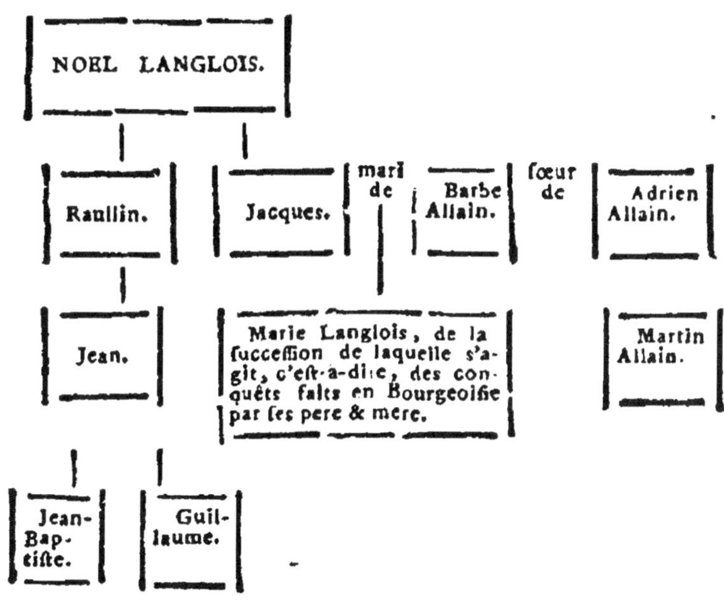

La moitié des conquêts faits par Jacques
Langlois & Barbe Allain sa femme, fut après
la mort de leur fille, adjugée à Martin Allain, du chef de ladite Barbe Allain, par
Arrêt du 10 Février 1609.

S. BELLEHAIRE.

D. MERIENNE.

C. Baudry, mari

A. Bellehaire, sœur de

D. Bellehaire, mari de

Gillette Merienne, femme en premieres noces de S. Bellehaire, & en secondes de

Laurent Delastelle, mari en premieres noces de G. Merienne, en secondes noces de

R. Bertin, femme Delastelle en secondes noces.

P. Merienne frere de Gillette Merienne.

Catherine Baudry, mariée à Martin, héritiere aux propres de P. Bellehaire, demande les acquêts.

Martin, mari de Catherine Baudry.

Pierre Bellehaire, qui a fait les acquêts dont est question.

Jaqueline Delastelle, sœur utérine de Pierre Bellehaire, succede aux acquêts.

Michel & Pierre, freres de pere de ladite Delastelle, demandent sa succession.

Claude Merienne demar de la succession de ladite Jaqueline Delastelle, aux acquêts dudit Pierre Bellehaire.

Pierre de Bellehaire décede, Jaqueline Delaftelle fa fœur utérine lui fuccede ; elle
meurt fans enfans, Michel & Pierre Delaftelle
demandent fa fucceffion, comme étant fes
freres de pere, Catherine de Baudry la demande, attendu que ladite Jaqueline ayant
fuccédé à Pierre Bellehaire, cette fucceffion
devoit retourner à fa ligne ; mais par Arrêt
du 23 Janvier 1606, ils furent adjugés à Michel & Pierre Delaftelle ; c'eft que les acquêts
n'ayant ni coté ni ligne, & perdant leur qualité dans la perfonne qui en hérite, on les
réputa par cette confidération non-feulement
propres lors de l'ouverture de la fucceffion de
Jaqueline Delaftelle, mais encore propres paternels ; confultez Bafnage, qui n'approuve
pas cet Arrêt.

Un fils fait des acquêts & décede ; la mere
lui fuccede, queftion de fçavoir fi étant propres à la mere, ils tiennent nature de propre
paternel ou de propre maternel dans la fucceffion de la mere ; par Arrêt du 23 Mai 1623,
ils furent réputés être un propre paternel, &
adjugés aux héritiers paternels de la mere, la
ligne paternelle étant toujours la plus digne.

Un pere ayant marié fa fille, donne à fon
petit fils, forti de cette fille, quelques héritages, le petit-fils mort fans enfans laiffa un
frere de pere & deux fœurs de pere & de mere ; les héritages donnés par l'aïeul maternel
firent naître une conteftation, le frere de
pere les réclamoit comme acquêts ; par Arrêt du 28 Mars 1622, ils furent adjugés aux
fœurs de pere & de mere du défunt.

Par Arrêt du 11 Mars 1745, il a été jugé
qu'une remife faite en faveur d'un réfugié,
revenu en France après le temps fixé par
les Déclarations du Roi, par ceux qui auroient pu conferver le bien à fon exclufion,

Remife faite
à un réfugié,
tient nature de
propre.

tenoit nature de propres & non nature d'acquêts.

Office retiré des Parties Casuelles est propre.

Par Arrêt du 21 Janvier 1749, il a été jugé qu'un Office retiré des Parties Casuelles par le présomptif héritier dans les six mois de la mort du dernier titulaire est un propre & non un acquêt ; & par autre Arrêt du 12 Janvier 1751, le prix de la vente du droit de préférence accordé aux héritiers sur un Office tombé aux Parties Casuelles, a également été jugé propre.

ARTICLE CCXLVIII.

Mâles excluent les femelles.

En succession de propre, tant qu'il y a mâles ou descendans des mâles, les femelles ou descendans des femelles ne peuvent succéder, soit en ligne directe ou collatérale.

(Voyez *les articles* 258, 309, 317 & 320).

Cas où les sœurs succedent avec leurs freres.

QUOIQUE par cet article les filles ne soient pas admises à succéder, il ne faut pas pour cela dire qu'elles soient incapables du droit d'hériter ; il y a bien des cas où elles succedent : si le pere les réserve à sa succession & à celle de leur mere, suivant les art. 258, 259. Si le frere refuse de les marier. Art. 264, & dans le cas où les biens du frere sont confisqués. Art. 263.

En conséquence de cet article, les propres maternels ont été adjugés aux enfans des freres au-devant des sœurs & leurs représentans, & par préférence aux tantes du défunt, par deux Arrêts rapportés par Bé-

rault des 2 Juillet 1603 & 24 Mars 1604;
de même par un autre Arrêt du mois de
Janvier 1622, les propres ont été adjugés
aux parens paternels, à l'exclusion des enfans ſortis du frere utérin.

ARTICLE CCXLIX.

Les filles ne peuvent demander ne
prétendre aucune partie en l'héritage de
leur pere & mere contre leurs freres, ne
contre leurs hoirs; mais elles leur peuvent demander mariage avenant.

(Voyez *les articles* 357 & 358).

Par l'art. 47, du Réglement de 1666,
il eſt dit que : *Les freres ne peuvent
obliger leur ſœur de venir en partage, au
lieu de mariage avenant; mais ils peuvent
payer ce qui ſera arbitré pour ledit mariage
en héritages ou rentes de la ſucceſſion.* Et
par l'art. 122, dudit Réglement, il eſt porté
que : *La fille pour le paiement de ſon mariage & ſes héritiers, ont le droit de ſe faire
délivrer à due eſtimation des héritages de
la ſucceſſion de ſes pere & mere, ou autre
aſcendant, encore que leſdits héritages aient
été aliénés.* Ainſi la ſœur ne peut être forcée d'accepter partage au lieu du mariage
avenant, & en cas que le frere lui offre
partage, elle a l'option de s'en tenir au
mariage avenant ou au partage qui lui eſt
offert. Elle n'eſt point obligée de décréter
pour avoir paiement de ſon mariage ſur
les acquéreurs du frere; elle peut s'adreſ-
fer directement ſur les fonds. Ces deux articles ſont fondés ſur pluſieurs Arrêts rapportés par nos Auteurs.

Sidenotes:

Filles ne peu-
vent demander
que mariage
avenant.

Frere ne peut
obliger ſa ſœur
de venir à par-
tage.

La ſœur pour
paiement de
ſon mariage,
peut s'adreſſer
ſur les fonds
quoiqu'ils
ſoient vendus.

ARTICLE CCL.

Le pere & la mere peuvent marier leur fille de meubles fans héritage, ou d'héritage fans meuble ; & fi rien ne lui fut promis lors de fon mariage, rien n'aura.

*E*T *fi rien ne lui fut promis*, *&c.* Parce qu'on ne préfume pas qu'un pere veuille marier fa fille fans la doter, on laiffe le pere libre de donner ou de ne pas donner.

Promeffe en affiette doit être payée en biens fonciers.

Mais ce qui eft une fois promis doit être payé dans les termes ; & c'eft en conféquence que, par Arrêt du Parlement, il a été jugé qu'une légitime promife par affiette par un contrat de mariage, doit être payée en biens fonciers. Les parties étoient les nommés Leperfonnier & Romain, plaidant Fallaife & Brehain.

Fille mariée n'a rien à réclamer en la fucceffion de fon pere ou de fa mere, quoiqu'ils n'aient pas figné fon contrat de mariage, lorfqu'il n'y a point de fommations refpectueufes.

Par Arrêt du 18 Janvier 1754, il a été jugé que la fille mariée du vivant de fa mere ne peut rien réclamer à fa fucceffion, encore que la mere n'ait point figné ni au contrat de mariage, ni à l'acte de célébration, & qu'elle ne lui ait rien promis. Pareil Arrêt rendu le 12 Juin 1750, par rapport à la fucceffion du pere ; mais dans ces deux cas, le mariage n'avoit pas été précédé de fommations refpectueufes.

Si le pere eft garant de la dot promife à fa fille.

Lorfque le pere paie la dot de fa fille, foit lors du mariage, ou en deniers comptans, il n'eft pas tenu de la garantir ; mais il devient garant, fi après avoir conftitué la dot, il rembourfe le capital de la rente aux mains de fon gendre. Arrêts des 27 Sep-

tembre 1639 , 9 Juillet 1659 , 31 Juillet
1663 , 26 Août 1734. Il y a encore un
cas où le pere devient garant de la dot
qu'il promet à fa fille , c'eft lorfqu'il ftipule
qu'il la retient & qu'il ne la paiera que
lorfque fon gendre lui aura fourni un remploi , car reconnoiffant ainfi l'infolvabilité de
de fon gendre , il en devient garant , s'il
amortit ou paie dans la fuite la dot.

Une fille avant que d'être mariée avoit
été condamnée perfonnellement au paiement
d'une dette ; on demanda la dette au mari
qui réfléchit contre le pere ; il foutint que
le pere ayant promis une dot à fa fille , il
devoit en jouir pleinement , ou que l'on
auroit trompé fa bonne-foi : par Arrêt du
8 Août 1609 , le pere fut condamné à payer
la dette.

Le pere eft tenu des dettes de fa fille con-tractées avant fon mariage.

Le mari étant le maître des meubles ,
acquêts & conquêts & pouvant en difpofer
à fa volonté , il peut les donner à fa fille
en la mariant fans que fa femme puiffe en
demander récompenfe après la mort du mari ;
de même fi le pere a promis & payé le mariage de fa fille , il ne peut en demander
récompenfe fur le bien de la mere.

Le pere peut marier fa fille des conquêts , fans que la fem-me en ait ré-compenfe.

Il eft de Jurifprudence que quand la mere
figne au contrat de mariage de fa fille , elle
contribue à proportion de fon bien au paiement de la dot , fon douaire ne doit point
pour cela en être diminué , cette contribution ne fe faifant que fur les biens que les
pere & mere poffedent en propriété ; &
cette contribution fe fait fans folidité , chacun n'étant tenu que de fa part , il a même
été jugé que la mere ayant conjointement
avec fon fils promis une dot à fa fille , le
gendre ne pouvoit attaquer la mere pour
le tout , & qu'elle n'étoit tenue de la pro-

La mere qui figne au con-trat de maria-ge , contribue à fa dot à pro-portion de fon bien fans foli-dité.

meſſe que pour ſa part . Arrêt du 27 Mars 1665. Il en faudroit dire autrement ſi la mere étoit héritiere après la mort du mari, car alors elle ſeroit tenue ſolidairement de la dot.

Mere héritiere eſt ſolidaire.

C'eſt un uſage reçu en France que la renonciation expreſſe des filles pour les ſucceſſions à écheoir eſt valable ; en conſéquence Baſnage rapporte un Arrêt du 3 Avril 1672, qui juge qu'une fille à qui la mere veuve avoit promis 28000 liv. pour toutes parts & portions qu'elle pouvoit eſpérer dans les ſucceſſions de ſes pere & mere , ne pouvoit après la mort de ſa mere demander à partager avec ſes freres la ſucceſſion de la mere, ſituée ſous la Coutume de Paris ; parce qu'ayant été dotée pour ce qui pouvoit lui appartenir tant de pere que de mere, cette ſtipulation étoit ſuffiſante & équipolloit à une renonciation ; mais il eſt plus ſûr en pareil cas que la fille, au moyen de la promeſſe qu'on lui fait, renonce à la ſucceſſion de ſes pere & mere en quelque lieu & Province que les biens ſoient ſitués.

Fille mariée & dotée ſur les biens de pere & mere, ceux de la mere étant ſous Paris, peut-elle revenir à partage ?

On ne ſuit point entre ſœurs, dit Baſnage , l'hypotheque de leur contrat de mariage , elles viennent pour le paiement de leur dot à l'état du décret des biens du pere , en concurrence , quand même il ſe trouveroit des créanciers intermédiaires. Arrêt du 22 Février 1676.

En cas de décret , les filles viennent en concurrence pour leur dot promiſe par leur pere, quoiqu'il y ait des créanciers intermédiaires.

C'étoit autrefois une queſtion de ſçavoir ſi le mari avoit un don mobil, lorſqu'il n'en étoit point fait mention au traité de mariage ; mais aujourd'hui la Juriſprudence eſt fixée à cet égard par l'Arrêt rendu en forme de Réglement le 26 Mars 1738 , qui juge qu'il ne pourra être prétendu par le mari ou ſes héritiers ſur les biens immeubles de ſa femme.

Du don mobil.

aucun don mobil , s'il ne lui en a été fait
donation par fon contrat de mariage.

Je rapporterai ici plufieurs Arrêts qui concernent le don mobil.

Un frere arbitre le mariage de fa fœur,
lui abandonne la jouiffance de certains fonds
& héritages dont elle aura la propriété en
fe mariant , il lui promet en outre une fomme
d'argent qu'il lui paie ; plufieurs années après
cette fille fe marie , elle donne le tiers de
fes biens à fon mari , & elle décede enfuite.
Le mari doit-il rendre les deux tiers de l'argent payé à fa femme ? Jugé pour l'affirma-
tive par Arrêt du 9 Février 1700 , parce
que la fomme d'argent fait partie de la
dot arbitrée , & eft réputée immeuble aux
termes de l'art. 511 de la Coutume.

Diverfes quef-
tion fur le don
mobil.

Premier Ar-
rêt.

Une fille eft mariée par fa mere & par
fes freres , après le décès de fon pere , la
mere & les freres lui donnent mariage avec
ftipulation qu'il n'y en aura que le tiers en
don mobil ; en pareil cas il a été jugé par
Arrêt du 10 Décembre 1720 , que le don
mobil eft cenfé fait par la fille à l'effet de
ne pouvoir plus rien donner à un fecond
mari fur fa dot paternelle. Ceci en conformité de ce que dit Bafnage fous l'art. 405
de la Coutume.

Second Ar-
rêt.

Le don mobil ftipulé en faveur des enfans fur une fomme donnée à la mere par
fes freres pour légitime , n'appartient point
au pere comme un meuble , en cas de pré-
décès de fes enfans, parce qu'ils le tiennent de
leur mere , qui le poffédoit comme un propre , aux termes de l'art. 511 de la Coutume. Arrêt du 20 Mars 1725.

Troifieme
Arrêt.

Le 19 Mars 1729 , il a été jugé par Arrêt , que quand le pere a donné une fomme
à fa fille par fon contrat de mariage pour

Quatrieme
Arrêt.

N. vj.

lui tenir lieu de dot, il ne peut donner une partie de cette fomme en don mobil par une déclaration poftérieure.

Cinquieme Arrêt. Par Arrêt du 15 Mai 1736 il a été jugé qu'un étranger qui donne une fomme à une fille en mariage, aux conditions que fi la future décede fans enfans, cette fomme reviendra au donateur ou à fes héritiers, il ne peut en ce cas y avoir de don mobil fur cette fomme, fi la fille décede fans enfans, & la ftipulation du don mobil devient nulle.

Sixieme Arrêt. Quand un pere réferve fa fille à partager fa fucceffion par contrat de mariage, & que fur cette réferve elle fait un don mobil, du confentement de fon pere, le don mobil n'a pas lieu, fi la fille meurt avant fon pere ; il faut que ce foit le pere qui donne pour que le don mobil ait lieu dans ce cas. Arrêt du 31 Mars 1751.

Septieme Arrêt. Si le pere donne à fa fille & à fon gendre une fomme mobiliaire par leur contrat de mariage, fans ftipuler fi elle tiendra nature de dot ou de don mobil, elle appartiendra en intégrité au mari, ainfi jugé par Arrêt du 26 Août 1751. Cet Arrêt eft femblable à celui de Maunourry du 3 Février 1656, rapporté par Bafnage.

Huitieme Arrêt. Par Arrêt du 9 Mai 1759, rendu en la premiere Chambre des Enquêtes au rapport de M. du Bellouet, l'héritier de Jacques Ragot a été débouté de la demande d'un don mobil, qui avoit été promis en effence fur les biens immeubles de Marie-Jeanne Noël, mere de Ragot, par un contrat de mariage paffé devant Notaire, duement contrôlé & infinué. L'héritier de Marie-Jeanne Noël fe défendoit fur ce que Ragot avoit traité avec fa mere du don mobil, & qu'il l'en avoit déchargée par une quittance fous-feing qu'il repréfentoit. L'héritier de Ragot prétendoit cette quittance furprife, confidentiere & nulle ; il en avoit pris, en tant que de befoin Lettres de reftitution, auxquelles le premier Juge avoit eu égard. L'héritier de la femme Noël foutenoit en caufe d'appel la validité de la quittance, qu'au furplus le don mobil étoit un effet de la libéralité, que les enfans pouvoient y renoncer en faveur de leur mere, & qu'il fuffifoit que cela demeurât conftant. Par l'Arrêt la Sentence fut infirmée, & l'héritier de Marie-Jeanne Noël déchargé.

La donation faite au mari de la totalité du bien de fa femme pour en jouir en ufufruit fa vie durant, n'eft point exceffive ; cette donation doit avoir fon effet, fi mieux n'aiment les héritiers de la femme abandonner au mari le tiers en propriété. Arrêt du premier Juillet 1719. Mais quand les héritiers de la femme ont exécuté la claufe du contrat de mariage par laquelle elle a donné l'ufufruit de tout fon bien à fon mari en don mobil, ils ne font pas recevables à lui offrir le tiers en propriété au lieu de cet ufufruit. Arrêt du 10 Juin 1746.

Par la Déclaration du Roi du 25 Juin 1729, le défaut d'infinuation du contrat de mariage n'emporte pas la nullité du don mobil, ceux qui ont négligé cette forme font feulement tenus de payer les peines portées par les Edits & Déclarations.

Un contrat de mariage porte que le futur déclare prendre la future pour ce qui peut lui compéter & appartenir des fucceffions *de fes pere & mere* dont elle lui donne le tiers en don mobil. & tout ce que la Cou-

Neuvieme Arrêt.

Dixieme Arrêt.

Onzieme. Déclaration du Roi.

Douzieme Arrêt.

tume lui permet de donner ; le pere & l'aïeul de la future étoient alors vivans, & le mariage se faisoit contre leur gré. L'aïeul survit son fils, & la fille survit à l'un & à l'autre : on ne conteste point au mari le don mobil sur la succession du pere de sa femme ; mais on le lui conteste sur la succession de l'aïeul, parce qu'il n'avoit déclaré prendre sa femme que pour ce qui pouvoit lui appartenir sur la succession de son pere, sans parler de celle de l'aïeul, & que ce n'étoit que le tiers de la succession paternelle que la femme avoit donné à son mari. Le mari répond que par ces termes pere & mere, on entend tous les ascendans ; que quand il resteroit quelque difficulté, elle se trouveroit levée par cette clause & *tout ce que la Coutume lui permet de donner.* Par Arrêt du 6 Juillet 1762, la Cour accorda le don mobil au mari sur la succession de l'aïeul de la femme. Dans le fait, c'étoient les enfans qui contestoient le don mobil à leur pere qui avoit contracté un second mariage.

Treizieme Arrêt. Une femme donne le tiers de ses biens à son mari en don mobil, parce qu'il ne pourra le vendre ni hypothéquer du vivant de sa femme, laquelle se retient l'usufruit dudit don mobil, en cas qu'il n'y ait point d'enfans ; & l'usufruit du tiers en cas qu'il y ait des enfans. Le mari meurt le premier après avoir dissipé son bien, & il laisse des enfans qui renoncent à sa succession ainsi que la veuve. Question entre la veuve, comme tutrice de ses enfans & les créanciers du mari, pour sçavoir si les enfans devoient jouir pendant la vie de leur mere des deux tiers du don mobil, ou si ces deux tiers du don mobil appartenoient aux créanciers dégagés de l'ufufruit par le décès du mari. Les créanciers difoient que la femme ne s'étoit réfervé, en cas d'enfans vivans, que l'ufufruit du tiers du don mobil, & que ce cas étoit arrivé. La femme répondoit qu'elle ne s'en étoit privée qu'en faveur de fes enfans. Par l'Arrêt rendu le 8 Juillet 1762, les enfans ont été autorifés de jouir des deux tiers du don mobil pendant la vie de leur mere, & leur mere de l'autre tiers.

La femme n'a pas douaire fur le don mobil par elle fait à fon mari, s'il eft aliéné & qu'il ne fe trouve point en effence à la mort du mari; mais s'il eft exiftant elle en a le tiers en douaire. Art. 71 *du Réglement de* 1666, à la charge de contribuer aux dettes. Cependant on conclut d'un Arrêt du 16 Avril 1682, rapporté par Bafnage fous l'art. 367, que la femme ne peut avoir douaire fur le don mobil au préjudice des créanciers du mari.

Bafnage dit fous l'art. 387, que le plus fouvent le don mobil eft promis pour honorer le contrat de mariage, que le mari peut le remettre en toute hypothefe, & que l'on n'en doute pas au Palais.

Si la femme donne à fon mari le tiers de fes meubles & immeubles pour don mobil, & que dans l'intervalle du contrat & de la célébration du mariage, il tombe une fucceffion à la femme, le mari ne peut pas étendre le don mobil fur cette fucceffion, fuivant l'Arrêt du 27 Mars 1681, rapporté par Bafnage fous l'art. 390.

Voyez ce que je dirai pour l'effet que le don mobil opere pour les remports, art. 410.

Bérault rapporte un Arrêt du 18 Juillet

Si un pere peut être forcé de doter sa fille. 1607, qui condamna le nommé Capon à doter sa fille, âgée de plus de 35 ans, nomma quatre parens paternels & quatre maternels pour arbitrer sa légitime, & sur l'oppofition de Capon au mariage de sa fille autre Arrêt intervint qui le débouta de son oppofition le 19 Décembre 1613.

Don mobil court en intérêts 29 années. Le don mobil court en intérêts, & le mari peut en demander vingt-neuf années d'arrérages. Arrêt du 8 Juillet 1683, Basnage, art. 358.

Ce qui est payé est réputé sur le don mobil. Ce qui n'est point payé est réputé pour la dot. On a jugé que ce qui a été payé en diminution des promeffes faites par un contrat de mariage, est réputé avoir été payé pour le don mobil, & que ce qui n'a point été payé est cenfé être la dot, par Arrêt du 9 Janvier 1659, rapporté par Pefnelle.

ARTICLE CCLI.

Les freres peuvent comme leur pere & mere marier leurs sœurs de meubles fans héritage, ou d'héritage fans meubles, pourvu qu'elles ne foient déparagées, & ce leur doit suffire.

(Voyez *l'article* 357).

LA Coutume a fagement impofé aux freres la néceffité de doter leurs sœurs, il n'étoit pas prudent de s'en rapporter à leur volonté à cet égard, parce qu'on ne doit pas fe promettre tant d'affection dans un frere pour fa sœur qu'il y en a dans un pere pour fa fille.

Aussi se trouve-t-il bien de la différence dans la Jurisprudenc , qui s'observe
entre le pere & sa fille , & le frere & sa
sœur.

Le pere , comme je l'ai observé , en est
quitte pour marier sa fille ; le frere n'en est
pas quitte pour avoir marié sa sœur , même
à un parti sortable , il faut en outre qu'il lui
paie une dot ; mais un frere qui auroit marié sa sœur convenablement , sans la déparager , & qui lui auroit donné une dot
au-dessous de la valeur de sa légitime ne
seroit pas inquiété ; parce qu'il faut qu'il
y ait une inégalité extraordinaire entre la
dot promise , & une disproportion de condition entre la fille & son mari , pour que
la fille soit reçue à se plaindre , suivant les
Arrêts & le sentiment de nos Auteurs ; cependant Basnage rapporte un Arrêt qui entérine des Lettres de restitution , obtenues
par Marguerite Valée , contre la transaction
qu'elle avoit faite avec son frere sur sa légitime avant son mariage , & ordonna
qu'il seroit convenu de parens pour en faire
l'arbitration.

Le même Auteur rapporte un Arrêt du
11 Juillet 1662 , qui condamne des freres
à payer la dot à leur sœur suivant le réglement que le pere avoit fait par son
testament ; il ne donnoit à sa fille non
mariée que la même somme qu'il avoit
donné à sa premiere fille , qu'il avoit mariée de son vivant. On eût autrement
jugé si la dot arbitrée par le pere avoit été
excessive.

Il est de l'intérêt des freres de faire cons-
tater par un acte la dot payée , ou promise
à leurs sœurs ; car s'il n'étoit pas justifié
que la sœur a été dotée , elle pourroit for-

riage pour fa
fœur.

Freres font
garans de la
dot payée à
leurs beau-fre-
res devenus in-
folvables.

Cas où on-
cle condamné
de garantir ce
qu'il a donné
en mariage à fa
niece.

mer la demande de fa légitime : c'eft l'opinion de nos Auteurs.

Les freres font garans de la dot qu'ils
paient à leurs beau-freres devenus infolva-
bles, & leur fœur a une action pour les
obliger à la payer de nouveau, fans qu'elle
foit obligée d'appeller les freres au décret des
biens de fon mari, à moins qu'elle n'eût
figné le contrat de rachat & reconnu les
biens de fon mari fuffifans pour fon remplacement ; car en ce dernier cas, la fœur
doit difcuter les biens de fon mari avant
de venir contre fes freres. Arrêt du 11 Août
1672, 7 Juillet 1692, 12 Février 1682,
5 Mai 1688. Les freres ne peuvent, même
en acquittant la dot, demander à leur beau-
frere caution ni remplacement, s'il ne s'y
eft pas obligé par une des claufes du contrat de mariage : ils ne peuvent auffi valablement offrir des fonds de la fucceffion
affectée à la dot, s'ils l'ont payée en rente
pendant plufieurs années, ou qu'il foit ainfi
convenu en mariant leur fœur. Voyez Bafnage fous cet article & fous l'art. 357.

Si un frere payoit la dot à fa fœur fépa-
rée de biens, il feroit également garant du
paiement de cette dot, fuivant qu'il a été
jugé par Arrêt du 18 Mars 1650, rapporté
par Bafnage.

On a même pouffé la chofe plus loin. Un
oncle, Prêtre, donna vingt livres de rente
à fa niece lors de fon mariage avec promeffe de garantie ; dans la fuite il amortit
la rente aux mains du mari infolvable, par
Arrêt du mois d'Août 1628, l'oncle fut condamné envers fa niece de répondre de cette
rente ; la promeffe de garantie de la part
de l'oncle détermina la condamnation, car
autrement n'étant pas obligé de doter fa

niece, il n'eût pas été condamné à faire valoir la rente.

Les freres font folidairement prenables de la dot de leur fœur. Cette maxime eft confacrée par fept Arrêts rapportés par Baf-nage.

Ils font également garans des rentes par eux données à leurs fœurs, & fi le débiteur n'a point de meubles, la fœur n'eft point obligée à la difcuffion de fes immeubles : le frere eft tenu de reprendre la rente. Arrêt du 11 Avril 1646.

Lors des diftributions des deniers provenans des adjudications par décret, où il y a des oppofitions pour rentes hypotheques appartenantes à des femmes mariées, ou civilement féparées, les maris ou les femmes civilement féparés, font obligés pour recevoir, de fournir bon & valable remplacement, ou au défaut, bonne & fuffifante caution des capitaux des rentes colloquées, laquelle caution doit être reçue par le Juge en la préfence du Procureur du Roi. Arrêt du 19 Juin 1724; & depuis s'eft rendu Arrêt le 12 Mai 1756, qui juge que quand une femme mariée a une rente hypothécaire dans les biens qu'elle a apportés à fon mari, ou dans ceux qui lui font échus depuis fon mariage, à prendre fur un tiers, le débiteur de cette rente, qui a toujours le droit de fe libérer, mais qui ne le peut faire à fa véritable créanciere, parce qu'elle eft en puiffance de mari, peut forcer le mari de lui donner un remplacement ou caution, & à ce défaut, fe faire autorifer de configner.

Bafnage rapporte un Arrêt du 23 Janvier 1685, intervenu fur ce fait. Le fieur Derard en mariant fa fille au fieur de Boeffé, lui

donna pour dot plufieurs rentes ; lorfque
l'on voulut faire le rachat d'une rente de
300 livres, le fieur Derard fils prétendit affujettir fon beau-frere domicilié au Perche,
à lui donner caution, ou à prendre du fonds
en paiement. Par l'Arrêt il fut ordonné que
le fieur Derard recevroit le rachat de la
rente, fi mieux il n'aimoit donner à fon
beau-frere d'autres rentes dont il demeureroit
garant, ou continuer la rente, ou acceptez
une caution au Perche.

ARTICLE CCLII.

La fille mariée par fon pere ou fa
mere, ne peut rien demander à fes
freres pour fon mariage, outre ce qui
leur fut par eux promis quand ils la
marierent ; & fi d'ailleurs aucune
chofe leur a été promife en mariage,
ceux qui l'ont promis ou leurs hoirs,
font tenus le payer, encore qu'ils ne
fuffent tenus de la doter.

(Voyez *l'article* 363).

Les pere & mere peuvent donner des augmens de dot à leurs filles.

COMME par l'art. 250, la fille mariée
ne peut rien demander que ce qui lui
eft promis, on a douté fi depuis qu'elle
eft mariée fes pere & mere pouvoient lui
donner. Bafnage rapporte fous cet article
plufieurs Arrêts qui jugent qu'un pere qui
n'a rien donné à fa fille en la mariant,
peut lui faire une promeffe par acte fubféquent au mariage, & qu'il peut même donner un fupplément de dot à fa fille, que le

frere est obligé de payer , à moins que la promesse & supplément n'excedassent ce que la Coutume permet de donner aux filles.

Une batarde légitimée par mariage subséquent peut demander mariage avenant à son frere né en légitime mariage. Bérault en rapporte un Arrêt : dans le fait la batarde avoit été mariée auparavant sa légitimation. Basnage rapporte un pareil Arrêt sous la date du premier Février 1646 dans le cas d'une fille naturelle mariée par son pere , qui lui avoit donné 300 liv. en la mariant ; mais cette fille ayant été légitimée depuis par mariage subséquent , elle demanda mariage avenant à son frere après la mort du pere , ce qui lui fut accordé. Journal des Audiences, liv. 5 , chap. 18.

Batarde légitimée depuis son mariage peut demander dot.

ARTICLE CCLIII.

Fille mariée ne peut rien demander à l'héritage de ses antécesseurs , fors ce que les hoirs mâles lui donnerent & octroyerent à son mariage.

Les filles ne sont point tenues, à cause du mariage qui leur est payé en argent, des dettes de la succession , soit envers les créanciers, soit par contribution avec les héritiers ; mais si on leur avoit donné un effet immobilier en les mariant, les créanciers antérieurs pourroient les poursuivre hypothécairement.

Si les filles sont prenables des dettes de la succession.

ARTICLE CCLIV.

Si pere & mere ont donné à leurs

filles., soit en faveur de mariage ou autrement, héritages excédans le tiers de leur bien , les enfans mâles les peuvent révoquer dans l'an & jour du décès de leurdit pere & mere , ou dans l'an & jour de leur majorité; & se doit faire l'estimation dudit tiers, eu égard aux biens que le donateur possédoit lors de sa donation; & ou la donation seroit faite du tiers des biens présens & à venir , l'estimation dudit tiers se fera eu égard aux biens que le donateur a laissé lors de son décès.

Freres peuvent révoquer la donation excessive faite à leurs sœurs. Il résulte de cet article & des Arrêts rendus en conséquence, que les freres peuvent révoquer les donations excessives faites aux sœurs, sans qu'ils soient obligés de les recevoir à partage. Arrêt de 1653 , à moins que le pere n'eût , en cas de contestation sur la promesse, réservé ses filles à sa succession.

Tuteur du frere mineur , la peut faire révoquer. Le tuteur du frere mineur peut agir pour faire révoquer ou réduire la promesse excessive faite à la sœur du mineur, quoique ce mineur devenu majeur , puisse intenter cette action **Si la signature du frere ne le préjudicie.** dans l'an de sa majorité. La signature des freres, aux contrats de mariage de leurs sœurs mariées par le pere, ne les exclut pas de demander la réduction des promesses excessives ; mais si un frere ayant des biens particuliers & étant majeur, s'oblige par une promesse faite à part au paiement d'une rente que le pere donne à sa fille , il est tenu de faire valoir sa promesse. Arrêt en l'année 1650. Basnage.

Frere pour réduire , doit Le frere, pour révoquer la donation faite à sa sœur , doit faire faire inventaire après le lécès du pere, non-feulement des meubles, nais des titres; c'eft la difpofition de l'art. 48 lu Réglement de 1666, qui difpofe que *les freres ne peuvent prétendre la réduction du mariage de leurs fœurs, s'ils n'ont fait inventaire des meubles & titres de la fucceffion de leur pere, mere ou autre afcendant.*

Il n'eft pas fuffifant au frere de faire faire inventaire, il doit y intimer fes fœurs & beaufreres, & il ne lui fuffit pas d'intimer une de fes fœurs pour y être préfente, il faut qu'il intime toutes & chacune de celles contre qui il prétend la réduction. Arrêt du 4 Juillet 1580.

Il a même été jugé par Arrêt du 22 Avril 1722, qu'il ne fuffit pas, lorfque le pere & la mere ont promis conjointement mariage à la fille, que les freres faffent inventaire après le decès du pere, ils doivent en outre en faire faire un après le décès de la mere, fi elle furvit fon mari.

La Coutume ne prefcrit point le temps pofitif dans lequel les freres doivent faire inventaire ; mais je croirois que l'inventaire doit être fait dans les trois mois, ainfi que le porte l'Ordonnance de 1667, & que tout au moins les freres ne doivent pas laiffer paffer l'an accordé pour la révocation de la donation, ni s'être auparavant l'inventaire immifcés dans la fucceffion.

Le pere qui a donné une légitime trop forte à fa fille ne peut pas la révoquer, mais il peut abandonner fon bien à fes autres enfans, aux charges d'une penfion alimentaire, fans que les gendres puiffent faire décréter les immeubles pour le paiement de leurs promeffes, ils peuvent feulement faifir les meubles & fruits des immeubles. Arrêts des 16 Mai 1634 & 28 Janvier 1670, & 12 Mai 1676.

L'aliénation des biens donnés à la sœur, soit par elle ou par son mari, n'empêche point l'action des freres en réduction & révocation.

On estime les biens immeubles donnés par le pere ou la mere, comme du temps de la donation ; mais si elle est faite des biens présens & à venir, on les estime eu égard au décès du donateur ou de la donatrice.

Il ne faut pas que les freres laissent passer l'an & jour du décès de leurs pere & mere, ou de leur majorité, sans agir. L'action révocatoire après les délais de la Coutume n'est plus recevable.

ARTICLE CCLV.

Et s'ils ont promis au mariage de leur fille, or, argent ou autres meubles qui soient encore dûs lors de leur décès, les enfans ne seront tenus les payer après la mort desdits pere & mere, sinon jusqu'à la concurrence du tiers de la succession, tant en meubles qu'héritages.

Différence de la révocation & de la réduction.

LA différence qu'il y a entre cet article & le précédent, consiste en ce que l'article précédent parle de la révocation de la donation, qui doit être demandée dans l'an & jour du décès des pere & mere, ou de la majorité du frere, & que dans cet article il est question d'une réduction qui peut se proposer toutes fois & quantes que la sœur forme sa demande comme une exception péremptoire & perpétuelle : *nam quæ temporalia sunt ad agendum,*

La réduction est une exception personnelle, en quel cas ?

agendum, perpetua sunt ad excipiendum. En un mot, s'il est question d'une donation de fonds ou d'immeuble dont la fille soit en possession, il faut que l'on agisse dans l'an & jour : si au contraire ce sont des meubles, de l'argent ou des fonds promis, l'exception est perpétuelle, & peut en être proposée lors de la demande de la fille ; mais si la fille a été payée en meubles ou en argent, elle ne peut être inquiétée, cependant si on a donné aux filles des meubles & des immeubles qui estimés ensemble, excedent la valeur du tiers des biens du donateur, les freres ont la faculté de faire réduire cette donation, & dans ce cas la valeur des meubles donnés & livrés, ne formant qu'une masse avec les immeubles, opérera la réduction de la donation immobiliaire ; remarquez que dans le cas ou la Coutume accorde aux filles moins que le tiers, le don du tiers seroit encore sujet à réduction.

ARTICLE CCLVI.

Les filles n'ayant été mariées du vivant de leur pere & mere, pourront demander part audit tiers.

C'est-à-dire que les filles mariées ne peuvent avoir que leur contingente part au tiers, & que les non-mariées y prennent aussi part.

ARTICLE CCLVII.

Fille mariée avenant que ses sœurs soient reçues à partage, fait part au profit de ses freres, pour autant qu'il lui eût pu appartenir au tiers dû aux filles pour leur mariage, encore qu'il ne lui fût rien dû lors du décès de ses pere & mere.

(Voyez *l'article* 362).

Fille mariée fait part au profit de son frere.

PAR la raison que la fille mariée fait part au profit du frere, il doit aussi aux termes de l'article 50 du Réglement de 1666, rapporter ce qu'elle a reçu : *le frere doit rapporter ce qui a été donné à sa sœur en faveur de mariage, quand elle fait part à son profit.*

Secûs des filles mises en Religion.

Les filles mises en Religion du vivant du pere, & dont il a payé la dot, ne font point part au profit du frere ; c'est une Jurisprudence certaine au Palais, il faudroit qu'elles eussent qualité de succéder ; mais si le pere se constituoit en rente pour payer la dot de Religion de sa fille, les biens de la mere, dont ses sœurs nées d'un second mariage du pere hériteroient seules, devroient en ce cas contribuer au marc la livre.

Fille Religieuse depuis la mort du pere. Quid ?

Il n'en est pas de même si la fille fait profession de Religion après la mort du pere, car étant alors capable de succéder, elle a été comptée au nombre des enfans lorsque la succession est échue, elle fait donc part au profit des freres.

ARTICLE CCLVIII.

Le pere peut en mariant ses filles, les réserver à sa succession, & de leur mere pareillement.

(Voyez *les articles* 358 & 270).

Aʀt. 49 du Réglement de 1666. *Les
filles admifes à la fucceffion partagent
les meubles également avec leurs freres.*

Fille réfervée partage les meubles.

Art. 51 du Réglement de 1666. *Les filles
n'ont part égale aux meubles ni aux héritages
fitués en bourgage, que lorfqu'elles font appel-
lées à partage : mais à l'arbitration de leur
mariage avenant, lefdits meubles en bourgage
ne font confidérés que comme les autres biens
fitués hors bourgage.*

Secùs, fi elles ne font point réfer-vées.

Pour qu'une fille foit dans le droit de demander partage, il faut que fes pere ou mere
l'y aient réfervée, & que la réferve à partage
foit expreffe & fans équivoque ; mais le pere
peut la réferver à partage par toute forte d'actes, foit par contrat de mariage, par acte
entre-vifs ou par teftament. *Quocumque actu,*
pourvu que ce foit avant ou lors du mariage
& non depuis le mariage, car le pere après
avoir marié fa fille, ne peut plus en la réfer-
vant troubler l'ordre des fucceffions, & donner aux mâles un héritier furnuméraire : ainfi
jugé par l'Arrêt de Cauchois du 28 Janvier
1655.

Il faut que la réferve foit ex-preffe ; mais elle peut fe fai-re *quocumque actu.*

Par Arrêt du 16 Décembre 1755, il a été
jugé que quand la fille eft réfervée à fucceffion par fon pere ou par fa mere pour en jouir
le cas offrant, cela fuffit pour opérer la réferve à partage, parce que réferver à *partage*
ou à *fucceffion,* ne fignifie autre chofe que
réferver à partager une fucceffion.

Réferve à fucceffion eft la même chofe que réferve à partage.

Par autre Arrêt du 19 Janvier 1735, la
Cour a jugé qu'une claufe employée dans un
contrat de mariage au bénéfice d'une fille,
par laquelle fon pere déclare la réferver à fa
fucceffion *pour ce qui peut lui compéter & appartenir,* ne vaut que pour demander mariage avenant ; elle n'eft pas fuffifante pour
opérer une réferve à partager.

Si le pere peut destiner un objet certain pour dot à sa fille.

Un pere n'ayant pas dessein de réserver sa fille à partage, voulut lui limiter son mariage & lui assigner un certain fonds, dont elle jouiroit, & si son fils refusoit de le lui délivrer, il déclara qu'il réservoit en ce cas sa fille à partage. Par Arrêt du mois de Décembre 1668, il fut ordonné que le fils, qui réclamoit le fonds assigné, opteroit de le laisser à sa sœur ou de la recevoir à partage.

Promesse faite lors d'un second mariage.

Une mere marie sa fille sans rien lui promettre ; sa fille, devenue veuve, elle lui fait un don de 300 livres, si mieux elle n'aimoit partager avec ses freres : le frere ayant contredit cette promesse, il fut jugé qu'il paieroit les 300 livres à sa sœur, si mieux il n'aimoit la rappeller à partage. *Voyez* l'art. 252. Remarquez que la Cour laisse l'effet de la réserve à la volonté du frere, quoique la mere eût déféré le choix à sa fille.

Le pere peut réserver à la succession de la mere décédée.

Le pere peut réserver sa fille à la succession de sa mere, quoique la mere soit décédée, & même Basnage rapporte un Arrêt qui confirme une réserve faite par un beau-pere en faveur de la fille sortie d'un premier mariage de sa femme.

Hors mariage l'arbitration du pere n'empêche la fille de demander sa légitime.

La Coutume laisse au pere la liberté de marier sa fille à telle condition qu'il lui plaît, parce qu'elle suppose qu'il ne la mariera pas pour rien ; mais s'il venoit à oublier ce que la Nature lui commande & ce que la Loi présume, & que par un acte entre-vifs ou par testament, il arbitrât la dot de sa fille au-dessous de ce qui lui appartient, la fille ne feroit pas obligée de s'en tenir à son évaluation, elle pourroit demander son mariage avenant à ses freres. Arrêts des mois de Janvier 1624 & de Décembre 1623. De pareils actes n'ont pas plus de force que les partages faits par un pere entre ses enfans, qui ne subsistent pas

après son décès, quand ils causent à quelques-
uns d'eux un préjudice notable.

ARTICLE CCLIX.

La mere aussi après le décès de son
mari , peut en mariant sa fille , la réserver à sa succeffion ; mais elle , ni
pareillement le tuteur , ne peuvent
bailler part à ladite fille , ni la réferver à la fucceffion de feu son pere ;
ains feulement lui peuvent bailler
mariage avenant par l'avis des parens
à prendre fur ladite fucceffion.

Toutes ces réferves n'ont lieu que pour
les fucceffions paternelles & maternelles,
& non pour des fucceffions collatérales , parce
que , *pactum de hareditate viventis , valere
non poteft.*

(Réferve à partage n'a lieu pour fuc-ceffion collaté-rale.)

La mere n'a pas le même pouvoir que le
pere ; elle ne peut réferver fa fille à partage
fur la fucceffion de son mari décédé.

Arrêt du 29 Juin 1724, qui juge que les
filles ayant été réfervées à partage fur les
biens de Caux , la réferve n'a pas lieu fur le
préciput ni fur les deux tiers appartenans
à l'ainé , elles peuvent feulement partager
avec les puînés.

(Réferve fur biens de Caux. Quid ?)

Le même Arrêt juge que les filles réfervées
à partage , ne peuvent avoir fur les Fiefs que
l'évaluation en argent de ce qui peut leur
appartenir , au lieu de partage.

(Réferve fur Fiefs. Quid ?)

Quand une fille eft réfervée à partage , &
qu'elle a deux freres , fi l'ainé prend un Fief
par préciput , la part de la fille dans le furplus n'eft pas de la moitié , elle eft feulement

du tiers, ainsi jugé le 19 Mars 1746. La même chose avoit été jugée le 16 Août 1725, voyez l'art. 269.

Réserve sur la banlieue. Autre Arrêt du 6 Août 1750, qui juge que les filles réservées à partage prennent part égale avec leurs freres dans les biens situés dans la banlieue, pourvu qu'ils soient tenus en franc-aleu.

Réserve sur rentes du Cler-gé nouvelles créées. Par Arrêt du 26 Juillet 1756, il a été jugé que les nouvelles rentes dues par le Clergé, créées avec stipulation d'emploi, sans aucune hypotheque spéciale, mais seulement sur l'hypotheque générale de ses biens, ne sont ni rentes parisiennes ni rentes en bourgage; elles se partagent comme un bien Normand & en Coutume générale, lorsqu'elles sont dues à un Normand, encore bien que la succession du créancier soit ouverte en bourgage ; en conséquence on a jugé qu'une fille réservée à partage, & qui demandoit part égale à son frere sur une rente de cette nature, soit qu'on la considérât tenir nature des biens de Paris, où est le bureau général, soit qu'on la considérât bourgage, comme payable à Rouen, où est le bureau particulier du Diocese, ou comme due à un bourgeois de Rouen, n'y auroit que mariage avenant.

Il en est de même des rentes dues par le Roi, les filles n'y peuvent réclamer que ma-riage avenant. Arrêt du 4 Août 1661. Basna-ge art. 270.

<hr>

ARTICLE CCLX.

Fille réservée doit rapporter à la succession des pere & mere. Fille réservée à la succession de ses pere & mere, doit rapporter ce qui lui a été donné ou avancé par celui

à la fucceffion duquel elle prend part,
ou moins prendre.

CET article eft répété dans l'article 359,
& quoique ce dernier faffe mention d'héritages & de meubles, il ne dit rien de plus
que l'autre ; quand les filles font réfervées
à partager avec leurs freres, elles font confi-
dérées comme héritieres ; elles doivent donc
rapporter à la maffe des fucceffions du pere
& de la mere, qui les a réfervées fuivant la
regle générale : on a cependant jugé par Arrêt du 13 Juillet 1752, que la petite-fille,
donataire d'une fomme mobiliaire que l'aïeule
auroit pu donner à un étranger, n'eft pas
tenue de la rapporter lorfqu'elle demande
fa légitime fur les biens de fa mere, héritiere
de l'aïeule.

Quand les filles héritent de leur frere, fi
elles ont été mariées & payées auparavant
que la fucceffion foit ouverte, il n'y a pas
lieu au rapport entr'elles ; mais fi la dot de
l'une d'elles n'a pas été acquittée toutes doivent rapporter, comme s'il fût queftion d'une
fucceffion en ligne directe.

Petite-fille exempte de rapport.

ARTICLE CCLXI.

Après le décès du pere, les filles
demeurent en la garde du fils ainé,
& fi lors elles ont atteint l'âge de vingt
ans, & demandent mariage, les freres
les peuvent garder par an & jour pour
les marier convenablement, & les
pourvoir de mariage avenant.

(Voyez *l'article* 268).

O iv

Frere si a la garde de ses sœurs au préjudice de la mere.

QUAND il est dit par cet article que frere aîné a la garde de ses sœurs, ce n'est que dans le cas où la mere est morte ou remariée ; car si la mere est vivante, & qu'elle ne soit pas remariée, la garde lui en appartient au préjudice du frere.

ARTICLE CCLXII.

Estimation du mariage avenant.

Mariage avenant doit être estimé par les parens, eu égard aux biens & charges des successions des pere & mere, aïeul ou aïeule ou autres ascendans en ligne directe tant seulement, & non des successions échues d'ailleurs aux freres ; & doivent ceux qui feront ladite estimation, faire en sorte que la maison demeure en son entier, tant qu'il sera possible.

(Voyez *les articles* 346 & 364).

POUR l'intelligence de cet article, je rapprocherai l'art. 52 du Réglement de 1666 , qui dispose que *la liquidation du mariage avenant sera faite sur le pied du revenu des héritages , sans mettre en considération les hauts bois & bâtimens , sinon en tant qu'ils augmentent le revenu ; & ne sont les terres nobles estimées qu'au denier vingt.* Le mariage doit être liquidé sur le tiers juste du revenu, les charges déduites & non entre le tiers & le quart, sous prétexte de faire contribuer la fille aux réparations des biens. Arrêt du 28 Février 1761.

**Quid , sur les bois ?
Sur les Fiefs.**

J'ai observé sous l'article 258, que les filles n'ont que le tiers aux meubles & biens

de bourgage lorfqu'elles ne font pas réfervées à partage.

Lorfqu'il s'agit d'une fucceffion où il n'y a que des biens de roture, le tiers en appar- tient aux filles, & on y comprend même le préciput roturier, fuivant l'Arrêt du 18 Août 1669 ; à la différence du préciput de Caux, qui appartient privativement à l'ainé, en con- tribuant au paiement du mariage des filles, fuivant les art. 56 & 57 du Réglement de 1666, que je rapporterai à la fin de cet article.

Le préciput roturier en Coutume gé- nérale entre en l'eftima- tion.

Lorfqu'il s'agit de liquider le mariage ave- nant des filles fur les terres nobles, on dif- tingue trois cas principaux : il fe peut en effet que la fucceffion qui le doit foit compofée d'un ou plufieurs Fiefs, ou d'un Fief & de ro- tures ; au premier cas, on accorde aux filles la propriété du tiers du Fief par eftimation au denier 20, déduction faite de la part contributive des puînés, & quelquefois moins fi par le concours des filles, la part de cha- cune excédoit celle d'un puîné en ufufruit. Au fecond cas, on prétend que le Fief laiffé au puîné eft feul fufceptible du mariage ave- nant. Dans le troifieme cas, il ne s'eftime que fur les rotures dont les filles ont le tiers ou moins que le tiers, felon le nombre des puînés & des filles. Si les filles n'ont qu'un frere, elles peuvent lui céder les rotures, & demander leur légitime fur le Fief.

Maniere de liquider le ma- riage des filles fur les Fiefs.

La liquidation fe fait fur les rentes hypo- theques comme fur les autres biens, & c'eft une maxime en Normandie que les rentes Normandes fe partagent fuivant la nature des biens du débiteur & fur fa déclaration, au lieu qu'à Paris elles fe partagent fuivant la Loi du domicile du créancier. Nous n'étendons pas notre Jurifprudence aux rentes dues hors

En Norman- die rentes fe partagent fui- vant la Loi de la fituation des biens du Dé- biteur, fecùs à Paris.

la Province, ces fortes de rentes fe reglent fuivant la Coutume générale, les filles n'y ont qu'un mariage avenant. Bafnage.

Mariage avenant fur les Offices.

Il en eft de même des offices où les filles prennent la même part que fur les rotures.

Si une tante paternelle vient à décéder fans avoir marié, après la mort du pere, & pendant la liquidation du mariage avenant, la provifion qui lui étoit payée par fes neveux étant éteinte, elle ne peut être déduite comme une charge de la fucceffion.

Biens eftimés à leur valeur, au temps de la mort.

Les biens doivent s'eftimer eu égard à la valeur, au temps de la mort du pere. Obfervez que l'arbitration de la légitime des filles, fur les biens de leur mere, fe fait eu égard à fa valeur, au temps du décès de la mere qui a prédécédé fon mari, & non pas au temps de la mort du pere qui en a joui à droit de viduité. Arrêt du 11 Juillet 1738. *Voyez* l'art. 254.

Parens arbitres, liquidation à frais communs.

Cette eftimation fe fait par des parens arbitres, & à communs frais des freres & des fœurs, quand même la liquidation fe feroit avec des acquéreurs. Arrêt du 28 Avril 1667, à moins qu'une des parties ne formât de mauvaifes conteftations, alors la partie, qui auroit mal contredit, devroit les frais.

Préciput de Caux contribue au mariage des filles; mais feulement au bénéfice des puînés.

Article 56 du Réglement de 1666, *l'ainé doit à caufe du manoir & pourpris en Caux à lui déféré par la Coutume, contribuer aux dettes de la fucceffion & mariage des filles;* mais cette contribution n'augmente pas le mariage des filles, fuivant l'art. 57 dudit Réglement, qui s'exprime ainfi : *Et néanmoins ledit manoir & pourpris n'augmentent point l'eftimation du mariage avenant defdites filles;* c'eft-à-dire, que lorfqu'on fait l'eftimation du mariage avenant on ne comprend point le préciput; mais l'ainé contribue à la décharge des puînés à proportion du préciput ; en forte que cette contribution du préciput n'eft qu'au bénéfice des puînés & non des fœurs.

Bafnage, fous l'art. 351, propofe la queftion de fçavoir fi le frere eft obligé de faire faire inventaire lorfqu'il n'a que des fœurs ; mais c'eft une maxime inconteftable que le frere ne doit point d'inventaire à fes fœurs, il leur doit feulement une déclaration, fauf à elles à prouver qu'elle eft défectueufe, & à établir les fouftractions que le frere auroit pu faire ; mais s'il veut révoquer leur promeffe de mariage, il doit, après la mort du pere & de la mere, faire inventaire & y intimer fes fœurs mariées.

Frere n'eft tenu faire inventaire quand il n'a que des fœurs.

ARTICLE CCLXIII.

Le fifc ou autre créancier fubrogé au droit des freres, ou l'un d'eux, doit bailler partage aux filles, & n'eft reçu à leur bailler mariage avenant.

Le créancier ou le fifc, ne peut donner mariage avenant à la fille ; elle a partage.

(Voyez *l'article* 345).

L'ACQUÉREUR dés biens du frere avec fubrogation générale de tous fes droits en la fucceffion, n'eft pas libre de donner mariage avenant à la fœur de fon vendeur, il doit lui donner partage ; c'eft une Jurifprudence confacrée par la Jurifprudence des Arrêts ; mais cependant fi la fœur avoit eu plufieurs freres, que l'un d'eux eût aliéné fa part, & que l'autre n'eût point vendu ; & que ce dernier offrit mariage avenant, la fœur ne pourroit obliger l'acquéreur de l'autre frere

Quid ? eft le cas où il y a plufieurs freres dont un feul a vendu.

O vj.

à lui donner partage, d'autant qu'on n'accorde point mariage avenant fur une partie de la fucceffion & partage fur l'autre. C'eft l'efpece de l'Arrêt d'Antoine Clouet, du 23 Juillet 1643. Autre Arrêt du 20 Juin 1631, rapporté par Bafnage fous l'art. 345.

La fille n'eft pas obligée de prendre les derniers acquéreurs, ni à faire lots.

Dans la circonftance des biens de la fucceffion aliénée par le frere, la fœur n'eft point obligée à prendre les dernieres aliénations, comme pour le tiers-Coutumier ; elle ne doit point non plus faire les lots. Arrêts du 7 Février 1644.

Elle a partage en cas de décret.

Lorfqu'on décrete la fucceffion, pour dettes du frere ou du pere, les filles ou fœurs deviennent capables de demander partage. Arrêt du 13 Août 1664.

La fille non mariée peut-elle transférer la propriété de fa rente viagere, au préjudice des créanciers d'un de fes freres ?

On demande fi le partage a lieu en faveur des filles de plein droit, lorfque les biens du frere tombent entre les mains d'un créancier fubrogé, & fans aucune demande formée de leur part ; il feroit difficile de décider cette queftion par l'Arrêt du mois d'Août 1692, rapporté par Bafnage ; voici l'efpece : Guillaume Filleul, Ecuyer, avoit eu trois fils ; en mariant Nicolas, fecond fils, il lui donna par avancement 500 livres de rente. Le pere étant mort, les freres arbitrerent le mariage de leurs fœurs à 5000 livres pour chaque fœur ; le partage de Nicolas fut chargé de payer 1428 liv. à une des fœurs, qui mourut avant lui & fans avoir marié : Ollivier Filleul faifit les fermages du fonds, dont Nicolas avoit été avancé, Jean le Filleul prétendit comme héritier de fa fœur être payé par préférence de la fomme de 1428 liv. Le fils de Nicolas avoit renoncé à la fucceffion de fon pere, il eft à obferver que pendant la vie de Nicolas, la rente avoit toujours été bien payée à la fœur morte fans avoir été mariée. Le créancier soutenoit que la sœur n'avoit jamais eu la propriété de sa légitime ; le frere répondoit que par le mauvais ménage de son frere la sœur avoit été en droit de lui demander partage, quoique dans le fait elle ne l'eût jamais demandé. Le procès fut partagé en la premiere des Enquêtes, & il passa à la seconde en faveur du frere ; c'est aux Jurisconsultes à apprécier cet Arrêt.

Un frere a deux sœurs, une mariée, l'autre fille ; le frere décede sans enfans, ses deux sœurs renoncent à la succession, laquelle est prise par les enfans de la sœur mariée. Jugé par Arrêt du 27 Mars 1760, que la fille non mariée devient propriétaire de sa légitime.

Cas où la fille devient propriétaire de sa légitime, quoique non mariée.

ARTICLE CCLXIV.

Le frere après l'an & jour, ne peut plus différer le mariage de sa sœur, pourvu qu'il se présente personne idoine & convenable qui la demande, & s'il est refusant d'y entendre sans cause légitime, elle aura partage à la succession de ses pere & mere.

C'est-à-dire, partage suivant l'art. 270, ci-après, & le 51 du Réglement de 1666, & en cas qu'elle le demande, elle est réputée héritiere & devient susceptible de sa part des dettes, elle peut être attaquée par les créanciers ; mais les filles mariées font part au profit du frere, suivant un Arrêt de 1516, rapporté par Bérault.

Si le frere refuse de marier sa sœur, elle a partage, auquel cas les sœurs mariées font part au profit du frere.

La disposition de cet article ne regarde pas les mineurs qui ne peuvent être préjudiciés par la négligence ou refus de leur tuteur. *Voyez* art. 266.

Tuteur ne peut donner partage.

ARTICLE CCLXV.

Sœur qui ne s'accommode point à l'avis de son frere pour son mariage.

Si la sœur ne veut accommoder son consentement selon l'avis de ses freres & de ses parens sans cause raisonnable, quelqu'âge qu'elle puisse par après atteindre, elle ne pourra demander partage, ains mariage avenant.

Quid ? d'une sœur qui épouse son corrupteur, sans le gré de son frere.

UNE fille âgée de vingt-sept ans n'ayant ni pere ni mere, épousa son corrupteur : un de ses freres approuva le mariage, pour sauver l'honneur de sa sœur, cette fille mourut en peine d'enfant : son mari, au nom de l'enfant, demanda mariage avenant, l'autre frere s'opposa, comme n'ayant pas approuvé ce mariage, & ayant au contraire fait des poursuites en rapt contre celui qui avoit déshonoré sa sœur ; mais par Arrêt du 7 Décembre 1601, rapporté par Bérault, la Cour ordonna que les parens délivreroient mariage avenant pour être converti en rente au nom de l'enfant, sans que le mari y eût droit d'usufruit, le mari fut condamné aux dépens.

ARTICLE CCLXVI.

Mariage de la fille par le Tuteur.

Le mariage de la fille ne doit être différé pour la minorité de ses freres : ains sera mariée par le conseil des Tuteurs & des plus prochains parens & amis, lesquels lui bailleront mariage avenant, sans qu'ils lui puissent bailler partage : & au cas qu'ils l'eussent baillé, le fils venant en âge le peut retirer, en baillant mariage avenant.

(Voyez *ci-devant l'article* 259).

LORSQUE la mere & le tuteur font d'un fentiment oppofé pour le mariage de la fille, on a recours à fix parens paternels & fix maternels qui déliberent à cet égard ; on a cependant jugé dans ces derniers temps, que la mere non remariée pouvoit s'oppofer feule au mariage de fes enfans mineurs d'ordonnance. Quant aux promeffes que le tuteur & les parens font au-delà de ce qui peut revenir à la fille, les tuteur & parens n'en font point garans en cas que le mineur les faffe réduire à fa majorité ; Bafnage eft d'avis, que le mineur doit révoquer dans les dix ans de fa majorité, la promeffe exceffive de fon tuteur, attendu qu'on ne doit pas avoir les mêmes égards pour les actions du tuteur que pour celles du pere.

Tuteur & mere contraires en avis pour le mariage de fa fille, quid ?

Tuteur eft-il garant de la promeffe ?

Quand révoquer la promeffe du Tuteur à la fille, lors de fon mariage.

ARTICLE CCLXVII.

Si le Tuteur eft négligent de marier la fœur de fon pupille, étant parvenue en fes ans nubils, elle peut fe marier par l'avis & délibération des autres parens & amis, ncore que ce ne foit du confentement du Tuteur, lefquels après avoir ouï ledit Tuteur peuvent arbitrer mariage avenant.

Tuteur négligent de marier la fœur de fon pupille.

ARTICLE CCLXVIII.

Fille ayant atteint l'âge de vingt-cinq ans aura provifion fur fes freres équipollent au mariage avenant, dont elle jouira par ufufruit attendant fon mariage, & en fe mariant elle aura la propriété.

(Voyez *les articles* 261 & 298).

<table>
<tr><td>

Fille non mariée ne peut difpofer de fon mariage à moins qu'elle ne foit reçue à partage.

</td><td>

J'AI remarqué que la fille non mariée ne pouvoit difpofer de fa légitime & qu'elle n'en étoit qu'ufufruitiere. Article 263 ; cette prohibition ne s'étend pas aux filles reçues à partager, parce qu'alors elles font propriétaires & peuvent aliéner leur légitime : cela a été décidé par deux Arrêts des 9 Juin 1646 & 7 Juillet 1665 ; mais tant que la fille n'eft point mariée ni reçue à partage elle ne peut vendre fa légitime, quand même elle alléguerait pour prétexte fon âge avancé. Arrêt du 9 Décembre 1659.

</td></tr>
<tr><td>

Fille qui a eu partage vis-à-vis du fifc, &c. eft propriétaire de fa légitime.

</td><td>

Il y a encore un cas où la fille peut aliéner fa légitime fans être mariée, c'eft lorfqu'elle en a obtenu délivrance contre le fifc, le créancier fubrogé ou l'acquéreur du frere, ou lors du décret des biens de la fucceffion. Arrêt du 24 Mai 1659.

</td></tr>
<tr><td>

Quoique le frere cede un fonds pour la légitime, la fille n'eft pas propriétaire.

</td><td>

Mais fi un frere abandonne des fonds à fa fœur pour le paiement de fa légitime, elle n'en eft pas pour cela propriétaire à l'effet d'en difpofer ; n'étant pas mariée elle n'en a que l'ufufruit. Arrêt du 26 Avril 1742 ; Arrêt du mois de Décembre 1620, rapporté par Bafnage.

</td></tr>
<tr><td>

De quel temps

</td><td>

CET AUTEUR nous dit fous cet article que

</td></tr>
</table>

c'eft un ufage certain , qu'avant l'âge de vingt-cinq ans la fœur ne peut demander à fon frere qu'une penfion , & qu'il fuffit qu'il lui ait fourni fa nourriture & fon entretien ; mais qu'après vingt-cinq ans elle a une provifion équipollente à l'intérêt de la fomme qui lui appartient pour mariage avenant. Le 9 Août 1724, la Cour a rendu Arrêt qui juge qu'une fœur qui n'a point été nourrie par fon frere , ni entretenue, peut demander les arrérages de fa légitime depuis l'âge de vingt-cinq ans.

les fœurs peuvent-elles exiger les arrérages de leur légitime ?

Mais fi un frere étoit majeur lors de la mort des pere & mere , & que fes fœurs fuffent mineures & euffent été nourries & entretenues hors la maifon fans être à la charge du frere , je croirois que les fœurs feroient en droit d'exiger les arrérages de leur légitime , ou du moins d'une penfion pour leur fubfiftance , attendu que le frere ne doit pas faire les fruits fiens dans le cas de minorité, & qu'il n'eft pas jufte qu'il bénéficie gratuitement du bien de fes fœurs.

ARTICLE CCLXIX.

Les fœurs, quelque nombre qu'elles foient , ne peuvent demander à leurs freres ni à leurs hoirs plus que le tiers de l'héritage, & néanmoins où il y aura plufieurs freres puînés , & qu'il n'y aura qu'une fœur ou plufieurs , lefdites fœurs n'auront pas le tiers ; mais partageront également avec leurs freres puînés, & ne pourront contraindre les freres de partager les Fiefs , ni leur bailler les principales pieces de la maison ; ains se contenteront des rotures, si aucune y en a, & des autres biens qu'ils leur pourront bailler, revenans à la valeur de ce qui leur pourroit appartenir.

(Voyez *les articles* 259, 346, *& le* 52 *du Réglement de* 1666, *& ce que j'ai dit sous l'article* 262).

La sœur reçue à partage, doit faire les lots.

LORSQUE les sœurs sont reçues à partage avec leurs freres, elles doivent faire les lots quoiqu'elles soient ainées de leurs freres. Bérault.

ARTICLE CCLXX.

Les freres & les sœurs partagent également les héritages qui sont en bourgage par toute la Normandie , même au Bailliage de Caux, au cas que les filles fussent reçues à partage.

(Voyez *l'article* 258 *& les articles* 49 *&* 51 *du Réglement de* 1666, *que j'y ai rapportés*).

(Voyez *aussi ci-après l'art.* 297).

(Voyez *aussi ce que j'ai dit sous l'article* 254).

Comment se liquide la légitime sur les meubles & le bourgage.

LA Jurisprudence que j'ai rapportée, sous les articles cités, leve toutes les difficultés que les Auteurs proposent sur cet article pour sçavoir si les filles réservées ont part égale aux meubles, & si n'étant point réservées elles partagent également en bourgage ; mais cet article étant rapproché du 49 & 51 du Réglement de 1666 , il est constant que les filles non réservées n'ont pas plus grande part dans les biens de bourgage & les meubles , que dans les biens de Coutume générale ; & que dans le cas où elles seroient réservées , elles ont part égale aux meubles & en bourgage.

Par l'usage local de Bolbec , il est dit que les freres & sœurs partagent également en bourgage ; indépendamment de cette Loi locale , la Cour a jugé qu'en cas d'arbitration de légitime , le bourgage en Bolbec ne seroit considéré que comme les autres biens en Coutume générale , que cet usage particulier n'avoit lieu que dans le cas où les sœurs étoient reçues à partage. Arrêt du 11 Janvier 1668.

Usage de Bolbec sur le Bourgage , à l'égard de la légitime des filles.

ARTICLE CCLXXI.

Les sœurs ne peuvent rien demander aux manoirs & masures , logées aux champs , que la Coutume appelloit anciennement ménages , s'il n'y a plus de ménages que de freres ; pourront néanmoins prendre part ès maisons assises ès Villes & Bourgages.

Filles n'ont rien aux manoirs & masures.

Un Arrêt du 5 Décembre 1715 , juge que la réserve à partage faite en faveur des filles , ne s'étend point sur les manoirs & masures logés aux champs qui appartiennent à droit de préciput aux freres , mais seulement sur ceux restans après que chaque frere a pris le sien.

Secùs , lorsqu'il y a plus de manoirs que de freres.

Suivant l'art. 356 , on entend par *mes-*

Qu'entend-

on par *mefna-* naves, la cour, clos & jardin, tel qu'il eſt
ge. mentionné à l'art. 356, fur lefquels meſ-
nages les filles n'ont point de part, fuivant
que la Cour l'a jugé par Arrêt du 4 Juin
1704.

Les freres   Quand il y a plus de logemens que de
en prennent freres, les freres ne font pas exclus de
chacun un. prendre par préciput chacun un logement
fans en faire aucune récompenfe aux fœurs,
qui de leur part ne prennent point les autres manoirs ou logemens qui reſtent, mais
font obligés de les employer dans les lots,
pour être partagés comme les autres héritages, fuivant qu'il a été jugé par l'Arrêt
de Saint-Denis du 28 Juin 1670, rapporté
par Bafnage.

Ceci n'a lieu   *Nota.* Que cet article n'a lieu que dans
qu'en cas que le cas où les fœurs font reçues à partage;
les fœurs foient car quand il n'eſt queſtion que de l'arbi-
reçues à par- tration du mariage avenant, le préciput ro-
tage. turier entre en l'eſtimation. *Voyez* ce que
j'ai dit fous l'art. 262.

<hr>

ARTICLE CCLXXII.

Quand la fucceſſion tombe aux filles
par faute d'hoirs mâles, elles partagent également : & les Fiefs nobles,
qui par la Coutume font individus,
font partis entre lefdites filles & leurs
repréfentans, encore qu'ils fuſſent
mâles.

(Voyez *les articles* 336 & 360).
(Voyez *auſſi les articles* 127, 128,
129, 130, 131, 132, 133, 134,
135 & 136).

POUR entendre le sens de cet article, il faut comprendre que s'il n'y avoit qu'un fief dans la succession, les filles peuvent le partager entr'elles, & si elles ne l'ont pas partagé de leur vivant & qu'après leur mort, une des filles n'ait laissé que des filles, & l'autre des mâles, les mâles représentant une des filles, doivent partager le fief avec les filles de l'autre sœur, sans que les mâles aient plus de prérogative ; mais si les filles ont partagé le fief entr'elles, & qu'une desdites filles ait laissé des enfans mâles & des filles ou des puînés, l'ainé mâle de cette fille peut empêcher le partage & choisir le fief par préciput, suivant l'art. 337. C'est la Jurisprudence établie par l'Arrêt du mois de Juin 1645, rapporté par Basnage sous cet article.

ARTICLE CCLXXIII.

Par Profession de Religion, l'héritage du Religieux & Religieuse profès, vient au plus prochain parent habile à succéder, & dès-lors en avant ils sont incapables de succéder, comme aussi est le Monastere à leur droit.

Religieux ne succede.

RELIGIEUX qui réclame contre ses vœux pour force & violence ou autre cause, n'est point obligé de se pourvoir au Pape pour en obtenir un bref relevatoire, encore qu'il réclame long-temps après les cinq ans, il peut s'adresser *rectà* à l'Official. Arrêt du 19 Avril 1763.

Si Religieux qui réclame contre ses vœux, est exempt de s'adresser au Pape.

L'habit ne fait pas le Moine ; mais la pro-
fession : dit L O Y S E L.

L'habit ne fait pas le Moine.

Non tonsura facit Monachum , non horrida vestis;
Sed virtus animi , perpetuusque rigor :
Mens humilis , mundi contemptus , vita pudica ,
Sanctaque sobrietas ; hæc faciunt Monachum.

A qui appartient la cotte-morte d'un Curé Religieux.

Le Parlement de Paris adjuge la cotte-morte d'un Religieux Curé , aux pauvres & Fabrique de la Paroisse , mais le Grand Conseil a une Jurisprudence contraire & l'adjuge au profit du Couvent & Religieux même à l'Abbé Commendataire par préférence , & j'en ai vu un exemple après la mort du sieur Doyot , Prieur, Curé , Religieux de Saint-Front sous Domfront : le Grand Conseil adjugea sa cotte-morte au Couvent. *Voyez* Denisard , *verbo* Cotte-morte. Lacombe , *ibid.* Par Arrêt de ce Parlement du 6 Juin 1764 , la cotte-morte d'un Curé régulier fut adjugée à la Maison où il avoit fait ses vœux , quoique la Cure dépendît d'une autre Maison ; mais il avoit fait profession dans une Maison Hospitaliere , c'étoit adjuger la cotte-morte aux pauvres de l'Hôpital.

ARTICLE CCLXXIV.

Celui qui est jugé & séparé pour maladie de lepre , ne peut succéder, & néanmoins il retient l'héritage qu'il avoit lorsqu'il fut rendu , pour en jouir par usufruit tant qu'il est vivant, sans le pouvoir aliéner.

CET article est inutile aujourd'hui, attendu qu'on ne connoît plus cette maladie ; Basnage rapporte un Arrêt, qui, après visite faite d'un homme accusé de lepre & qui fut trouvé sain, condamna l'accusateur comme calomnieux, & le décréta de prise de corps.

La lepre aujourd'hui ignorée étoit une maladie terrible, fort commune chez les Juifs, on apprend des Livres Saints qu'elle s'attachoit jusqu'aux habits & murs des maisons. Les Juifs bannissoient les lépreux de la société & commerce des hommes, sans en exempter même les Rois.

La lepre n'est plus connue.

ARTICLE CCLXXV.

Batard ne peut succéder à pere, mere, ou aucun, s'il n'est légitimé par Lettres du Prince, appellés ceux qui pour ce, seront à appeller.

(Voyez *les articles* 426, 437 & 438).

LES batards ne succedent point, suivant cet article, à moins qu'ils ne soient légitimés ; cette légitimation se fait de deux manieres, ainsi que je l'ai expliqué sous l'article 235, où je renvoie pour ne point me répéter.

Batard ne succede.

La Jurisprudence des Arrêts est que le pere naturel doit une pension alimentaire à son batard, & à son défaut ses héritiers doivent la fournir, mais les autres parens n'y sont pas obligés. Arrêt du 19 Mars 1611. Cette pension regarde l'héritier aux immeubles.

Pere naturel doit la nourriture à son batard, & les héritiers, aux immeubles.

La veuve n'est pas obligée à la nourri-

Si la veuve

doit contribuer à la nourrirure du batard de son mari.

ture du batard adultérin de son mari. Arrêt du 11 Février 1621 ; mais si l'enfant étoit né avant le mariage , elle doit contribuer à sa nourriture au *prorata* de ce qu'elle prend en la succession. Arrêt du 23 Janvier 1641.

La déclaration d'une fille ne suffit pour charger un homme de son enfant.

C'est une Jurisprudence constante & fondée sur un Arrêt de la Tournelle du 15 Avril 1723, que la simple déclaration d'une fille grosse , ne suffit pas pour convaincre celui qui se défend d'en être l'auteur ; il faut d'autres preuves, ou des conjectures & des indices , tels que la Loi les desire pour la conviction ; ce seroit corrompre les mœurs publiques, en favorisant les filles qui se prostituent volontairement, que de faire dépendre de semblables déclarations le sort d'un homme innocent. Cet Arrêt fut rendu sur les conclusions de M. l'Avocat-Général , le Chapelain.

Fille qui a déjà eu un enfant, n'a point d'action pour la seconde grossesse.

Quand on a découvert l'auteur de la grossesse , dans le cas de rapt, de violence, ou de séduction, on inflige les peines portées par les Ordonnances ; mais s'il ne s'agit que de prononcer des intérêts , on a égard aux circonstances : une veuve, une fille majeure de 25 ans, ne sont pas ordinairement écoutées ; on déclare non-recevable la fille à sa seconde grossesse. Arrêt du 28 Février 1755 ; il décide encore qu'elle demeure chargée de l'enfant.

Peines contre les filles grosses qui cachent leurs grossesses.

Henri II , par Edit du mois de Février 1556 , ordonne que *toute femme qui se trouvera convaincue d'avoir celé , couvert & occulté , tant sa grossesse que son enfantement sans avoir déclaré l'un ou l'autre , & pris de l'un ou l'autre témoignage suffisant, même de la vie ou mort de son enfant lors de l'issue de son ventre , & qu'après l'enfant se trouve avoir été privé de Baptême & de sépulture ,*
telle

telle femme sera réputée avoir homicidé son enfant, & pour réparation punie de mort, & de telle rigueur que la qualité particuliere du cas méritera.

Ces déclarations se font, gratuitement & sans frais, M. le Chancelier a donné des ordres très-précis à cet égard en 1747, & le Parlement de Rouen l'a ainsi ordonné par l'art. 36 du tit. 10, du Réglement du 28 Mai 1765, rendu sur le fait des procédures.

On ne doit point exiger dans les déclarations que la fille nomme le pere ; il en doit seulement être fait mention, si elle le déclare volontairement. Arrêt de Bretagne du 28 Mars 1637. Dufail. L. 3, chap. 401.

La Jurisprudence de la Province est que les enfans batards exposés doivent être nourris par les Hôpitaux des lieux s'il y en a, & au défaut par le trésor & fabriques ; & là où le trésor ne seroit pas en état de porter cette charge elle tombe sur les Seigneurs & habitans, qui à ce moyen peuvent se faire autoriser par le Juge de percevoir une somme suffisante à laquelle fin ils se pourvoient vers l'Intendant pour en faire la répartition.

On trouve un Arrêt au Journal des Audiences du premier Février 1662, qui juge que les batards peuvent se marier sans le consentement de leurs pere & mere. *Batard peut se marier sans le consentement de ses pere & mere.*

Augeard rapporte un Arrêt du 18 Juin 1707, qui juge que les batards peuvent porter le nom de leur pere malgré lui, quand la paternité est constante. Bérault rapporte un Arrêt du 27 Novembre 1543, qui autorise un batard à porter le nom de Perchey qui étoit le nom de son pere en y ajoutant celui de batard. Autre Arrêt de 1557, qui autorisa les nommés Hautonnic- *Si les batards peuvent porter le nom de leurs pere & mere.*

res de porter le nom & les armes des Hau-
tonnieres en mettant une barſe aux armes.

* * *

ARTICLE CCLXXVI.

Batard peut
diſpoſer de ſon
bien comme
toutes autres
perſonnes.

Le batard peut diſpoſer de ſon héritage comme perſonne libre.

(Voyez *les articles* 147 , 416 & 431).

*C*OMME *perſonne libre.* C'eſt-à-dire ,
qu'il peut le vendre, aliéner, hypothéquer, même en diſpoſer par donation entre-vifs , ou par teſtament , pourvu que la
diſpoſition n'excede pas la quotité diſponi-
ble ſuivant la Coutume. Voyez l'art. 416
de la Coutume.

* * *

ARTICLE CCLXXVII.

Les enfans des condamnés & confifqués ne laifferont de fuccéder à leurs
parens, tant en ligne directe que collatérale , pourvu qu'ils ſoient conçus
lors de la fucceffion échue.

(Voyez *l'article* 143).

Enfans des
condamnés ,
s'ils peuvent
fuccéder.

*S*I le condamné ſe marioit depuis la condamnation , ſes enfans nés de ce mariage ne pourroient pas lui fuccéder , ſuivant
qu'il a été jugé tant au bénéfice des enfans
d'un précédent mariage qu'en faveur des
héritiers collatéraux , la veuve même n'a
pas de douaire ; on lui accorde ſeulement
par commiſération une penſion alimentaire.

ARTICLE CCLXXVIII.

Avenant que le débiteur renonce, ou ne veuille accepter la fucceffion qui lui eft échue, fes créanciers pourront fe faire fubroger en fon lieu & droit pour l'accepter, & être payés fur ladite fucceffion, jufqu'à la concurrence de leur dû, felon l'ordre de priorité & poftériorité ; & s'il refte aucune chofe, les dettes payées, il reviendra aux autres héritiers plus prochains après celui qui a renoncé.

Créancier peut accepter la fucceffion renoncée par fon débiteur.

(Voyez *les articles* 96 & 381).

ARTICLE 53 du Réglement de 1666. *Le confifcataire ne peut fe faire fubroger à appréhender la fucceffion qui a été répudiée par celui qui a été confifqué.*

Confifcataire ne le peut vis-à-vis du confifqué.

Mais pour exercer la fubrogation mentionnée en l'art. 178, il faut que le créancier ait une hypotheque antérieure à la renonciation que fon débiteur fait à la fucceffion, parce que le créancier ne peut fe plaindre que la renonciation foit faite en fraude de fa dette, fi elle eft poftérieure, ainfi jugé par Arrêt du 7 Juillet 1644.

Subrogation ne peut fe faire pour raifon d'une dette poftérieure.

Cette fubrogation a lieu pour toutes fortes de fucceffions, foit de propres, acquêts ou meubles ; il a même été jugé par Arrêt du mois d'Avril 1622, qu'un aïeul ne pouvoit faire avancement de fucceffion à fes petits-fils au préjudice des créanciers de fon fils.

Subrogation fe fait fur toutes fucceffions, même fur l'avancement de l'aïeul à fes petits-enfans.

Bafnage rapporte un Arrêt du 6 Février

Le créancier

ne peut s'op-
poser à la pro-
fession de reli-
gion de son dé-
biteur.

1643 , dans l'espece suivante. Loisel ayant dissipé son bien & n'ayant d'autres espérances que celles de la succession de sa mere , riche de 1200 liv. de rente , voulut se rendre Jacobin. Ses parens garans d'une nomination de sa personne à une tutele , s'opposerent à sa profession sous prétexte qu'il ne se rendoit Religieux que pour faire passer la succession de sa mere sur la tête de ses enfans au préjudice de ses créanciers : l'Arrêt débouta les parens. Ils ne devoient pas s'opposer à la vocation de cet homme , sous prétexte de quelques intérêts passagers & temporels.

TITRE XII.

Des successions en propre au Bailliage de Caux & autres lieux , où ladite Coutume s'étend en la Vicomté de Rouen.

L'ORIGINE de la Coutume de Caux est un de ces monumens de l'antiquité qui exercent la curiosité des Sçavans ; on la recherche vainement dans les usages de la premiere race de nos Rois , & dans les mœurs des anciens Danois ou Normands : l'opinion la plus vraisemblable est celle qui l'attribue aux coutumes des Peuples qui habitent au-delà de la Seine.

Me. Basnage nous apprend que la Coutume de Caux n'est pas bornée aux limites de ce pays , & qu'elle s'étend au-delà en plusieurs lieux de la Vicomté de Rouen , même dans la banlieue de la ville de Rouen , ayant été jugé que des héritages assis en la paroisse de Montigny seroient partagés sui-

v vant la Coutume de Caux , & que les deux
b tiers en appartiendroient à l'ainé. Par Arrêt
b du 4 Août 1621.

ARTICLE CCLXXIX.

Les pere , mere, aïeul, aïeule ou
autres afcendans, peuvent difpofer du
tiers de leurs héritages & biens immeubles, ou de partie dudit tiers affis
au Bailliage de Caux, & lieux tenans
nature d'icelui, à leurs enfans puînés
ou l'un d'eux fortis d'un même mariage, foit par donation, teftament
ou autre difpofition folemnelle, par
écrit entre-vifs, ou à caufe de mort,
à la charge de la provifion à vie des
autres puînés non compris en ladite
difpofition, & de contribuer tant aux
dettes qu'au mariage des filles, au
prorata de ce qui leur reviendra de
la totale fucceffion, demeurant néanmoins le manoir & pourpris en fon intégrité au profit de l'ainé, fans qu'il
en puiffe être difpofé à fon préjudice,
ni qu'il foit tenu faire récompenfe
à fes puînés.

Difpofition du tiers en Caux permis aux pere & mere.

(Voyez *les articles* 324 *&* 434 , *&
ce que j'ai dit fous l'art.* 262).

C omme le préciput de Caux femble être
une avant-part, on auroit pu dire qu'il
appartient franchement à l'ainé : l'art. 56 du
Réglement de 1666, cité fous l'art. 262 de
la Coutume, décide le contraire.

Puîné donataire contribue aux dettes.

Le puîné donataire en Caux est susceptible des dettes du pere à proportion de ce qu'il prend dans la succession. Arrêt du 2 Décembre 1650.

S'il n'y a qu'un manoir ou préciput, quid ?

Si toute la succession ne consistoit qu'au préciput de Caux, les puînés auroient provision à vie, & la fille part égale aux puînés en propriété en se mariant. Arrêt du 14 Février 1667. *Voyez* ce que j'ai dit art. 261.

Arrêt du 3 Août 1641, par lequel il est jugé qu'un puîné de Caux doit s'arrêter à la donation qui lui a été faite par son pere, sans pouvoir demander le tiers. Observations sur Bérault, tom. 1. S'il renonce à la donation, il ne peut plus exiger qu'une provision.

ARTICLE CCLXXX.

Si la disposition du tiers de Caux prive le puiné de sa part aux autres biens hors Caux.

La disposition dudit tiers faite auxdits puînés, ne les exclut pas de prendre part & portion aux biens situés tant en bourgage qu'autre lieux hors la Coutume de Caux, si le contraire n'est déclaré par ladite disposition.

(Voyez *l'article* 270).

ARTICLE CCLXXXI.

Enfans de divers lits en Caux, point d'avantage.

Et où ledit donateur ou testateur convoleroit en secondes noces, ou auroit des enfans de divers lits, en ce cas, il ne pourra faire la condition des enfans d'un lit meilleure que celle des autres.

CᴇᴛᴛE difpofition fage met obftacle aux follicitations d'une feconde femme qui defireroit d'avantager fes enfans au préjudice de ceux du premier lit, pour lefquels les belles-meres ont quelquefois des duretés & qu'elles cherchent à dépouiller au bénéfice des fiens.

Belles-meres font contraires aux enfans du premier lit.

ARTICLE CCLXXXII.

Le donateur ou teftateur pourra, fi bon lui femble, ordonner que la portion du puîné mourant fans enfans, accroîtra aux autres puînés, fans que l'ainé y prenne part.

Donateur de Caux peut ordonner un droit d'affertion au profit des ainés.

(Voyez *l'article* 300).

Sɪ un des puînés vendoit fa part fituée en Caux & qu'il la remplaçât en Coutume générale, pour lors le partage s'en feroit felon la Coutume des lieux où les héritages feroient fitués lors de la fucceffion échue, & non felon la Coutume où étoient les biens fubrogés. Article 67 du Réglement de 1666.

Biens fe partagent fuivant la loi de leur fituation.

Bafnage rapporte Arrêt du 30 Juin 1638, qui juge que cette fubftitution de l'article 282 n'a point lieu pour la dot de la fille, à laquelle les puînés ne peuvent être fubftitués au préjudice de l'ainé.

Point de fubftitution pour la dot des filles en Caux.

ARTICLE CCLXXXIII.

La difpofition eft réputée folemnelle, en laquelle eft obfervée ce qui eft prefcrit par les premiers & feconds Articles du titre des teftamens.

Formalité de la difpofition du tiers en Caux.

ARTICLE CCLXXXIV.

La difpofition & donation du tiers, ou partie dudit tiers, faite à tous les puînés eft bonne en quelque temps qu'elle foit faite ; mais fi tous les puînés n'y font compris, elle ne fera eftimée valable au profit des donataires, fi elle n'eft faite quarante jours auparavant la mort du donateur, & en reviendra le profit à tous les puînés enfemble.

ARTICLE CCLXXXV.

Femme peut difpofer du tiers de Caux, fans l'areu de fon mari.

La même liberté accordée aux hommes eft pareillement concédée aux femmes, encore qu'elles foient en la puiffance du mari, & ne fe foient réfervées permiffion de tefter par leur contrat de mariage, & en pourront difpofer fans le confentement de leur mari.

C'eft le contraire en Coutume générale article 417.

Si les filles ont part à la difpofition faite aux puînés.
Difpofition de la femme en Caux, ne préjudicie au mari.

Aʀʀᴇ̂ᴛ du 7 Mai 1683, qui juge que les filles ne peuvent prétendre part dans les donations faites en Caux par les afcendans aux puînés, & que la dénomination générique de *puînés* ne s'étend pas à elles.

La liberté accordée à la femme ne préjudicie point à l'ufufruit du mari.

ARTICLE CCLXXXVI.

La difpofition faite entre-vifs n'eft sujette à l'infinuation du vivant du donateur ; mais foit entre-vifs ou à caufe de mort, il faut qu'elle foit infinuée fix mois après la mort, à peine de nullité, & fert l'infinuation d'acceptation.

De l'infinuation du don du tiers en Caux.

CET article eft contraire au droit commun, mais on confidere cette donation comme une efpece de partage ; d'ailleurs il importe à la paix de la famille qu'elle foit tenue fecrete pendant la vie du pere, d'autant qu'elle peut ne pas embraffer tous les puînés.

ARTICLE CCLXXXVII.

Le puîné ou puînés, au profit defquels aura été faite donation, ou difpofition dudit tiers, ou de partie d'icelui, en acceptant icelle, ne pourra demander provifion à vie fur le furplus, laquelle provifion appartiendra aux autres puînés, non compris en ladite difpofition qui retournera après leur mort au frere ainé ou fes héritiers.

Puîné donataire point de provifion à vie.

ARTICLE CCLXXXVIII.

Mais fi les puînés donataires veulent renoncer à leur don ou difpofition,

Puîné qui renonce à la donation, &

provision de
Caux.

ils auront leur provision à vie avec les autres puînés.

ARTICLE CCLXXXIX.

L'aîné à ce moyen est propriétaire des successions.

Et en ce cas, le frere aîné a la succession de ses pere & mere, aïeul, aïeule & autres ascendans, sans en faire aucune part ou portion héréditaire à ses freres puînés.

ARTICLE CCXC.

Les freres puînés renonçant à ladite donation ou disposition, ne peuvent demander partage à leur frere aîné : ainsi se doivent contenter de la provision à vie, qui n'est que la troisieme partie en l'usufruit des héritages délaissés après la mort du pere, mere, aïeul ou aïeule, & conséquemment de tous autres ascendans en ligne directe.

(Voyez *l'Arrêt que j'ai rapporté article* 279).

ARTICLE CCXCI.

Puînés ne peuvent prendre que le tiers.

Tous les puînés ensemble ne peuvent audit cas demander plus d'un tiers pour leur provision, laquelle, après le décès de tous les puînés, retourne à l'aîné, sans que leurs enfans y puissent prétendre aucune chose.

ARTICLE CCXCII.

Ne peuvent les puînés pour leur proviſion contraindre le frere ainé ou ſes enfans à partager les Fiefs; mais ſe contenteront de rotures & de tous autres biens qu'il leur pourra bailler, revenans néanmoins à la valeur qui leur peut appartenir.

Puînés ne peuvent obliger l'ainé à partager les Fiefs.

(Voyez *l'article* 323).

ARTICLE CCXCIII.

Si en ladite fucceſſion y a héritages aſſis partie en lieux où l'on uſe de la Coutume de Caux, & partie hors la diſpoſition d'icelle, l'ainé prend tout ce qui eſt en Caux, & outre, il partage avec ſes freres les biens qui ſont hors Caux, & a le choix par préciput, ſi bon lui ſemble, & tout ainſi que s'il n'y avoit point de biens en Caux.

Cas de biens ſis en Caux & en Coutume générale.

ARTICLE CCXCIV.

En ce cas, les puînés ont le choix de demander proviſion aux biens ſitués ſous la Coutume de Caux, ou bien prendre partage aux biens ſitués hors ladite Coutume, en l'un des ſix autres Bailliages : & en prenant l'un,

Et en bourgage.

ils perdent l'autre, encore que le partage fut fis en bourgage.

ARTICLE CCXCV.

Quid? si les pere & mere n'ont point disposé du tiers.

Mais si lesdits pere, mere, ou autres ascendans décedent sans disposition ou testament, le tiers de toute la succession appartiendra propriétairement aux puînés demeurant néanmoins à l'ainé le manoir & pourpris, sans aucune estimation ou récompense.

(Voyez *les articles* 318, 322, 346 & 337).

Préciput de l'ainé, en quoi consiste.

PAR Arrêt du 22 Mars 1727, jugé que le puîné est obligé de laisser à l'ainé de Caux tout l'ornement du préciput, en payant par l'ainé la vraie valeur des choses.

ARTICLE CCXCVI.

L'ainé peut retirer le tiers qui appartient aux puînés par la Coutume.

L'ainé pourra retirer ledit tiers un an après le décès de son pere, s'il est majeur, ou s'il est mineur, un an après sa majorité, en payant le denier vingt pour les terres roturieres, & le denier vingt-cinq pour les Fiefs nobles : ce que pareillement pourront faire es Tuteurs des enfans de l'ainé s'il décede devant son pere, ou auparavant que d'avoir fait ladite déclaration, sans pour ce payer reliefs ne treizieme.

Article 58 du Règlement de 1666. *L'aîné ne peut rembourſer ſes puînés donataires du tiers de Caux.*

L'eſtimation de ce tiers doit être faite ſur la vraie valeur des fonds ; & les baux ne ſont pas des titres ſuffiſans pour fixer le prix du rembourſement des puînés de Caux ; les puînés peuvent demander qu'eſtimation ſoit faite par experts de la valeur des biens , ainſi jugé par Arrêt du 14 Février 1755.

Secûs, quand les puînés ſont donataires du tiers.

Eſtimation du tiers de Caux ne ſe fait ſur les baux.

ARTICLE CCXCVII.

Les filles ſeront mariées ſur les meubles délaiſſés par les pere , mere & autres aſcendans , s'ils le peuvent porter ; & où ils ne ſeroient ſuffiſans , le mariage ſe paiera à la proportion de toute la ſucceſſion , tant en Caux , bourgeoiſie , que hors Caux , pour la part qui écheoira tant à l'aîné que puînés.

Filles en Caux mariées ſur les meubles.

(Voyez *l'article* 270).

Cet article eſt une ſuite de la prédilection que la Coutume de Caux a pour les ainés ; elle veut que le mariage des filles ſe paie ſur les meubles que les freres partagent également ; de ſorte que ſi le mobilier peut ſupporter la légitime d'une des filles, on l'épuiſe d'abord. Arrêt du mois d'Avril 1651. Baſnage.

Quand ils ne ſont ſuffiſans , on commence par les meubles.

Par Arrêt du 2 Décembre 1701 , on a jugé que cet article qui veut que les filles ſoient mariées ſur les meubles dans la Coutume de Caux, n'a point lieu quand le pere décede domicilié en bourgage.

Sur quoi ſe prend la part de la fille réſervée en Caux.

Sur la réserve des filles à partage en Caux voyez l'art. 259 de la Coutume, & Pesnelle, tom. 1, pag. 316, 317 & 327.

ARTICLE CCXCVIII.

Freres de Caux négligens de marier leurs sœurs.

Et où lesdits freres seroient négligens de les marier, elles se pourront marier ayant atteint l'âge de vingt-cinq ans, par l'avis de leurs parens & amis., qui ne pourront estimer le mariage de chacune fille à plus que l'une des portions des puînés.

(Voyez *l'article* 269).

ARTICLE CCXCIX.

Contribution des puînés en Caux, pour mariage des sœurs.

Le fils ainé aura la garde de ses sœurs jusqu'à ce qu'elles se marient, en contribuant par les puînés à la nourriture & entretenement, au *prorata* de ce qu'ils auront de la succession.

(Voyez *l'article* 364).

ARTICLE CCC.

Si aucun des puînés décede sans enfans, l'ainé aura les deux tiers au bien de la succession paternelle, & les puînés l'autre tiers.

Comment l'ainé succede aux puînés de Caux.

ARTICLE 59 du Réglement de 1666. L'ainé a seulement les deux tiers de la succession en Caux de ses freres puínés, s'il n'y a en icelle un fief noble qu'il veuille prendre par préciput.

Article 60 dudit Réglement. *Le fecond fils a l'entiere fucceſſion en Caux des propres de fon frere ainé.*

Quand la dot de la fille mariée retourne aux freres, & que la dot eft remplacée fur les biens du mari, elle fe partage entre les freres fuivant la Coutume de la fituation des héritages du mari; s'ils font fitués en Caux, les puînés n'y peuvent réclamer que le tiers. Arrêt du 30 Juin 1655. *Succeſſion de la fœur de Caux, morte fans enfans.*

Autre Arrêt du 12 Mai 1659, qui juge que les acquêts de l'oncle en Caux fe partagent par téte entre les neveux, fils des freres puînés & les filles de l'ainé. *Oncle, fa fucceſſion d'acquêts entre neveux.*

Un pere ayant conftitué pour la dot de fa fille une rente fur fes biens fitués en Caux, le frere ainé fuccede aux deux tiers de cette rente dotale de fa fœur morte fans enfans, & la part de cette rente qui revient à un puîné qui décede fans enfans revient à l'ainé fuivant les Arrêts rapportés par Bafnage. *Si le pere conftitue rente pour dot de fa fille, quid ? pour la partager.*

Si le pere a fubftitué les puînés les uns aux autres pour le tiers de Caux, (le pouvant fuivant l'art. 282.) Si l'un des puînés vient à décéder fans enfans, le plus âgé des puînés ne peut prendre les deux tiers, le droit d'aineſſe n'appartenant qu'à l'ainé, & les puînés partageant également entr'eux. *Comment fe fait partage de la fucceſſion d'un puîné entre les puînés fubftitués.*

ARTICLE CCCI.

Les puînés ayant ledit tiers en propriété, pourront néanmoins prendre part aux biens fitués hors la Coutume de Caux. *Part des puînés, tant en Caux que hors Caux.*

LES puînés ne font exclus de prendre part aux biens fitués hors la Coutume de Caux, que quand ils renoncent à la donation qui leur a été faite en Caux, & qu'ils demandent à leur frere ainé une provifion à vie. *Voyez* ce que j'ai dit fous l'art. 282.

ARTICLE CCCII.

S'il n'y a qu'un Fief noble en ladite fucceffion fans roture, les puînés n'y auront que leurs tiers à vie, fuivant la difpofition de la Coutume générale, & outre ont part ès autres lieux.

(Voyez *l'article* 322).

DANS le cas de la provifion à vie fur le Fief, l'ainé ne peut diftraire à fon bénéfice le manoir & pourpris.

ARTICLE CCCIII.

Le frere ainé a l'ancienne fucceffion de fes parens collatéraux, fans en faire part ou portion à fes freres puînés.

OBSERVEZ l'article 61 du Réglement de 1666. *Le frere ainé, & l'ainé de fes defcendans ont l'ancienne fucceffion en Caux de leurs parens collatéraux, fans en faire part à leurs freres puînés, ni à leurs defcendans.* La fucceffion de l'ainé paffe à l'ainé des puînés fans en faire part aux autres puînés. Arrêt du premier Août 1624.

TITRE XIII.

Des fucceffions collatérales, en meubles, acquêts & conquêts.

CE titre concerne uniquement les meubles, acquêts & conquêts de ligne collatérale ; la Coutume les défere aux plus proches parens de l'acquéreur, fous l'exception de la repréfentation au premier dégré ; elle préfere en parité de dégré les freres aux fœurs, & les defcendans des freres aux defcendans des fœurs ; elle préfere auffi en concours de dégré les paternels aux maternels, fous certaines exceptions en faveur des utérins ; elle détermine enfin les droits des femmes fur les conquêts, telle eft l'économie de ce titre.

ARTICLE CCCIV.

En fucceffion de meubles, acquêts & conquêts immeubles en ligne collatérale, repréfentation a lieu entre les oncles & tantes, neveux & nieces, au premier dégré tant feulement.

Repréfentation au premier dégré.

REPRÉSENTATION. Il faut faire ici diftinction entre la repréfentation en ligne directe & la repréfentation en ligne collatérale de meubles acquêts.

En fucceffion directe de propres ou acquêts, comme en fucceffion collatérale de propres, repréfentation a lieu jufqu'au feptieme dégré inclufivement.

Mais en fucceffion collatérale de meubles

Différence de la repréfentation de fucceffion en ligne directe & de propre, & de

la repréfenta-
tion de meu-
bles & acquêts
en ligne colla-
térale,

& acquêts, la repréfentation n'a lieu qu'au premier dégré feulement, fuivant cet article.

Tableau Généalogique d'une fucceffion directe.

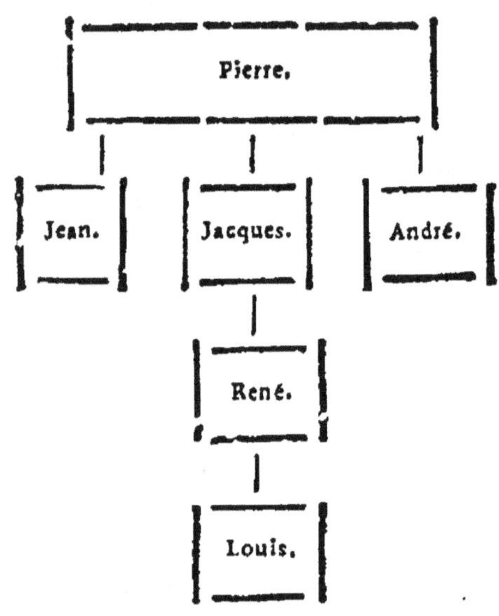

Louis partage également avec *André* & *Jean*, fes arriere-oncles, la fucceffion de meubles & acquêts & propres de *Pierre*, fon bis-aïeul.

Suppofons qu'*André* foit décédé depuis *Pierre* fon pere, *Louis* fuccede également aux propres, avec *Jean* fon arriere-oncle ; parce qu'en fucceffion collatérale de propre, repréfentation a lieu jufqu'au feptieme dégré.

Tableau Généalogique d'une succession collatérale de meubles & acquêts.

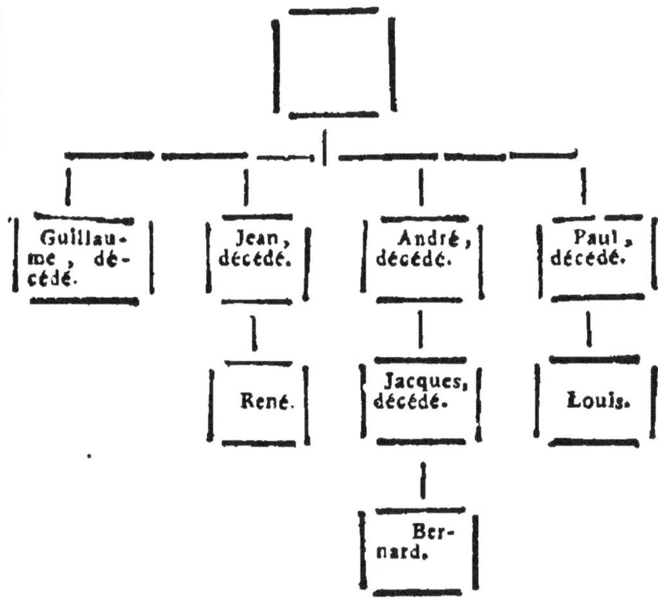

Dans cette hypothese, la succession de *Guillaume* est partagée pour les meubles & acquêts entre *René* & *Louis*, à l'exclusion de *Bernard*, parce que ce dernier est hors le premier dégré de représentation.

Nos principes pour la représentation en Normandie different des autres Coutumes; en effet presque toutes les Coutumes n'admettent point la représentation d'une personne vivante, au contraire chez nous il suffit pour succéder par droit de représentation, d'être habile à représenter le plus proche parent qui ne veut point accepter la succession qui lui étoit échue; ainsi si un frere renonce à la succession de son frere, son fils peut la recueillir; parce que ce fils se trouve dans le premier dégré de représen- On peut en ligne directe ou collatérale, représenter une personne vivante dans le dégré de la représentation.

tation ; & je ne crois point qu'on doive s'arrêter à l'Arrêt de Bauquemare rapporté par Basnage, qui semble avoir décidé le contraire, cet Arrêt étant rendu sur des circonstances particulieres ; c'étoit un fils qui ne réclama que plus de 20 ans après la renonciation de son pere : cet espace de temps & un si long silence faisoit présumer que le fils avoit abandonné son droit.

Les descendans préferent toujours les ascendans.   L'art. 242 de la Coutume, exclut les ascendans de la succession tant qu'il y a des descendans d'eux ; & la proximité du dégré ne confond point la ligne des descendans avec celle des ascendans, suivant que la Cour l'a jugé par l'Arrêt d'Auvray du 21 Février 1633, rapporté par Basnage, dont je mettrai ici la Généalogie. *Voyez* ce que j'ai dit sous l'art. 241.

Marguerite Saffray, exclue par l'Arrêt.

Sœurs

Catherine Saffray, mariée à Cyprien Auvray, d'où sortirent

Jacques Auvray, sieur de Lescarde, de la succession duquel il s'agit.

Madeleine Auvray, femme de Germain Allain.

Cardine Allain, femme de Pierre Voisvenel.

Jacques, Germain, Pierre & Madeleine Voisvenel, arriere-neveux de Jacques Auvray, déclarés héritiers par l'Arrêt.

Le motif de cet Arrêt fut que Jacques Auvray & ses arriere-neveux faisoient la même souche & ligne , & que tant que cette ligne subsistoit on ne devoit point remonter à Marguerite Safray qui-étoit de la ligne ascendante. *Voyez* le Plaidoyer de M. le Guerchois , Avocat-Général , dans l'édition de Bérault , Godefroi , &c. de l'an 1776 , tom. 1 , pag. 673 & suiv.

Mais quand il n'est point question de la même souche & ligne , pour lors on adjuge la succession aux meubles & acquêts au plus proche héritier , ainsi que la Cour l'a jugé par Arrêt du 21 Mars 1659 , dans l'espece suivante.

Lorsqu'il n'est point question de la même souche ou ligne, le plus proche parent hérite.

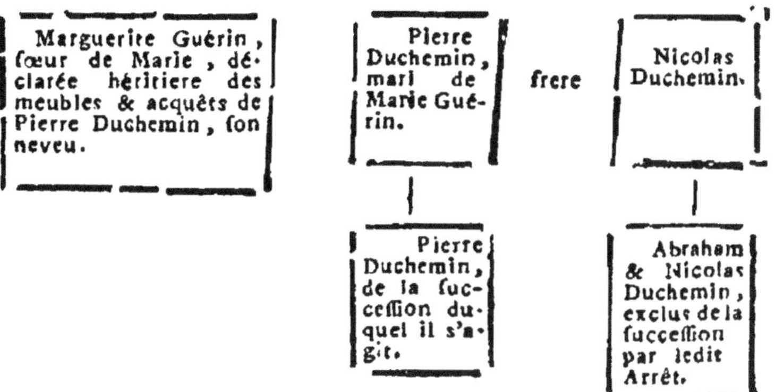

Voici un autre Tableau généalogique dans l'espece d'un Arrêt rapporté par le même Auteur , par lequel la succession fut adjugée à Madeleine Quillel au préjudice de ses neveux, comme étant la plus proche , ne s'agissant point de biens de même souche ni de ligne descendante. Arrêt du 23 Juillet 1672.

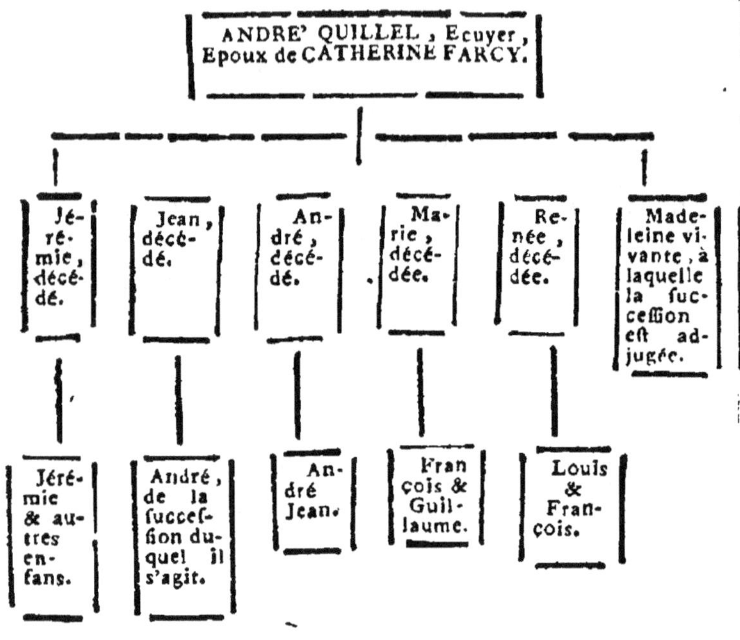

ARTICLE CCCV.

Les neveux & nieces venant à la repréfentation de leur pere ou mere, fuccedent par fouches avec leurs oncles & tantes, & n'ont tous les repréfentans enfemble non plus que leur pere ou mere eût pu avoir.

I L eft jufte que ceux qui ne viennent qu'à droit de repréfentation, n'aient pas plus de droit que ceux qu'ils repréfentent.

ARTICLE CCCVI.

Et où il n'y aura qu'une ou plufieurs fœurs du défunt furvivantes, les enfans des freres décédés ne les exclueront de la fucceffion, comme euffent fait leurs peres, s'ils étoient vivans ; mais fuccéderont par fouches avec leurfdites tantes : auquel cas les enfans des fœurs décédées, fuccéderont à la repréfentation de leurs meres par fouches, comme les enfans des freres.

tantes fuccedent avec leurs neveux.

La tante étant plus proche que le neveu, il ne vient à la fucceffion que par le bénéfice de la repréfentation ; or cette fiction de la Loi, qui fait concourir, ne pouvant opérer contre la vérité, n'a pas la force d'exclure.

<hr>

ARTICLE CCCVII.

Les enfans des fœurs décédées ne fuccedent à la repréfentation de leurs meres avec leurs oncles freres du défunt ; mais bien fuccedent avec leurs tantes, s'il n'y a freres du défunt vivant.

Les enfans des fœurs ne fuccedent point avec leurs oncles.

<hr>

ARTICLE CCCVIII.

Les enfans des freres aînés venans par repréfentation de leur pere, ne prendront aucun préciput ou droit d'ainaffe en ladite fucceffion de meubles, acquêts & conquêts en ligne

En collatérale s'il y a des préciputs pour les enfans qui viennent par repréfentation.

collatérale au préjudice de leurs oncles ou tantes.

(Voyez *les articles* 232 *&* 240).

La Coutume n'accorde pas de préciput aux enfans des freres, qui viennent par repréfentation, pour ne pas multiplier les dérogations à la regle.

Il a été jugé par Arrêt du 20 Mars 1587, en faveur du neveu forti du frere, contre fa tante, en préfence d'une fille de la fœur ainée, que la tante feroit les lots, que le neveu auroit le choix, & qu'il pourroit même prendre le Fief en récompenfant fes cohéritiers fur le pied du denier 20. Bérault.

ARTICLE CCCIX.

Les freres excluent les fœurs, & les defcendans des freres excluent les defcendans des fœurs, étant en pareil dégré.

Freres excluent fœurs.

(Voyez *l'article* 317).

ARTICLE CCCX.

Les paternels préferent les maternels en parité de dégré.

Paternels préferent les maternels.

(Voyez *les articles* 326 *&* 327).

ARTICLE CCCXI.

Le frere de pere fuccede également avec le frere de pere & de mere.

Frere de pere.

LES

Les enfans du frere de pere ont le droit de repréfentation, fuivant l'Arrêt de Martel. Bafnage.

ARTICLE CCCXII.

Le frere utérin fuccede également avec l'enfant de pere & de mere.

Frere utérin.

Sans qu'on faffe diftinction fi les meubles font venus du côté du pere ou d'autre côté. Arrêt du 7 Mars 1617. Autre du 17 Juillet 1736.

Mais il n'en eft pas des enfans du frere utérin, comme de ceux du frere de pere ; parce que les enfans du frere utérin font exclus de la fucceffion de leur oncle, par un oncle frere de pere & de mere, fuivant l'Arrêt du 23 Août 1647 ; mais par Arrêt rapporté par Bafnage, fans date, on jugea qu'après dix-neuf ans on n'étoit pas recevable à réclamer contre un partage qui avoit admis les enfans d'un frere utérin à fuccéder avec leur oncle frere de pere & de mere de celui de la fucceffion dont il s'agiffoit.

Les enfans du frere utérin font exclus par leur oncle frere de pere & de mere.

ARTICLE CCCXIII.

Les enfans du frere utérin en premier dégré, fuccedent avec les enfans du frere de pere & de mere.

Enfans du frere utérin en premier dégré fuccedent avec les enfans du frere de pere & de mere.

Cet article ne peut s'étendre aux enfans des fœurs utérines, parce que la Cour ne veut point déroger à l'art. 310. Arrêt du 23 Février 1662. Bafnage.

Secûs, des enfans de la fœur utérine.

Tome I.   Q

ARTICLE CCCXIV.

Le frere de pere ou de mere feulement, préfere les fœurs de pere & de mere.

ARTICLE CCCXV.

Sœur de pere fuccede avec la fœur de pere & de mere.

La fœur de pere fuccede également avec la fœur de pere & de mere.

ARTICLE CCCXVI.

Sœur utérine *idem.*

La fœur utérine fuccede également avec la fœur de pere & de mere.

(Voyez *l'article* 312).

Les enfans de la fœur utérine exclus par leurs tantes.

ARTICLE 62 du Réglement de 1666, *Les enfans de la fœur de pere excluent les enfans de la fœur utérine de la fucceffion des meubles & acquéts.*

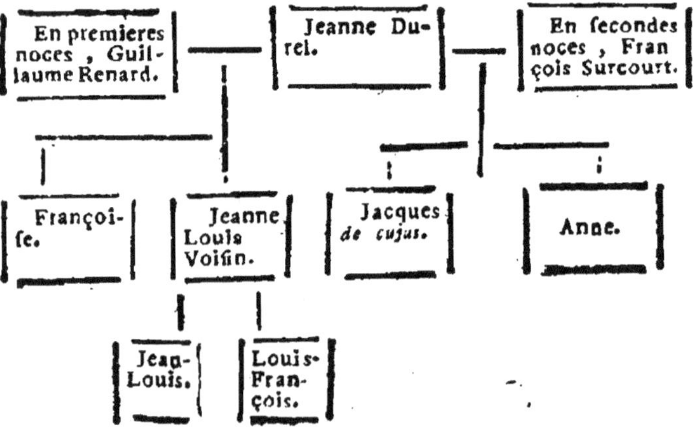

Par Arrêt du 13 Mai 1754, la fucceffion aux meubles & acquêts de Jacques fut adjugée à Françoife & Anne, chacune par moitié, & les enfans de Jeanne Renard en furent exclus.

ARTICLE CCCXVII.

En ladite fucceffion il y a repré- *Repréfenta-*
fentation de fexe : & les defcendans *tion de fexe.*
des freres préferent les defcendans des
fœurs étant en pareil dégré.

(Voyez *l'article* 309).

Rᴇᴘʀᴇ́sᴇɴᴛᴀᴛᴉᴏɴ *de fexe* ; c'eft- *Les filles du*
à-dire que quand le frere n'a laiffé *frere préferent*
que des filles, elles préferent les enfans mâles *les enfans mâ-*
des fœurs, parce que ces filles repréfentent *les des fœurs.*
le fexe de leur pere.

En pareil dégré : Si par conféquent les en- *Les enfans*
fans des fœurs étoient plus proches, elles *des fœurs pré-*
préféreroient les enfans des freres, comme *ferent les ar-*
il fut jugé par Arrêt du 8 Mai 1514, entre *riere-neveux.*
Montigny, appellant & les tuteurs de Jac-
ques le Chevalier, pour la fucceffion des
acquêts de M. Jean le Chevalier, Prêtre,
par lequel Arrêt il fut jugé que le neveu,
fils de la fœur de Jean, fuccéderoit au-devant de l'arriere-neveu, petit-fils du frere.

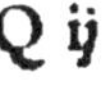

ARTICLE CCCXVIII.

Les freres partagent entr'eux également
la fucceffion des meubles, acquêts & conquêts immeubles, encore

Q ij

qu'elle soit située en Caux & lieux, tenant nature d'icelui ; sauf toutefois le droit de préciput appartenant à l'aîné, où il y auroit un ou plusieurs Fiefs nobles.

(Voyez *les articles* 295 , 303 *&* 323).

***

ARTICLE CCCXIX.

Et si en ladite succession il y a propres qui soient partables entre mêmes héritiers, l'aîné ne pourra prendre qu'un préciput sur toute la masse de la succession.

(Voyez *l'article* 348).

De la maniere dont s'exerce le préciput en succession collatérale.

CET article & le précédent ont beaucoup de rapport l'un avec l'autre, & s'interpretent mutuellement, si la succession du frere n'est composée que de meubles & d'acquêt, & qu'il s'y trouve un Fief, le frere aîné a la faculté de le prendre par préciput, telle est la disposition de l'article 318 ; mais quand la succession consiste dans des propres & des acquêts, la Coutume veut que le frere aîné ne puisse prendre qu'un préciput, soit au propre ou aux acquêts entre héritiers de la même qualité, d'autant que la succession ne forme en ce cas qu'une seule masse : on prévoit déjà l'exception ; le frere décédé a laissé des propres paternels & des acquêts, & pour héritiers un frere de pere & de mere, & deux freres utérins ; ces héritiers ne sont pas de même qualité, puisque les utérins ne peuvent rien prétendre sur les propres : quoique le frere de pere & de mere en hérite, il ne prend pas moins en cette espece une part dans les acquêts. Arrêts des 30 Juillet 1670 & 24 Avril 1693. Basnage, voyez aussi les Observations sur Bérault, tom. I.

ARTICLE CCCXX.

Les neveux, arriere-neveux, & autres étant en semblable dégré, succedent à leurs oncles & tantes par têtes, & non par souches, tellement que l'un ne prend non plus que l'autre, sans que les descendans des ainés puissent avoir droit de préciput, à la représentation de leurs peres : & font les sœurs part au profit de leur frere ou freres, soient mariées ou non, à la charge de les marier si elles ne le font.

Cas où les neveux partagent par tête sans aucun préciput.

(Voyez *les articles* 257 & 362).

PAR Arrêt du 21 Juin 1712, rendu en la Grand'Chambre, entre les sieurs Boucher, appellans, d'une part, & Jeanne-Louise Boucher, leur sœur, intimée, la Sentence du Juge de Bayeux a été confirmée, laquelle avoit adjugé à la sœur non mariée sa légitime tant sur les biens de son pere que sur les meubles & acquêts de la succession de son oncle, décédé depuis son pere, eu égard au profit qu'elle avoit fait à ses freres, qui avoient partagé la succession avec les enfans d'un autre oncle : de Bordeaux plaidoit pour les freres, & Néel pour le sieur Jianne, qui avoit épousé la sœur. M. l'Avocat-Général, M. le Chevalier, concluant.

La fille non mariée a à son bénéfice la part dont elle fait profit au bénéfice de son frere.

ARTICLE CCCXXI.

Et fi les partages ne peuvent être faits également à raifon des Fiefs qui, de leur nature, font individus, eftimation d'iceux doit être faite au denier vingt, & fera au choix des repréfentans l'ainé de prendre le Fief en payant aux autres leur part de l'eftimation ; & où ils en feroient refufans, le Fief fera à celui qui fera la condition des autres meilleure : & s'il n'y a que des filles, elles partageront le Fief fuivant la Coutume.

(Voyez *ce que j'ai dit fous l'article* 272).

(Voyez *auffi les articles* 336 & 361).

Si en partage de fucceffion par tête il y a Fief, il ne peut être pris par préciput s'il y a autres biens.

La prérogative accordée aux repréfentans l'ainé n'a lieu que dans le cas où la fucceffion n'eft pas divifible ; car s'il y avoit un Fief & d'autres biens, & que le partage s'en put faire en mettant le Fief dans un lot & les autres biens dans les autres lots, les repréfentans l'ainé ne pourroient prétendre cet avantage. Arrêt du 8 Juillet 1607. Bérault, quand même le Fief feroit un retour de lot.

Le même Auteur rapporte plufieurs Arrêts qui jugent que l'eftimation au denier vingt doit être payée en argent, & que les ainés ne font pas recevables à donner d'autres fonds de la fucceffion ; & cette eftimation, au fentiment de Bafnage, doit être faite fur le pied de la valeur intrinseque, s'agissant d'un partage de succession & non de l'estimation d'un mariage avenant.

ARTICLE CCCXXII.

S'il n'y a qu'un Fief assis en Caux, l'aîné, selon la Coutume générale, le peut prendre par préciput, & s'il y a plusieurs Fiefs, les freres partageront selon la Coutume générale.

Partage des acquêts en Caux.

Voyez l'art. 302, 318, l'article 63 du Réglement de 1666, dispose que : *L'aîné prenant les deux tiers, ou un Fief noble par préciput en Caux, peut encore prendre partage ou préciput aux biens situés hors Caux.*

ARTICLE CCCXXIII.

Donation faite par un frere ainé à ses puînés, en récompense de la provision à vie qu'ils eussent pu demander sur la succession directe assise en Caux, est réputée propre & non acquêt.

La récompense donnée par l'aîné pour la provision de ses freres est propre.

(Voyez *l'article* 292).

ARTICLE CCCXXIV.

Donation faite par un pere à son fils puîné d'héritages assis en Caux, est propre & non acquêt.

L'héritage en Caux donné par pere au puîné est propre.

(Voyez *l'article* 279).

Q iv

Lᴀ donation faite par le pere à ſes puînés étoit réputée acquêt ſuivant les anciens uſages de Caux, les enfans ne la tenant que de ſa libéralité ; mais par la Coutume nouvelle, les puînés ayant le tiers en propriété, lorſque le pere donne, il pourvoit *futuro haredi*, ainſi le don eſt réputé propre.

Donations aux héritiers ſont propres.

ARTICLE CCCXXV.

Le pere préfere la mere, la mere préfere les aïeuls,

Le pere préfere la mere en la ſucceſſion des meubles, acquêts & conquêts de leurs fils ou filles, & la mere préfere les aïeuls ou aïeules paternelles & maternelles.

(Voyez *l'article* 241).

Sɪ les deniers & meubles promis en dot à la fille ſont acquêts ou propres. *Voyez* les Arrêts qui ſont rapportés ſur l'art. 511.

ARTICLE CCCXXVI.

L'aïeul paternel préfere le maternel,

L'aïeul paternel préfere le maternel en ladite ſucceſſion.

(Voyez *l'article* 310).

ARTICLE CCCXXVII.

L'aïeule paternelle préfere l'aïeul & aïeule maternelle,

L'aïeule paternelle préfere l'aïeul & l'aïeule maternelle.

(Voyez *l'article* 310).

ARTICLE CCCXXVIII.

Les sœurs utérines du pere sont tantes paternelles de leurs neveux & nieces, & en cette qualité excluent les oncles & tantes maternels du défunt, en la succession des meubles, acquêts & conquêts immeubles.

Sœurs utérines du pere sont tantes paternelles, elles excluent les oncles & tantes maternels.

ARTICLE 64 du Réglement de 1666. *Les oncles & tantes du défunt sont préférés par les arriere-neveux & arriere-nieces dudit défunt en la succession de ses meubles & acquêts. Voyez l'Arrêt de Safray que j'ai remarqué sous l'article* 304.

Arriere-neveux préferent les oncles & tantes.

En conséquence de cet article, un oncle utérin voulut exclure la tante de pere & de mere en la succession des meubles & acquêts de son neveu ; mais il en fut débouté, & la succession fut adjugée à la tante de pere & de mere par Arrêt du 22 Mars 1678, rapporté par Basnage.

La tante de pere & de mere préfere l'oncle utérin;

ARTICLE CCCXXIX.

La femme après la mort du mari a la moitié en propriété des conquêts faits en bourgage constant le mariage, & quant aux conquêts faits hors bourgage, la femme a la moitié en propriété au Bailliage de Gisors, & en usufruit au Bailliage de Caux, & le tiers par usufruit aux autres Bailliages & Vicomtés.

Part de la femme aux conquêts.

(Voyez *les articles* 365, 389, 404, 392, 408 & 496, *article* 107 *du Réglement de* 1666, & *les divers Usages Locaux.*)

Part de la femme dans les conquêts.

La femme après le décès de son mari a le tiers des conquêts par usufruit, suivant la Coutume générale; la Coutume de Caux lui donne la moitié par usufruit; & s'ils ont été faits en bourgage ou sous le Bailliage de Gisors, il lui en appartient la moitié propriétairement. Cette considération porta consulter les Usages Locaux.

Lorsqu'il s'agit des immeubles réels, on n'éprouve aucune difficulté, les droits sont réglés par la Coutume ou usage du lieu de leur situation.

Les Offices ont long-temps embarrassé nos Jurisconsultes; mais les questions qu'ils ont fait naître sont décidées par l'article 72 du Réglement de 1666: il y est dit que les femmes ont seulement le tiers en usufruit aux Offices acquis pendant leur mariage, encore qu'ils soient héréditaires, & la Jurisprudence des Arrêts ne leur en accorde pas davantage sur l'augmentation des nouveaux droits attribués aux Offices, quand même elle seroit possédée séparément.

La bizarrerie de notre maniere de définir le partage des rentes constituées a fait aussi naître des difficultés; on a déterminé la part de la femme dans les rentes acquises constant le mariage, par la nature des biens de l'obligé lorsqu'il est domicilié en Normandie, & que ses biens immeubles y sont situés; mais si les rentes sont dues sous une Coutume étrangere, la femme n'y peut prétendre que le tiers par usufruit. Il ne faut pas s'arrêter aux Arrêts rapportés par Basnage, parce qu'alors la matiere n'étoit pas éclaircie. Voyez cet Auteur sur les rentes dues par le Roi.

La femme n'a pas en Normandie droit aux conquêts à titre de commune, puisque suivant la maxime générale elle ne peut rien y réclamer qu'après la mort de son mari. On tire du principe plusieurs conséquences : le mari a donc la liberté absolue de disposer des conquêts sans que sa femme ou ses héritiers puissent quereller la disposition ; les circonstances de l'Arrêt de Prioret , rapporté par Bérault , ne permettent pas d'en douter. Il peut non-seulement les vendre , mais les donner entre-vifs ; la donation faite à un proche parent du mari n'est pas même réputée frauduleuse. Mais un pere peut-il gratifier son fils au préjudice de sa femme ? La rigueur de notre Droit le permet , puisque dans l'état civil le pere & le fils ne sont pas censés une même personne , & que nous n'avons à cet égard aucun statut prohibitif ; mais l'équité , qui est l'ame des bonnes Loix , semble le défendre , voyez les Arrêts rapportés par Basnage. Observez cependant qu'il n'est pas au pouvoir du mari de préjudicier par un testament aux droits coutumiers de sa femme.

Il suit encore de l'exclusion de communauté entre les conjoints , que la femme prend part aux conquêts comme héritiere , & qu'elle contracte ainsi tous les engagemens inséparables de cette qualité.

Les biens qui accroissent au mari pendant la durée du mariage , ne sont pas toujours au profit de la femme mis au rang des conquêts , c'est une regle que les acquisitions qui ont une cause antérieure au mariage , ou qui en soit indépendante , cedent au mari seul : placez dans cette classe les fonds retirés lignagerement, les héritages réunis à un Fief propre au mari par clameur feigneuriale, confifcation, batardife, déshérence, &c.

L'acceffoire fuit auffi la condition du principal, les améliorations, les édifices élevés à grands frais fur le propre du mari ne font pas compris fous la dénomination de conquêts.

Il en eft de même de la libération des charges impofées fur cette efpece de biens, des amortiffemens ou rembourfemens des capitaux des rentes foncieres ou conftituées.

Il fuffit donc que le mari ait avant le mariage un droit formé fur la chofe pour que la femme ne puiffe y rien prétendre, quand même le mari en auroit payé le prix depuis le mariage; les Arrêts rapportés par Bafnage, qui paroiffent contraires à ce que j'avance, font fans doute fondés fur des faits particuliers qui ne nous ont pas été tranfmis par l'Arrêtifte.

C'eft une vérité de texte que la femme n'a aucune part dans les donations entre-vifs faites à fon mari, d'où l'on a conclu que fi le Roi ou le Seigneur remet les héritages du confifqué à fon héritier préfomptif, fa femme n'entre pas en participation de fes héritages comme de conquêts.

Obfervez enfin l'article 65 du Réglement de 1666, conçu en ces termes : *le remploi des immeubles que le mari ou la femme poffédoient lors de leur mariage, doit être fait fur les immeubles qu'ils ont acquis depuis ledit mariage, au fol la livre, & à faute d'acquêts immeubles, il fera fait fur les meubles ; & n'aura la femme part auxdits meubles & acquêts, qu'après que ledit remploi auroit été fait.* Cette décifion eft conforme au Droit Coutumier le plus général dans le Royaume.

Si un Normand acquiert durant le mariage des fonds de terre parisiens, la femme y prend part à cause de la capacité que lui imprime notre Coutume, mais le partage suit la Coutume de leur situation.

La femme peut stipuler par son traité de mariage, en faisant un don à son mari, qu'il employera les deniers en acquêts de bourgage, & la stipulation doit être exécutée.

Ce n'est pas de la part de la femme s'éloigner de l'esprit de notre législation, que de renoncer en se mariant à prendre part aux meubles & acquêts; mais la renonciation doit être positive, & elle ne s'étend pas par interprétation ni d'un cas à un autre.

ARTICLE CCCXXX.

Quelque accord ou convenant qui ait été fait par contrat de mariage, & en faveur d'icelui, les femmes ne peuvent avoir plus grande part aux conquêts faits par le mari, que ce qui peut leur appartenir par la Coutume, à laquelle les contractans ne peuvent déroger.

On ne peut stipuler plus grande part à la femme que celle que la Coutume lui donne.

(Voyez *les articles* 371 & 380).

LA Coutume s'éleve au-dessus des conventions qu'elle annulle par une disposition négative, si elles lui sont contraires. Les conjoints domiciliés à Paris auroient vainement dérogé à notre Coutume par leur contrat de mariage; si le mari fait des conquêts en notre Province, qui consistent en des héritages, la femme après la mort du mari n'y pourra demander que ce que l'article 330 de notre Loi municipale lui accorde. Nous ne suivons pas la Coutume du domicile des conjoints au temps du mariage, pour régler les Droits de la finance, nous les estimons par la Coutume du lieu où s'en fait la dissolution ; si le mariage a été célébré dans un Pays de communauté, & que le mari vienne dans la suite placer en Normandie le siege de sa fortune & y fait des acquêts, ces acquêts sont subordonnés à la Jurisprudence de la Province.

ARTICLE CCCXXXI.

Mari jouit des conquêts pendant sa vie.

Le mari doit jouir par usufruit sa vie durant de la part que sa femme a eu en propriété aux conquêts par lui faits, constant leur mariage, encore qu'il se remarie.

(Voyez *l'article* 382).

Il n'est pas nécessaire que le mari ait des enfans pour avoir cette jouissance.

ARTICLE CCCXXXII.

Mari ou ses héritiers peuvent retirer la part de la femme.

Le mari ou ses héritiers peuvent retirer la part des conquêts ayant appartenu en propriété à sa femme, en rendant le prix de ce qu'elle a coûté, ensemble des augmentations dans trois ans du jour du décès de ladite femme.

Ce retrait ne peut se faire du vivant de la femme.

Sɪ le mari décede avant la femme, le retrait ne peut être fait par les héritiers du mari qu'après le décès de la femme. Arrêt du

.24 Janvier 1692. Autre Arrêt rendu le 21 Août 1724, au rapport de M. de Motteville, qui évince du retrait les héritiers du mari pendant la vie de la femme.

Les conquêts retirés par les héritiers du mari, font un propre paternel en leur personne. Arrêt du 22 Février 1674 ; mais si le mari les retire pendant un second mariage, c'est un acquêt dans lequel, suivant l'opinion de Basnage & un Arrêt qu'il cite, la seconde femme a part.

Ce retrait devient un propre paternel.

Les héritiers ne sont pas recevables à retirer une partie des conquêts de la femme, il faut qu'ils en retirent le total : ce qui s'infere des termes de cet article. *La part des conquêts ayant appartenu en propriété à la femme.* Arrêt du 19 Juin 1652.

On ne peut retirer pour partie des conquêts de la femme.

Le mari en faisant le retrait ne peut retenir les deniers par forme d'usufruit, sous prétexte de la disposition de l'article précédent, d'autant que l'usufruit est éteint par la consolidation.

En retirant le mari perd l'usufruit.

Il ne suffit pas de former l'action en retrait des conquêts de la femme dans les trois ans de son décès, il faut rendre dans les mêmes délais & consigner les deniers sous la peine de déchéance de l'action. Arrêt du 26 Février 1619.

Il faut non-seulement retirer dans les trois ans, mais payer & consigner.

Ce retrait differe du retrait lignager, il est réservé aux héritiers du mari aux acquêts ; mais quand il a été une fois ouvert en leur faveur, il se transmet à leurs descendans comme une portion de leur succession, sans distinction de sexe ni de dégré.

De ceux qui ont qualité de retirer les conquêts.

Enfin, Basnage rapporte un Arrêt du 30 Juillet 1646, qui juge que le retrait ne peut exposer les héritiers de la femme à des condamnations en dommages & intérêts, & que par conséquent les héritiers du mari ne doivent pas déposséder les fermiers ou locataires des conquêts retirés.

Fermiers proposés par la femme doivent jouir.

'Augmenta-
tions des con-
quêts ſont à
rembourſer.

Des augmentations, *&c.* Par ces mots on
entend tout ce qui a été fait pour augmenter le prix, même en ornement & décorations.

ARTICLE CCCXXXIII.

Confiſcation
du mari ne
prive la femme
de ſes con-
quêts.

Avenant que le mari confiſque, la
femme ne laiſſe d'avoir ſa part aux
conquêts', telle que la Coutume lui
donne, comme ſi le mari n'avoit confiſqué.

L A femme qui prend part aux meubles
& acquêts n'eſt pas tenue des intérêts
civils, réſultans d'un crime commis par le
mari mort *integri ſtatûs*, & adjugés depuis
ſon décès. Arrêt du 21 Mars 1656.

Voyez mon *Traité des Fiefs*, page 338.

ARTICLE CCCXXXIV.

Tous acquêts ſont faits propres à la
perſonne de l'héritier qui premier les
poſſede à droit ſucceſſif.

A RTICLE 102 du Réglement de 1666.
*Tous biens ſont réputés propres, s'il n'eſt
juſtifié qu'ils ſoient acquêts.*
Voyez les articles 247, 403 & 511.

TITRE XIV.

DE PARTAGE D'HÉRITAGE.

Il étoit juste que la Coutume, après avoir parlé des diverses successions & des différentes personnes capables de les recueillir, donnât un titre dans lequel elle prescrivît la maniere de partager les biens qui en proviennent.

J'observerai seulement que comme la succession mobiliaire suit la loi du domicile du défunt, il est souvent difficile de discerner le véritable héritier. Il faut rechercher dans ces sortes de questions les vrais caracteres du domicile ; voici une espece : un Normand séjourne à Paris pendant deux ans, il passe avec ses effets à Saint-Domingue, il y décede ; il s'agissoit pour régler sa succession mobiliaire, de déterminer son domicile, il ne paroissoit pas qu'il eut résidé à Paris *animo commorandi.* On présuma qu'il n'avoit pas eu une intention assez marquée de se fixer pour toujours à Saint-Domingue, on eut recours à son domicile d'origine, la succession fut réputée succession Normande par Arrêt du 28 Juillet 1757.

Question pour une succession pour sçavoir en quelle Province la succession semble ouverte pour régir le partage.

Si un cohéritier vend une portion d'héritage avant le partage, & que lors des partages, la portion vendue tombe au lot d'un autre cohéritier, celui-ci peut s'en mettre en possession, sauf à procéder à nouvelle choisie, en présence de l'acquéreur. Arrêt du 4 Avril 1658.

Vente par un des cohéritiers avant le partage.

ARTICLE CCCXXXV.

En Normandie il y a héritage partable, & héritage non partable.

Héritage donné aux conditions qu'il ne fera point divisé ne peut entrer en partage.

Les héritages partables font les rotures, les biens de bourgage, en franc-aleu & rentes non féodales.

Les héritages qui ne fe divifent pas font les Fiefs. De même un héritage donné aux conditions qu'il n'entrera point en partage & qu'il n'appartiendra qu'à certaines perfonnes, eft auffi impartable. Nous en avons une exemple dans la Fieffe faite par l'Evêque de Lifieux, au nommé Mefnier, qui fut jugée indivifible, & que les héritiers Mefnier la pofféderoient par indivis, fuivant l'Arrêt du mois d'Août 1578.

ARTICLE CCCXXXVI.

Fiefs font impartables & individus, finon entre filles.

Tous Fiefs nobles font impartables & individus : néanmoins quand il n'y a que des filles héritieres, le Fief de Haubert peut être divifé jufques en huit parties, chacune defquelles huit parties peuvent avoir droit de cour & ufage, jurifdiction & gages-pleges.

(Voyez *les articles* 360, 272 *& ce que j'ai dit fous les articles* 127, 128 *& fuivans*).

(Voyez *auffi mon Traité des Fiefs.*)

ARTICLE CCCXXXVII.

Le fils ainé, au droit de son ainesse, peut prendre & choisir par préciput, tel Fief ou terre noble, que bon lui semble, en chacune des successions, tant paternelles que maternelles.

(Voyez ce que j'ai dit sous l'article 295 *, & ci-après article* 340 *)*.

En l. a pré. la patern sur la sion ma. le.

L E partage d'une succession se fait selon la qualité des biens qui la composent au temps de son échéance ; comme un pere peut réunir plusieurs Fiefs en un seul, dans le cas où la Jurisprudence le permet, il a aussi le pouvoir de vendre son Fief & d'acquérir des rotures ; & s'il n'a pas fait auparavant son décès emploi du prix de la vente, les deniers ne sont pas subrogés au Fief pour prendre une qualité féodale.

La successio se partage e l'état qu'elle est lors de son échéance.

Mais tant que le Fief est dans les mains du pere, le fils ne renonce pas valablement aux droits qu'il tient de la Coutume, quand même la renonciation seroit insérée dans l'acte d'acquisition d'une terre noble ; si elle fait partie de la succession paternelle, il la pourra cependant opter par préciput.

Quid du prix du Fief vendu ?

L'ainé ne peut irrévocablement renoncer ni aliéner le préciput du vivant du pere.

Si après la mort du pere, l'ainé renonce à user du bénéfice d'ainesse, le second frere peut choisir un Fief, l'intention de la Coutume n'étant pas d'attacher ce choix à la personne de l'ainé, mais d'empêcher le partage des Fiefs, suivant l'art. 339.

L'ainé renonçant à son préciput après la mort du pere, le puîné peut choisir préciput.

On demande si dans le cas de la légitimation, par un mariage subséquent, l'ainé des

Si les enfans légitimés ont droit d'ainesse.

enfans ainſi légitimés peut jouir des prérogatives attachées à la primogéniture ; cela eſt certain s'il n'exiſte pas d'autres enfans nés d'un mariage intermédiaire, car alors l'ordre de la Loi concourt en ſa faveur avec celui de la Nature.

Fils de l'ainé a droit d'aineſſe. Le fils de l'ainé a droit d'aineſſe, art. 238 de la Coutume.

Si on peut ſe relever du choix du préciput. Le choix du préciput fait par l'ainé eſt irrévocable, on a même jugé par Arrêt du 4 Novembre 1632, un mineur non-recevable après dix ans de jouiſſance à ſe pourvoir contre une option de préciput faite par ſon tuteur. Pluſieurs des puînés étoient morts dans l'intervalle de l'option aux lettres de reſtitution, & l'augmentation dans les rotures n'étoit pas ſurvenue par la perte & le détriment de l'ainé.

Cependant ſi l'ainé a été trompé par le dol & la fraude des puînés, s'il a choiſi comme Fief une roture, s'il ſe trouve ſéparés du Fief des objets conſidérables qu'il y croyoit réunis, s'il n'a fait aucun changement notable dans la choſe, on l'admet à l'abandon de ſon préciput ; ces cas dépendent beaucoup de la prudence du Juge.

Ainés d'une ſouche choiſiſſent Fief. Dans les ſucceſſions collatérales qui ſe partagent par ſouches, les puînés d'une ſouche ne peuvent empêcher que leur ainé ne choiſiſſe un lot, dans lequel il ſe trouve un Fief, dans le deſſein de le prendre par préciput, encore que ce lot conſiſte uniquement en ce Fief ; en ſorte qu'en pareil cas, la volonté de l'ainé d'une ſouche prévaut à la pluralité des voix. C'eſt l'Arrêt de Mathan, du 15 Juin 1595, rapporté par Baſnage.

Comment ſe paie la dette créée pour l'acquiſition d'un Fief. La dette créée pour l'acquiſition d'un Fief n'eſt pas une charge de celui qui l'a choiſi par préciput, il y contribue ſeulement *pro modo emolumenti.*

Voyez à l'égard du préciput fur la fucceffion paternelle & fur la maternelle les articles 347 & 348.

ARTICLE CCCXXXVIII.

Et au cas que l'ainé choififfe ledit
Fief noble par préciput, il laiffe le
refte de la fucceffion à fes puînés.

L'ainé par le choix du Fief laiffe le refte de la fuc-ceffion.

(Voyez *les articles* 340 *&* 346).

Du nombre des biens abandonnés aux puînés, on comprend les offices fur lefquels l'ainé qui a pris préciput, ne peut rien
exiger.

Ainé qui a pris préciput n'a rien aux offices.

ARTICLE CCCXXXIX.

Et fi en chacune defdites fucceffions il y a encore d'autres Fiefs nobles, les autres freres les peuvent
choifir par préciput, felon leur aineffe,
chacun en leur rang.

Puînés après l'ainé choifif-fent préciput s'il refte des Fiefs.

ARTICLE CCCXL.

Après le choix fait du Fief ou Fiefs
nobles par l'ainé, ou par les ainés
à droit de préciput, les puînés partageront entr'eux tout le refte de la
fucceffion.

Après le choix du Fief les puînés par-tagent égale-ment.

(Voyez *les art.* 338, 348 *&* 349).

<table>
<tr><td>

En même succession préciput de Coutume générale n'exclut de celui de Caux.

</td><td>

Si l'ainé a pris préciput aux termes de cet article fur les biens en Coutume générale, il n'eft pas exclus d'en exercer un autre en la même fucceffion, fur les biens de la Coutume de Caux.

</td></tr>
</table>

ARTICLE CCCXLI.

<table>
<tr><td>

L'ainé qui a pris préciput eft exclus de la fucceffion de fes puînés s'ils n'ont que roture.

</td><td>

L'ainé ou autre ayant pris préciput avenant la mort de l'un des puînés, ne lui peut fuccéder en chofe que ce foit de la fucceffion ; ains lui fuccéderont les autres freres puînés, ayant partagé avec lui, & leur defcendant au-devant de l'ainé.

</td></tr>
<tr><td>

Cette exclufion eft perfonnelle à l'ainé & puîné & non au-delà.

</td><td>

L'EXCLUSION de l'ainé n'exifte qu'en la perfonne de l'ainé & des puînés avec lefquels il a partagé ; car s'il eft queftion de partager une fucceffion entre les enfans de l'ainé & ceux des puînés, les defcendans de l'ainé ne font pas exclus par les defcendans des puînés en la fucceffion de leurs coufins, fuivant la maxime adoptée par les Commentateurs.

</td></tr>
<tr><td>

Les biens fe partagent fuivant la Loi du lieu où ils fe trouvent à l'échéance de la fucceffion.

</td><td>

Les héritages fe partagent felon la Coutume des lieux où ils font fitués lors de la fucceffion échue & non felon la Coutume des lieux où étoient fitués ceux auxquels ils font fubrogés, art. 67 du Réglement de 1666.

</td></tr>
</table>

ARTICLE CCCXLII.

<table>
<tr><td>

Si dans les biens des puînés y a Fief, l'ainé y fuccede & le peut

</td><td>

Néanmoins s'il y avoit aucun Fief partagé avec les autres biens de la fucceffion, fans avoir été choifi par préciput, avenant la mort fans enfans de

</td></tr>
</table>

) celui au lot duquel il est échu, l'ainé
) ou ses représentans succedent en ce
) qui est noble, & peut prendre le Fief
) par préciput.

prendre par préciput.

BASNAGE prétend que l'ainé ayant pris préciput, peut non-seulement prendre le Fief échu au lot du puiné décédé, mais encore une part ou un préciput dans les acquêts; cette erreur se réfute par le texte même de cet article, voyez ce Commentateur sous l'article 319.

* * *

ARTICLE CCCXLIII.

Avenant le décès du fils ainé avant les partages faits de la succession qui leur est échue, le plus ainé des freres survivant peut choisir tel Fief qu'il lui plaît à la représentation, & comme héritier de son frere ainé, sans préjudice du droit de préciput qu'il a de son chef, & n'y peuvent les autres freres prétendre aucune part, légitime provision ou récompense sur ledit Fief.

Ainé décédé avant les partages, le puiné ainé a deux préciputs.

CET article donne à l'ainé des puinés le droit d'avoir deux préciputs, l'un comme héritier de l'ainé, l'autre comme héritier de son pere.

* * *

ARTICLE CCCXLIV.

Pareillement avenant la mort du second fils avant les partages faits de

L'ainé prend préciput au droit de l'ainé

des puînés dé-
cédés.

la fucceffion, l'aîné peut prendre par
préciput, comme héritier de fon frere,
le Fief qu'il eût pu choifir de fon
chef, & ainfi confécutivement des
autres, tant qu'il y a Fiefs en la fucceffion.

ARTICLE CCCXLV.

Fifc n'a pas
le droit de
choifir un pré-
ciput non plus
que le créan-
cier du fils aî-
né.

Le fifc ou autre créancier fubrogé
au droit de l'aîné avant le partage
fait, n'a le privilege de prendre le
préciput appartenant à l'aîné, à caufe
de fa primogéniture, mais aura feulement part égale avec fes autres
freres.

Secùs, pour
le préciput de
Caux.

Il ne fuffit pas afin que le fifc ou autre
créancier fubrogé puiffe exercer le droit
de l'aîné, qu'il fe foit fait entre les freres
quelque acte préparatoire au partage, il faut
qu'il foit pleinement confommé : c'eft que de
fa nature le préciput eft confidéré comme un
droit perfonnel à l'aîné & intranfmiffible, ex-
ceptez cependant le préciput de Caux, parce
qu'il eft acquis à l'aîné dès l'inftant du décès
du pere, & fans aucune déclaration : il en
eft de même de la vente ou ceffion du préciput, il faut pour la validité de la ceffion que
le frere aîné ait fait pleinement fon option,
car la Coutume ne donne pas en termes précis un préciput à l'aîné, elle lui donne feulement le droit de le choifir. Arrêt du 22 Avril
1625. Nouvelles Obfervations fur Bérault,
Tome I.

ARTICLE

ARTICLE CCCXLVI.

Quand il n'y a qu'un Fief pour tout en une succession sans autres biens, tous les puînés ensemble ne peuvent prendre que provision du tiers à vie sur ledit Fief, les rentes & charges de la succession déduites.

Lorsque dans une succession l'ainé & le cadet ont pris chacun un Fief par préciput, les deux Fiefs contribuent au paiement des mariages des filles & à la provision des puînés.

Les Fiefs choisis par les ainés contribuent aux mariages & pensions.

ARTICLE CCCXLVII.

Les successions paternelles & maternelles étant échues auparavant que l'ainé ait judiciairement déclaré qu'il opte pour préciput un Fief, ou gagé partage à ses freres en celle qui premierement étoit échue, elles sont confuses & réputées pour une seule succession ; tellement que l'ainé n'a qu'un préciput en toutes les deux.

Cas où il y a confusion pour empêcher deux préciputs.

(Voyez *les art.* 319 , 337 *&* 245).

Cette confusion ne peut avoir lieu que dans le cas où il y a un Fief en chaque succession ; car s'il y a un Fief en une succession & des rotures en l'autre, l'ainé prendra le Fief par préciput sur une des successions & partagera l'autre. Arrêt du 16 Janvier 1649.

Premier cas où il n'y a confusion.

Second cas. Comme le préciput de Caux appartient à l'aîné sans aucune déclaration & de droit, il ne peut se faire à cet égard aucune confusion.

Troisieme cas. On n'étend pas la confusion des successions au-delà de celle des pere & mere, c'est-à-dire, que la succession de l'aïeul & du pere, ou de la mere & de l'aïeule ne se confondent point ; de sorte que l'aîné peut prendre préciput en chacune de ces successions, quoiqu'elles soient échües avant son option ; avec cette observation qu'on ne peut pas à ce moyen faire concourir deux causes lucratives dans la personne de l'aîné sur un même objet, car si l'aïeul avoit donné un Fief à son fils en le mariant, & que le petit-fils l'eût choisi par préciput, il ne seroit pas juste d'accorder à ce petit-fils un second-préciput-sur la succession de ce même aïeul qui auroit survécu son fils. Pesnelle, Tome I.

ARTICLE CCCXLVIII.

L'aîné doit faire déclaration pour empêcher la confusion. Mais si l'aîné a fait judiciairement déclaration du Fief qu'il prend par préciput, ou gagé partage à ses puînés, avant l'échéance de la seconde succession, il aura préciput en chacune des deux, encore que le partage n'ait été actuellement fait ; & par le moyen de ladite déclaration judiciaire, les deux successions sont tenues pour distinctes & séparées, pour le regard des freres puînés.

1 (*Voyez l'article précédent*).

ARTICLE CCCXLIX.

Si l'ainé eſt mineur, ſon Tuteur doit faire choix, & à faute de le faire dans le temps dû, doit répondre de tous dommages & intérêts à ſon pupille.

Tuteur négligent de faire l'option du précipur en eſt reſponſable vis à-vis de ſon pupille.

(Voyez *les art.* 481, 591 & 457).

ARTICLE CCCL.

L'ainé fils par la mort de ſes pere & mere, eſt ſaiſi de leur totale ſucceſſion, & doivent les puînés lui en demander partage.

Ainé ſaiſi de la ſucceſſion.

ARTICLE CCCLI.

Il doit auſſi avoir la ſaiſine des lettres, meubles & écritures avant qu'en faire partage aux autres puînés, à la charge d'en faire don & loyal inventaire, incontinent après le décès, appellés ſes freres, & s'ils ſont mineurs ou abſens, deux des prochains, ou deux des voiſins, un Sergent, un Tabellion ou autre perſonne publique, qui ſeront tenus ſigner ledit inventaire.

On trouve un Arrêt du 9 Mars 1753, rapporté à la fin de la Coutume, qui juge que quand de deux héritiers majeurs

& préfens, l'un veut faire faire inventaire devant Notaire, ce doit être à fes frais : j'étois préfent à cet Arrêt , & j'ai recueilli alors les principaux moyens des parties en les élaguant des queftions de fait. Les parties étoient le fieur de Brioufe & la demoifelle de Montreuil fa belle-fœur. M. de Brioufe qui prétendoit affujettir la demoifelle de Montreuil à la contribution aux frais de l'inventaire qu'il avoit fait faire devant le Notaire du lieu , foutenoit que l'inventaire étoit une charge réelle de la fucceffion, & qu'elle en affeçtoit toute la maffe ; il argumentoit de l'ufage où l'on eft de faire fupporter aux majeurs leur part des frais de l'inventaire folemnel, lorfqu'ils ont des cohéritiers mineurs, & il s'aidoit des articles 90 & 94 de la Coutume. La demoifelle de Montreuil répondoit que les articles cités n'avoient d'application qu'à une fucceffion prife par bénéfice d'inventaire , qu'elle étoit héritiere pure & fimple , & qu'il ne s'agiffoit pas de l'ufage pratiqué entre des cohéritiers , dont les uns font majeurs & les autres mineurs ; que dans l'efpece offerte en la Cour les héritiers étoient , lors de l'échéance de la fucceffion de...... parvenus à leurs ans de majorité ; qu'un inventaire fait par un Officier public , n'étoit pas plus utile au bien de la fucceffion qu'un inventaire à l'amiable , & que le feul point important à la confervation des droits refpeçtifs des parties , étoit qu'il fût fidele & à l'abri des recelés.

Par qui font dûs les frais d'inventaire.

ARTICLE CCCLII.

Titres reftent à l'aîné.

Les lettres, titres & enfeignemens

de la succession doivent être mis par l'ainé entre les mains du dernier des freres, pour en faire lots & partages.

(Voyez *l'article* 238.)

CEPENDANT si un frere étoit dissipateur, débauché, prodigue, & qu'il y eût du péril à lui mettre des titres aux mains, les puînés, même les créanciers, pourroient demander qu'on séquestrât les titres. Basnage en rapporte plusieurs Arrêts.

Cas où ils n'y doivent rester.

ARTICLE CCCLIII.

Le puîné faisant les lots, doit avoir égard à la commodité de chacun desdits lots, sans démembrer ne diviser les pieces d'héritages s'il n'est nécessaire, & qu'autrement les partages ne puissent être également faits, sans séparer aussi les rentes seigneuriales & foncieres, & autres charges réelles d'avec le fonds qui y est sujet, & faire en sorte que le fonds de chacun lot porte sa charge.

Lots doivent être faits communément faute de quoi sujets à blâme.

(Voyez *les articles* 609 & 621).

DES lots faits avec un tuteur pour son mineur, de l'avis de parens, sont valides, & le mineur ne peut s'en faire restituer, sinon pour les causes pour lesquelles les majeurs peuvent être restitués. Arrêt du 14 Mai 1657. Basnage. Arrêt du 9 Mars 1665.

Lots avec mineur sont valables.

La Jurisprudence de Normandie exige,

Lézion requise pour rescinder lots.

Il faut que les choses soient entieres.

pour faire rescinder des partages à cause d'inégalité, une lézion du quart au quint ; il faut aussi que les choses soient entieres, c'est-à-dire, que le demandeur n'ait pas fait des aliénations si considérables, qu'il ne puisse suppléer des autres biens de son partage ; car dans ce cas la rescision ne seroit pas recevable. On appelle lézion du quart au quint celle qui est moindre du quart & au-

Ce que c'est que lézion du quart au quint.

dessus du cinquieme de ce qui doit m'appartenir dans une succession à partager. Bérault, art. 355 ; le Prêtre, art. 4, chap. 32. On ne peut forcer celui qui est lézé dans un partage de recevoir le supplément en argent.

On ne peut suppléer le lot en argent.

C'est encore un moyen de restitution, lorsque par erreur on a admis à partager un homme qui n'avoit aucun droit à la succession. Arrêt du 20 Juillet 1618. Basnage.

Restitution pour erreur de droit.

ARTICLE CCCLIV.

Après la présentation des lots l'ainé peut choisir.

Aprés les lots faits & présentés par le puîné, chacun des freres en son rang est reçu à les blâmer avant qu'être contraint de choisir.

(Voyez *ce que j'ai dit à la fin de l'article 337*).

Précautions vis-à-vis du puîné.

Lorsque le puîné présente des lots, c'est une sage précaution de l'interpeller de déclarer s'il n'entend rien y changer, augmenter, ni diminuer, & de lui faire signer sa déclaration ; il est même à propos que l'ainé ne précipite pas son choix ; cependant ces conseils sont inutiles, lorsqu'il se rencontre dans les lots une disproportion de valeur que nos usages réprouvent. Arrêt du 5 Mai 1651.

On accorde ordinairement à l'aîné quinze jours pour examiner les lots ; mais ce délai étant écoulé, s'il diffère de choisir, le Juge peut ordonner que les puînés jouiront provisoirement chacun d'un lot.

Temps pour délibérer la choisie.

Un cohéritier ne peut régulierement forcer son cohéritier de venir à une licitation des fonds qui leur sont échus. Mais si un corps héréditaire est indivisible, ou s'il ne peut être divisé sans qu'il résulte de cette opération une perte notable sur le prix de la chose, la licitation devient en quelque sorte nécessaire ; c'est l'espece d'un Arrêt de Grand'Chambre du 21 Mars 1752. Dans le fait il s'agissoit d'une maison, & un procès-verbal d'Experts constatoit le retranchement de valeur qu'elle éprouveroit en la divisant.

De la licitation & du cas où elle a lieu.

ARTICLE CCCLV.

Les lots & partages des puînés qui ne sont présens, lors desdits partages, demeurent en la garde & saisine de l'aîné, jusqu'à ce que les puînés le requierent.

En cas d'absence l'aîné saisi du lot de l'absent.

Les puînés présens ne pouvent empêcher l'aîné d'avoir la garde & saisine des lots des puînés absens.

ARTICLE CCCLVI

S'il n'y a qu'un manoir roturier aux champs, anciennement appellé héber-

Précipus de l'aîné en la roture.

gement & chef d'héritage, en toute la succeffion, l'ainé peut avant que faire lots & partages déclarer en Juftice qu'il le retient avec la cour, clos & jardin, en baillant récompenfe à fes puînés des héritages de la même succeffion, en quoi faifant, le furplus fera partagé entre eux également: & où ils ne pourroient s'accorder, l'eftimation dudit manoir, cour & jardin fera faite fur la valeur du revenu de la terre & louage des maifons.

(Vyez l'article 271, & ce que j'ai dit au fujet des fœurs, & l'Arrêt du 5 Décembre 1715 que j'y ai rapporté).

Préciput roturier. LE préciput de cet article confifte dans un logement propre à l'habitation d'une famille; la deftination du pere de famille regle ce qui doit être confidéré comme un acceffoire du manoir. Voyez Bérault & Bafnage.

L'ainé peut prendre deux préciputs, l'un fur la fucceffion paternelle, & l'autre fur la fucceffion maternelle; mais la demande doit être formée avant le partage.

Récompenfe du préciput. La récompenfe du préciput que l'ainé doit à fes freres, fe fait en corps héréditaires; mais on eftime le préciput fur la valeur intrinfeque & du revenu.

En quel cas le préciput roturier n'a pas lieu. Lorfqu'il y a plufieurs manoirs en une fucceffion directe, le préciput n'a pas lieu; mais on ne met pas au rang d'un manoir une maifon de peu de conféquence deftinée à fervir la maifon principale, elle eft même une dépendance du préciput.

L'ainé ne jouit pas de cet avantage fur les fucceffions collatérales, ni fur les biens de bourgage même en ligne directe. Arrêt du 20 Juin 1622.

La fœur ainée n'a pas le droit d'exercer un préciput roturier fur fes fœurs.

ARTICLE CCCLVII.

Les fœurs ne peuvent demander partage ès fucceffions du pere ou de la mere, ains feulement demander mariage; & pourront les freres les marier de meubles, fans terres, ou de terres fans meubles, pourvu que ce foit fans les déparager.

Sœurs ne peuvent demander partage.

(Voyez *les articles* 249, 251, *& les articles* 47 *&* 122 *du Réglement de* 1666, *que j'y ai rapportés*).

ARTICLE CCCLVIII.

La fille réfervée à partage ne peut prendre part qu'en la fucceffion de celui qui l'a réfervée.

(Voyez *l'article* 259).

Cet article fe concilie aifément avec l'art. 258. Quoique le pere ait la faculté de réferver fa fille à fa fucceffion & à celle de fa mere, il n'ufe pas toujours de tout fon pouvoir; ainfi la réferve fur la fucceffion du pere n'emporte pas de droit la réferve

Fille réfervée n'a part qu'en la fucceffion de celui qui la réferve. Exception.

fur celle de la mere ; d'ailleurs la mere ne peut pas réferver fa fille fur la fucceſſion de fon mari prédécédé. Voilà le vrai fens de cet article.

ARTICLE CCCLIX.

Si les filles mariées rapportent à la fucceſſion de leur frere.

Fille mariée revenant à partage des fucceſſions de fes pere ou mere, doit rapporter ce qu'elle a eu de meuble & héritage de celui qui l'a réfervée.

(Voyez *l'article* 260).

J'ᴀɪ expliqué fous l'article 260 le cas où les fœurs venant à la fucceſſion de leur frere doivent rapporter entr'elles , je prie qu'on confulte cet article. J'ajoute que lorſqu'il s'agit entre les tantes de la fucceſſion d'un neveu , la demande en rapport ceſſe indiſtinctement. Arrêt du 1 Août 1656 rapporté par Bafnage.

Rapport n'a lieu en la fucceſſion d'un neveu.

ARTICLE CCCLX.

Les fœurs quand elles font héritieres , peuvent partager tous Fiefs de Haubert , jufques à huit parties , fi autrement les partages ne peuvent être faits.

(Voyez *ce que j'ai dit fous les articles* 272 *&* 336).

ARTICLE CCCLXI.

La fille réfervée à partage aura fa part fur la roture & autres biens , s'il y en a , finon fur le Fief , lequel pour le regard de ladite fille eft évalué en deniers pour ce qui lui peut appartenir , pour en avoir rente au denier vingt.

(Voyez *les articles* 269 , 270 , 271 , 272 , 346 , & *l'article* 52 *du Réglement de* 1666).

C'EST une maxime confacrée par les Arrêts de Bafnage, que la fille , quoique réfervée à partage , n'a rien aux fiefs pris par préciput , lorfqu'il y a des rotures , & qu'elle ne prend part aux fiefs qu'au défaut de rotures dans la fucceffion. C'eft la décifion de l'Arrêt de Migergon du 29 Avril 1623. Cependant entre un frere & une fœur , fi la roture eft de peu de valeur, la fille peut abandonner la roture & demander fa part fur le fief , ce qu'elle ne pourroit faire s'il y avoit des puînés qui acceptaffent la roture. Ainfi décide l'Arrêt de Vieuxpont.

Fille n'a rien au Fief pris par préciput s'il y a des rotures. Diftinction.

C'eft encore une maxime , que lorfqu'il y a des fiefs & des rotures , & que les fiefs ne font point pris par préciput , les filles réfervées à partage ne peuvent demander partage en les fiefs ; on en fait feulement eftimation pour leur en payer leur part en argent , fur le pied du denier vingt. Arrêt

Filles ne peuvent prendre part aux Fiefs qui ne font point en préciput , on en fait eftimation au denier 20.

de S. Saens du 30 Juin 1665 ; cette estimation ne se fait qu'eu égard au revenu du fief, sans y comprendre les bois de haute-fûtaie ni les bâtimens.

ARTICLE CCCLXII.

Filles mariées, encore qu'elles ne reviennent à partage, si elles n'y ont été expressément réservées, si est-ce qu'elles font part d'autant qu'il leur en appartiendroit au profit des héritiers, telle comme si elles avoient eu partage au lieu de mariage.

(Voyez *les articles* 257, 320, *de la Coutume*, & 50 *du Réglement de* 1666).

Un pere, après avoir marié plusieurs de ses filles, en peut réserver l'une d'elles à sa succession, soit en la mariant, ou par un acte particulier ; cet article décide que les filles non réservées, & qui par conséquent ne reviennent pas à partage, font part au profit des freres, comme si elles partageoient en effet ; ceci veut dire que la fille réservée n'a pas plus d'avantages que si le pere avoit rendu la condition de toutes ses filles égale, & que les freres prendront à leur profit les parts que les sœurs non réservées auroient eues en cas de réserve.

Mais la Jurisprudence impose aux freres une condition ; ils doivent suivant l'art. 50 du Réglement de 1666, rapporter ce qui a été donné à leurs sœurs lorsqu'elles font part à leur profit ; cependant comme la libéralité des peres auroit rendu illusoire la disposition de la Loi, il a été jugé que les

freres ne font tenus à rapporter à la fucceffion que jufqu'à la concurrence de la légitime qui eût aux fœurs appartenu après le
décès du pere ou de la mere.

Les filles mariées ne font pas part au
bénéfice des fœurs réfervées ; la prétention
des fœurs a été condamnée par l'Arrêt de
Brice. Voyez Bérault.

Le frere n'eft tenu de rap-porter que juf-qu'à la valeur de ce qui eût pu appartenir à fa fœur.

ARTICLE CCCLXIII.

Les filles mariées par le pere ou la
mere ne peuvent rien demander en
leur fucceffion ; & fi elles ne font
part au profit de l'ainé, au préjudice
du tiers que les puînés ont par provifion, ou en propriété en Caux.

Filles ma-riées par pere ou mere ne peuvent rien demander.

(Voyez *les articles* 250 & 252).

Cet article décide que les filles mariées
ne font pas part au profit de l'ainé au
préjudice des puînés de Caux.

Filles ma-riées ne font part au bénéfi-ce de l'ainé au préjudice des puînés de Caux.

ARTICLE CCCLXIV.

Les freres contribuent à la nourriture , entretenement & mariage de
leurs fœurs ; felon qu'ils prennent plus
ou moins en la fucceffion de leur pere
& mere , aïeul & aïeule en ligne directe & pareillement aux autres charges & dettes de la fucceffion.

(Voyez *l'article* 297 *pour Caux*).

(Voyez *ce que j'ai dit fous les articles* 262, 279 & 337).

C'EST une regle certaine que la contri-bution des freres au mariage des sœurs est solidaire.

Les freres & héritiers contribuent aux dettes *pro modo emolumenti.*

Les freres contribuent aux dettes immo-biliaires à proportion de ce qu'ils prennent en la succession, & aux dettes mobiliaires à proportion de leur part aux meubles, & jusqu'à la concurrence de leur valeur, & si les meubles ne suffisent pas, ils contri-buent suivant ce que chacun profite dès im-meubles au paiement du surplus des dettes mobiliaires ; ainsi celui qui a la plus grande part dans les immeubles, a intérêt qu'il soit procédé à un inventaire & une estimation du mobilier.

Aîné ne con-tribue point au rachat des biens donnés aux filles.

Le préciput noble pris par l'aîné ne l'o-blige pas de contribuer au rachat des ro-tures que le pere a donné à sa fille en la ma-riant avec faculté à ses enfans mâles de les pouvoir racheter. Arrêt du 27 Mai 1625.

Dans quel cas la mere est-elle tenue de contribuer au mariage de ses filles, & quelle est l'étendue de ses engagemens ? Voyez sur ces questions mes notes sous l'article 250 de la Coutume.

La femme ne contribue point aux det-tes immobiliai-res du mari, si elle n'a point part aux con-quêts immeu-bles.

La femme héritiere de son mari contri-bue aux dettes mobiliaires échues avant la dissolution du mariage ; mais elle ne doit point contribuer aux dettes immobiliaires qu'autant qu'elle a en propriété une portion aux acquêts faits, constant le mariage ; cette distinction est relative au droit municipal de notre Province établie sur le sentiment de nos Commentateurs, & confirmée par la Ju-risprudence des Arrêts, entr'autres, par un du 21 Février 1750, rendu en la premiere Chambre des Enquêtes, au rapport de M. le Masson de Peltot, entre les héritiers de la veuve Marc Courché & un sieur le Clerc, créancier du mari.

ARTICLE CCCLXV.

Femme prenant part aux conquêts faits par son mari, constant le mariage, demeure néanmoins entiere à demander son dot sur les autres biens de son mari, au cas qu'il y ait consignation actuelle du dot fait sur les biens de son mari : & où il n'y a point de consignation, le dot sera pris sur les meubles de la succession, & s'ils ne sont suffisans sur les conquêts.

Femme outre le remploi de sa dot prend part aux meubles & acquêts.

LA Coutume distingue dans cet article la dot consignée de celle qui ne l'est pas, & elle indique les principaux effets de la consignation.

La consignation est actuelle, lorsque le mari par le traité de mariage consigne & constitue sur tous ses biens les deniers donnés en dot à sa femme.

Elle est encore actuelle lorsqu'en se mariant le mari a promis de remplacer la dot en cas de réception ou de rachat.

Cas de la consignation actuelle de la dot.

Nos Auteurs se récrient avec justice contre la consignation actuelle ; elle procure à la femme un avantage que les pays de Communauté lui refusent. Si son mari décede après la réception de la dot & sans enfans, la femme comme héritiere reprend la moitié de sa dot, & a en outre une action pour en répéter la totalité sur les autres biens de la succession ; la femme n'a-

Opinion de nos Auteurs sur la consignation actuelle.

voit pas befoin du fecours de la confignation pour affurer fa dot, puifque celle qui n'eft pas confignée, fe prend fur les meubles, au défaut de meubles, fur les acquêts, & après ces reffources épuifées, fur les propres du mari.

La confignation eft confidérée comme une aliénation des biens du mari antérieure au mariage ; delà on a jugé par Arrêt du 15 Mars 1671, qu'un homme en curatelle ne peut configner la dot par fon contrat de mariage fans l'intervention de fon curateur ; delà on a eftimé que la part des meubles & conquêts ne doit pas contribuer au remplacement de la dot confignée, à moins que la femme ne fût légataire univerfelle de fon mari, & que les héritiers du teftateur ne lui abandonnaffent les acquêts.

Confignation confidérée comme une aliénation des biens du mari.

On doit envifager la confignation comme une véritable conftitution de rente ; les intérêts du capital courent de plein droit au profit de la femme du jour du décès du mari, & ces intérêts fe paient fur le pied du denier qui avoit cours au temps du mariage, quelque variation qu'il éprouve dans la fuite.

Et une conftitution de rente.

Cependant la femme a la faculté de ftipuler, que nonobftant la confignation qui femble engager pour toujours le capital, elle répétera fa dot dans un temps préfix & déterminé.

La femme en peut demander la répétition.

Il paroît que fi le mari fait, peu de temps après la réception de la dot confignée, une acquifition en bourgage, on ne préfumera pas un remplacement de la dot de la proximité des deux actes, & que la femme aura la moitié du conquêt fans aucun retranchement de fes deniers dotaux.

Mais lorfque le mari a ftipulé dans le contrat d'acquifition un emploi en faveur de la femme, il femble que l'on ne doit pas adopter la même décifion. Auffi Bafnage penfe que quoique la femme ne foit pas intervenue au contrat, étant héritiere du mari, elle ne peut réclamer fa dot, & avoir en même-temps part fur le conquêt : cette opinion eft pleine d'équité.

Comment le mari fe dégage de la confignation.

Il eft aifé de concevoir d'après les effets étranges de la confignation, qu'elle doit être déclarée en termes précis dans le traité de mariage ; la deftination pour la confignation, ou l'emploi des deniers, la fimple promeffe de remplacer, n'eft pas réputée une confignation actuelle.

La confignation ne fe fuppofe pas.

Si le mari qui ne s'eft pas obligé de remplacer par fon contrat, déclare dans la quittance de réception de fa dot en argent qu'il la configne actuellement, il femble que cette déclaration étant faite dans un temps où les conjoints ne peuvent fe faire aucuns avantages indirects, n'a pas la force qu'elle auroit eue en contractant mariage.

Si le mari peut pendant le mariage configner la dot.

Les aliénations des héritages de la femme faites de fon confentement par le mari, font fubordonnées aux difpofitions contenues dans le chapitre du bref de mariage encombré, & n'ont pas la faveur exorbitante de la confignation de dot.

Quid des héritages de la femme aliénés par le mari ?

On a demandé fi le remplacement de l'article 390 devoit fe faire comme dans le cas de cet article fur la part feulement des héritiers du mari aux meubles & acquêts ; mais ce remplacement eft encore moins favorable que celui des aliénations du bien de la femme ; ainfi fi elle hérite de fon mari, on ne peut pas douter qu'elle ne confonde en fa perfonne une partie du remploi qu'elle a droit d'exiger.

Quid du remplacement de l'art. 390 ?

ARTICLE CCCLXVI.

Réception du principal des rentes de la femme opere confignation. Si le mari reçoit, conftant le mariage, le racquit des rentes qui lui ont été baillées pour la dot de fa femme, la dot eft tenue pour confignée, encore que par le traité de mariage, ladite confignation n'eût été ftipulée.

Cᴇᴛ article introduit une autre efpece de confignation, qui fe fait lorfque le mari reçoit, conftant le mariage le rembourfement des rentes qui lui ont été données pour fa dot ; **Quel eft le cas & l'effet de la confignation tacite.** car en ce cas la dot eft réputée confignée, quoique le contrat ne renferme pas la ftipulation de confignation ; la femme peut donc alors prendre fa part aux meubles & acquêts dans la fucceffion de fon mari, & elle ne contribue cependant pas au paiement de fes deniers dotaux.

Fin du Tome premier.

d'en introduire d'impreſſion étrangere dans aucun lieu de notre obéiſſance : comme auſſi d'imprimer, ou faire imprimer, vendre, faire vendre, débiter, ni contrefaire ledit Ouvrage, ni d'en faire aucun extrait, ſous quelque prétexte que ce puiſſe être, ſans la permiſſion expreſſe & par écrit dudit Expoſant, ou de ceux qui auront droit de lui, à peine de confiſcation des exemplaires contrefaits, de trois mille livres d'amende contre chacun des contrevenans, dont un tiers à Nous, un tiers à l'Hôtel-Dieu de Paris, & l'autre tiers audit Expoſant, ou à celui qui aura droit de lui, & de tous dépens, dommages & intérêts. DONNÉ à Compiegne le dix-ſeptieme jour du mois d'Août, l'an de grace mil ſept cent ſoixante-huit, & de notre Regne le cinquante-troiſieme.

Par le Roi en ſon Conſeil.

LE BEGUE.

Regiſtré ſur le Regiſtre XVII de la Chambre Royale & Syndicale des Libraires & Imprimeurs de Paris, n°. 178, fol. 510, conformément au Réglement de 1723. A Paris, ce 20 Septembre 1728.

BRIASSON, Syndic.

J'ai cédé à M. LALLEMANT tous mes droits au Traité des Fiefs, & au Commentaire ſur la Coutume de Normandie. A Paris, le 19 Août 1771.

VALLEYRE, pere.